D1749802

NS-Täter zwischen Gestapo und pfälzischer Geschichtsforschung

Karl Richard Weintz
(1908–2010)

Benjamin Müsegades

verlag regionalkultur

Titel:	NS-Täter zwischen Gestapo und pfälzischer Geschichtsforschung
Untertitel:	Karl Richard Weintz (1908–2010)
Autor:	Benjamin Müsegades
Umschlagabbildung:	Karl Richard Weintz (ca. 1928), Universitätsarchiv München, Stud-Kart I (Weintz, Karl)
Herstellung:	verlag regionalkultur
Layout und Satz:	Nico Batschauer (vr)
Umschlaggestaltung:	Charmaine Wagenblaß (vr)

ISBN 978-3-95505-395-6

Bibliografische Information der Deutschen Nationalbibliothek
Die Deutsche Nationalbibliothek verzeichnet diese Publikation
in der Deutschen Nationalbibliografie; detaillierte bibliografische
Daten sind im Internet über http://dnb.dnb.de abrufbar.

Diese Publikation ist auf alterungsbeständigem und säurefreiem Papier
(TCF nach ISO 9706) gedruckt entsprechend den Frankfurter Forderungen.

Alle Rechte vorbehalten.
© 2023 verlag regionalkultur

verlag regionalkultur

Ubstadt-Weiher • Heidelberg • Stuttgart • Speyer • Basel

Verlag Regionalkultur GmbH & Co. KG
Bahnhofstraße 2 • D-76698 Ubstadt-Weiher
Tel. 07251 36703-0 • *Fax* 07251 36703-29
E-Mail kontakt@verlag-regionalkultur.de
www.verlag-regionalkultur.de

INHALT

Vorwort IV

2010: Ein Tod in Neustadt/Weinstraße 1

Quellen und Forschungen 5

1908–1928: Kindheit und Jugend in Neustadt/Haardt 10

1928–1932: Eintritt in NSDStB und NSDAP.
Studium in München, Kiel und Berlin 18

1933/1934: Gau-/Kreisnachrichtendienst in der Pfalz
und Parteigerichtsverfahren 29

1934–1938: Erste Jahre in SD und Gestapo.
München, Berlin, Darmstadt 41

1938–1940: „in allem Aktivist". Gestapo in München, Wien
und im Protektorat Böhmen und Mähren 48

1940–1945: Aktivist der Vernichtung. Reichssicherheitshauptamt 61

1945/1946: Am Ende? Amerikanische Internierung 69

1946–1952: Aktivist in eigener Sache. Entnazifizierung
und Streit mit dem Historischen Verein der Pfalz 72

1952–1979: Einzelgänger in Beruf und pfälzischer Geschichtsforschung 97

1979–2010: Arbeiten am eigenen Bild. Mäzen der Landesgeschichte
und idealistischer Nationalsozialist 106

Nachwirkungen und Fazit 118

Abkürzungen 120

Ungedruckte Quellen 121

Gedruckte Quellen und Literatur 123

Personen- und Ortsregister 138

Vorwort

Dieses Buch begann als Rezension. Als ich Ende 2020, inmitten der COVID-19-Pandemie, zusagte, den unscheinbaren Nachdruck mehrerer Quellen zur Geschichte der Pfalzgrafschaft bei Rhein im späten 14. Jahrhundert zu besprechen, konnte ich nicht ahnen, dass hieraus am Ende eine Monographie erwachsen würde. Auf dem Cover des von mir kritisch zu würdigenden Bandes stand derselbe Name wie auf jenem des vorliegenden Buchs: Karl Richard Weintz.

Er war mir bis dahin unbekannt gewesen. Recherchen ergaben eine ereignisreiche Biographie: Sozialisation in der Bündischen Jugend der Weimarer Republik, frühe NSDAP-Mitgliedschaft, Tätigkeit für Gestapo und Reichssicherheitshauptamt, nach dem Zweiten Weltkrieg dann die Niederlassung als Rechtsanwalt in seiner Heimatstadt Neustadt an der Weinstraße. Von 1979 bis zu seinem Tod im Jahr 2010 wirkte er als Mäzen der von ihm wesentlich mit ins Leben gerufenen Stiftung zur Förderung der pfälzischen Geschichtsforschung und somit als ein wichtiger Akteur in der regionalen Forschungslandschaft.

Aus der Rezension erwuchs die Idee, Weintz und seiner von ihm selbst seit 1945 radikal umgedeuteten Vita einen Aufsatz zu widmen. Bald sprengten erste Textentwürfe indes dieses Format und fügten sich nach und nach zum Buch über einen NS-Täter und die Geschichte der Landesgeschichte zwischen „Drittem Reich" und Bundesrepublik, über das personelle, institutionelle und inhaltliche Erbe der pfälzischen Geschichtsforschung.

Es wäre nicht möglich gewesen, dieses Projekt ohne die Unterstützung verschiedener Institutionen und Personen durchzuführen und zum Abschluss zu bringen. Eine Vielzahl von Archivarinnen und Archivaren in insgesamt drei Ländern ermöglichte mir den Zugang zu den Quellen und übersandte immer wieder unkompliziert und rasch Scans. Für das Beantworten meiner Fragen danke ich stellvertretend Franz Maier (Landesarchiv Speyer) und Torsten Zarwel (Bundesarchiv Berlin), die ich besonders in Anspruch nahm. Zeitzeugengespräche eröffneten mir neue Perspektiven und Richtungen, schärften jedoch auch mein Bewusstsein für die Standortgebundenheit autobiographischer Aussagen.

Sehr profitiert hat der Text von der kritischen Durchsicht durch Frank Engehausen (Heidelberg), Konrad Krimm (Karlsruhe), Alexander Müsegades (Herrenberg) und Volker Rödel (Karlsruhe). Immer wieder hilfreich waren in Heidelberg zudem die Hinweise von Stefan Holz (Stuttgart), Thorsten Huthwelker, Jörg Peltzer und Florian Schreiber. Weiteren Austausch zwischen Mediävistik und Zeitgeschichte verdanke ich Johannes Schütz (Dresden). Ideen und Kritik steuerten darüber hinaus in gewohnter Manier Jasmin Hoven-Hacker (Lüneburg) und Manuel Kamenzin (Bochum) bei. Für die Aufnahme in sein Programm danke ich dem Verlag Regionalkultur.

Meiner Ehefrau Steffi verdanke ich manch Anregung und Ratschlag, die das Zustandekommen dieses Buchs erst ermöglichten sowie immer wieder auch Austausch über die wirklich wichtigen Dinge im Leben.

Heilbronn, im Frühjahr 2023

2010: Ein Tod in Neustadt/Weinstrasse

Am 9. Februar 2010 starb Karl Richard Weintz hochbetagt im Alter von 101 Jahren in Neustadt an der Weinstraße. In seiner pfälzischen Heimatstadt war er vor allem durch seine langjährige Tätigkeit als Rechtsanwalt sowie durch seine Aktivitäten in der regionalen Geschichtslandschaft bekannt, nicht zuletzt durch die wesentlich von ihm geförderte Errichtung der Stiftung zur Förderung der pfälzischen Geschichtsforschung im Jahr 1979. Am 11. September 2010, seinem 102. Geburtstag, wurde Weintz mit einer Gedenkfeier in der repräsentativen Villa Böhm in Neustadt geehrt. Der hierbei gehaltene Vortrag zu *Neustadt an der Weinstraße. Beispiel pfälzischer Städtepolitik 1449–1618* wurde samt eines Nachrufs aus der Feder des Stiftungsvorsitzenden Pirmin Spieß und eines Quellenanhangs noch im selben Jahr als schmaler Band gedruckt.[1] Ein kürzerer Nekrolog, der weitestgehend auf dieser Fassung fußte, wurde zudem in der Zeitschrift *Pfälzer Heimat* veröffentlicht.[2]

Im ausführlicheren Nachruf wurde das Leben von Weintz detailliert gewürdigt, wobei das Bild eines beruflich erfolgreichen und in der regionalen Geschichtsforschung engagierten Bürgers gezeichnet wurde: Nach dem Abitur am Humanistischen Gymnasium in Neustadt und der Mitgliedschaft in einer Wandervogelgruppe Jurastudium in München, Kiel und Berlin, Referendarsexamen 1932, Assessorexamen 1936, schließlich „über vielfache Stationen der inneren Verwaltung nach Berlin in das Reichsinnenministerium, an dem er als Regierungsrat in der Abteilung Paßwesen tätig ist", dann nach amerikanischer Kriegsgefangenschaft eine langjährige Tätigkeit als Rechtsanwalt. Mit dem Erbe der Neustadter Witwe Elisabeth Schwarz sei es Weintz, der sich stets für die pfälzische Geschichtsforschung interessierte und auch einige einschlägige, meist kürzere Beiträge vorlegte, nach ihrem Tod gelungen, die Stiftung zur Förderung der pfälzischen Geschichtsforschung ins Leben zu rufen, wohlwissend um „die fehlende finanzielle Grundlage für die Pfalzhistorie". Ohne bei dieser selbst ein Amt innezuhaben, habe er „in enger Tuchfühlung mit den Stiftungsgremien und mit sparsamen Augen und unorthodoxen Ansichten" ihre Arbeit begleitet und der Stiftung auch sein gesamtes Vermögen vermacht.[3]

Bei den Würdigungen von Weintz in beiden Nachrufen finden sich jedoch in unterschiedlicher Deutlichkeit auch Hinweise auf problematische Aspekte seiner Biographie. So schreibt Spieß in der ausführlicheren Version, Weintz sei „in eine grelle Zeit hineingeboren […], der er sich stellt und die nicht ohne Blessuren an ihm vorübergeht."[4] Weit offensiver

---
1 Christian Reinhardt, Neustadt an der Weinstraße. Beispiel pfälzischer Städtepolitik 1449–1618. Vortrag anlässlich der Gedenkfeier für Karl Richard Weintz am 11. September 2010, Neustadt an der Weinstraße 2010; Pirmin Spieß, Nachruf Karl Richard Weintz, in: ebd., S. 7–11 (Neuabdruck in: Klaus Peter Schroeder [Bearb.], Pirmin Spieß. Werkverzeichnis, Stiftungsalmanach [Stiftung zur Förderung der pfälzischen Geschichtsforschung G/3], Neustadt an der Weinstraße 2020, S. 152–155). Vgl. auch die Ankündigung der Gedenkfeier samt Vortrag in der Villa Böhm im Zeitungsartikel „Spieß weiß Bescheid". Karl Richard Weintz hat Stiftung zur Förderung der pfälzischen Geschichtsforschung als Erbin eingesetzt – Haus der Geschichte geplant, in: Die Rheinpfalz. Mittelhaardter Rundschau, 10. September 2010.
2 Pirmin Spieß, Karl Richard Weintz zum Gedächtnis, in: Pfälzer Heimat 61 (2010), S. 80.
3 Spieß, Nachruf, S. 7–11, die Zitate S. 9, 10.
4 Ebd., S. 7.

ist die Wortwahl in der kürzeren Fassung des Nachrufs: „Möge die Stiftung die Muße und den Mut finden, die vita [sic!] ihres Gründers sachgerecht aufzuhellen und zu erforschen."[5] Was es konkret aufzuarbeiten gab, wurde allerdings nicht erwähnt.

Gedacht wird seiner in Neustadt bis heute durch eine an seinem Geburts- und Elternhaus in der Sauterstraße 9 am 11. September 2010 angebrachte Gedenktafel als „Regierungsrat, Rechtsanwalt, Mäzen, Gründer der Stiftung zur Förderung der pfälzischen Geschichtsforschung".[6] Auch auf der Homepage der Stiftung wird seine Rolle als Initiator ihrer Gründung hervorgehoben. Dort ist zudem eine Fotografie des Verstorbenen abgebildet.[7] Allerdings ist das Lebenswerk von Karl Richard Weintz, was schon die Nachrufe am Rande andeuten, durchaus vielschichtiger und in vielem problematischer, als dies die beschriebenen Würdigungen aus dem Umfeld der Stiftung vermuten lassen würden. In der überregionalen Forschung ist dies schon länger bekannt.

In dem mehrfach aufgelegten Übersichtswerk *Topographie des Terrors* wird Weintz auf Grundlage eines Geschäftsverteilungsplans vom 1. März 1941 als Leiter des Referats Passwesen aufgeführt, allerdings nicht im Reichsinnenministerium, sondern im Reichssicherheitshauptamt (RSHA).[8] Jens Banach wertete in seiner 1998 gedruckten Dissertation erstmals den ursprünglich im Berlin Document Center (heute im Bundesarchiv in Berlin) überlieferten handschriftlichen Lebenslauf in der SS-Offiziersakte von Weintz für seine kollektivbiographische Arbeit zum Führerkorps des Sicherheitsdienstes der SS (SD) und der Sicherheitspolizei aus, wobei er darauf hinwies, dass Weintz bereits 1934 Mitglied des SD wurde und seit 1936 für die Geheime Staatspolizei (Gestapo) tätig war.[9] Michael Wildt bezog ihn ebenfalls in das Personensample für seine grundlegende Studie zum RSHA ein, wobei er Weintz explizit allerdings nur im Kontext seiner Tätigkeit als studentischer NS-Aktivist in München erwähnte.[10]

Erstmals in einem landesgeschichtlichen Rahmen thematisiert wurde seine Vita in der Weimarer Republik und im „Dritten Reich" 2017 in der Festschrift zum 200-jährigen Bestehen des Landesarchivs Speyer durch Franz Maier, dem das Verdienst zukommt, auf Grundlage des Lebenslaufs sowie weiterer Akten aus dem Bundesarchiv, dem Hauptstaatsarchiv München und der Spruchkammerakte im Landesarchiv Speyer die bisher vollständigste Zusammenstellung seines Lebenslaufs vor 1945 und auch Hinweise zu seinem Leben in der

---

5 Spieß, Karl Richard Weintz zum Gedenken, S. 80.
6 Abgebildet in: Reinhardt, Neustadt S. 12. Vgl. zum Anbringen der Tafel sowie zum Text auch den Zeitungsartikel „Spieß weiß Bescheid".
7 http://stiftung-pfalz.de/stift.php (9. September 2022).
8 Reinhard Rürup (Hg.), Topographie des Terrors. Gestapo, SS und Reichssicherheitshauptamt auf dem „Prinz-Albrecht-Gelände". Eine Dokumentation, Berlin [8]1991, S. 88. Er wird hier als Carl Richard Weintz geführt. Aus Gründen der Einheitlichkeit wird im Folgenden durchgehend die Schreibweise Karl Richard anstelle des gerade vor 1945 gelegentlich benutzten Carl Richard verwendet.
9 BA Berlin R 9361 III 562723. Benutzt wird im Folgenden die verbesserte 3. Auflage: Jens Banach, Heydrichs Elite. Das Führerkorps der Sicherheitspolizei und des SD 1936–1945 (Sammlung Schöning zu Geschichte und Gegenwart), Paderborn u.a. [3]2002, S. 309.
10 Michael Wildt, Generation des Unbedingten. Das Führungskorps des Reichssicherheitshauptamtes, Hamburg 2002, S. 85.

unmittelbaren Nachkriegszeit zu liefern.[11] Banach, Wildt und Maier gelang es dabei, Kernpunkte einer Biographie zu rekonstruieren, die die Korrekturbedürftigkeit manch anderer Aussagen und Wertungen vor Augen führen. Während jener Karl Richard Weintz, dessen 2010 durch die Stiftung zur Förderung der pfälzischen Geschichtsforschung gedacht wurde, ein honoriger Bürger und Förderer der pfälzischen Geschichtsforschung war, tritt aus der archivalischen Überlieferung ein früher nationalsozialistischer Aktivist hervor, der seit 1933 Karriere im nationalsozialistischen Sicherheits- und Unterdrückungsapparat machte, trotz seiner herausgehobenen Positionen in Gestapo und RSHA nach 1945 beruflich wieder Fuß fassen konnte und vor allem durch die von ihm entscheidend mit ins Leben gerufene Stiftung in der pfälzischen Geschichtsforschung aktiv war.[12]

Er steht dabei in vielem exemplarisch für die vielfältigen Elitenkontinuitäten vom „Dritten Reich" bis in die Bundesrepublik, die ein schon lange bekanntes und erforschtes Thema der Zeitgeschichte sind.[13] Eine Ausnahmestellung nimmt Weintz neben seiner NS-Karriere und seiner Wiedereingliederung in die Nachkriegsgesellschaft dabei durch seine Rolle als Akteur in der regionalen und lokalen Geschichtsforschung ein. Diese wird traditionell neben ausgebildeten Historikerinnen und Historikern, die an Universitäten, Archiven und Bibliotheken tätig sind, in großem Maße durch Interessierte und Engagierte von unterschiedlichem Professionalisierungsgrad getragen, insbesondere in den historischen Vereinen. Weintz ist in einem lokalen Kontext für Neustadt und regional für die linksrheinische Pfalz als Verfasser einiger Abhandlungen, als Mitglied des Historischen Vereins der Pfalz in der Bezirksgruppe Neustadt sowie später durch die Tätigkeit in „seiner" Stiftung, vor allem als Mäzen, ein zentraler Akteur, dessen kritische Einordnung trotz der bereits genannten Forschungsbeiträge weitestgehend noch aussteht. Nicht zuletzt seine in den beschriebenen unterschiedlichen Formen und Medien festgehaltenen Ehrungen, die inhaltlich in vielen Punkten unvollständig, oft falsch, sind, rechtfertigen eine eingehende Beschäftigung mit seiner Person.

Dabei wird es im Folgenden unternommen, die Biographie von Karl Richard Weintz zu rekonstruieren, wobei sein Engagement für den Nationalsozialismus, sein Leben nach Kriegsende und insbesondere seine Tätigkeit als Akteur in der Geschichtsforschung in der Pfalz im Allgemeinen und in Neustadt an der Weinstraße und Umgebung im Besonderen im Mittelpunkt des Interesses stehen. In Anlehnung an Thomas Etzemüller wird diese biogra-

---

11 Franz Maier, Das Staatsarchiv Speyer in der NS-Zeit, in: Walter Rummel (Hg.), 200 Jahre Landesarchiv Speyer. Erinnerungsort pfälzischer, rheinhessischer und deutscher Geschichte, 1817–2017 (Veröffentlichungen der Landesarchivverwaltung Rheinland-Pfalz 122), Koblenz 2017, S. 55–74, hier S. 57–59. Zusätzlich zur SS-Offizierakte wurden für diesen Beitrag auch die Bestände BA Berlin, R 9361 I 41650 (Gaugerichtsverfahren gegen Weintz 1933/1934) und R 9361 II 10350000 (NSDAP-Mitgliederkorrespondenz) sowie die Akte zu seinem Entnazifizierungsverfahren (LA Speyer, R 18, Nr. 27524) eingesehen.
12 Rezipiert wurden die Befunde Maiers zu Weintz in Arbeiten zur pfälzischen Geschichte bisher nur von Volker Rödel, Das Haus Bayern-Pfalz und Neustadt im 14. Jahrhundert (mit einem Exkurs zu den Ehen mit dem Haus Sizilien-Aragón), in: Pirmin Spieß/Jörg Peltzer/Bernd Schneidmüller (Hgg.), Neustadt und die Pfalzgrafschaft im Mittelalter (Stiftung zur Förderung der pfälzischen Geschichtsforschung B/22), Neustadt an der Weinstraße 2021, S. 95–140, hier S. 115f., Anm. 129, der auch auf den ausführlichen Nachruf von Pirmin Spieß verweist.
13 Vgl. hierzu die folgenden Literaturangaben.

phische Studie als „‚Sonde', um das Funktionieren der Gesellschaft zu verstehen", begriffen.¹⁴ Die vorliegende Arbeit versteht sich dabei sowohl als Beitrag zur NS-Täterforschung als auch zur Geschichte der Landesgeschichte, insbesondere zur Frage, wie Geschichtsforschung auf regionaler und lokaler Ebene, in diesem Fall in der linksrheinischen Pfalz, durch einen NS-Täter inhaltlich und institutionell mitgestaltet wurde.

Bis auf die einführende Einordnung von Quellenlage und Forschungsstand folgt die Arbeit einer chronologischen Vorgehensweise. Nach Kindheit und Jugend von Karl Richard Weintz (1908–1928) werden seine Studienzeit (1928–1932), seine Tätigkeit als Kreis- bzw. Gaunachrichtendienstleiter und das damit in Zusammenhang stehende Parteigerichtsverfahren (1933/1934), seine frühen Jahre in SD und Gestapo in München, Berlin und Darmstadt (1934–1938) sowie erneut in München, im sogenannten Protektorat Böhmen und Mähren und in Wien (1938–1940) sowie im RSHA (1940–1945) beleuchtet. Für die Nachkriegszeit dienen die Zeit seiner amerikanischen Internierung (1945/1946), die Rückkehr in die Pfalz mitsamt Spruchkammerverfahren und einem intensiv ausgetragenen Konflikt mit verschiedenen Mitgliedern des Historischen Vereins der Pfalz (1946–1952), seine Tätigkeit als Rechtsanwalt und erneute Aktivitäten in der pfälzischen Geschichtsforschung (1952–1979) sowie die Zeit von der Gründung der Stiftung zur Förderung der pfälzischen Geschichtsforschung bis zu seinem Tod (1979–2010) als chronologische Pfeiler.

---

14 Thomas Etzemüller, Biographien. Lesen – erforschen – erzählen, Frankfurt 2012, S. 8. Zur Methodik biographischer Studien vgl. die Ausführungen ebd., passim. Zu entsprechenden Arbeiten in regional-/ landesgeschichtlichen Kontexten Martin Dröge, Einleitung: Die biographische Methode in der Regionalgeschichte, in: ders. (Hg.), Die biographische Methode in der Regionalgeschichte (Forum Regionalgeschichte 17), Münster 2011, S. 1–13.

Quellen und Forschungen

Die Quellenlage zu Karl Richard Weintz ist insgesamt gut, da sein über die Jahrzehnte feststellbarer Hang, Konflikte teils exzessiv schriftlich auszufechten, zu einer breiten Überlieferung geführt hat. Ausführlich äußerte er sich viermal schriftlich zu seinem Leben: noch zur NS-Zeit in einem in seiner SS-Offiziersakte überlieferten handschriftlichen Lebenslauf von 1939[15], in einem während seiner US-Internierung in Bad Mergentheim 1945 verfassten Text[16], im Kontext seines Spruchkammerverfahrens in einer Vernehmung 1951[17] und schließlich noch einmal 1964 im Rahmen von Vorermittlungen zu einem Verfahren gegen Mitglieder des RSHA, das schlussendlich nicht zu Stande kam.[18] Verschiedene Elemente aus den drei letzteren Selbstdarstellungen flossen, sicherlich über mündliche Erzählungen durch Weintz selbst, auch in die Nachrufe von Pirmin Spieß ein, wobei sich in diesen teils auch genrebedingt weitere Informationen finden, die in andere Darstellungen keinen Eingang fanden.[19]

Die Auswertung dieser vier Ego-Dokumente von 1939, 1945, 1951 und 1964, die für die vorliegende Studie eine besondere Rolle spielen, ist mit unterschiedlichen Problemen behaftet.[20] Typisch für Angehörige der SS bemühte sich Weintz in seinem Lebenslauf von 1939 darum, seine Abneigung gegen die Weimarer Republik, seine frühe Nähe zum Nationalsozialismus und seine Aktivitäten in verschiedenen Positionen nach 1933 hervorzuheben.[21] Sowohl während seiner Internierung als auch im Zuge der Entnazifizierung und im Rahmen der Befragung 1964 bemühte er sich hingegen um das genaue Gegenteil und versuchte, seine Tätigkeiten zu verschleiern oder in ihrer Bedeutung herunterzuspielen.[22]

Zu seinen frühen Lebensjahren ist neben diesen teils problematischen sowie anderen, weit später entstanden, Quellen vor allem die Personalakte seines am Amtsgericht in Neu-

---

15 BA Berlin R 9361 III 562723.
16 Der maschinenschriftliche Lebenslauf vom 29. November 1945 ist überliefert in den beiden Akten, die das Counter Intelligence Corps (CIC) der US Army zu Weintz anlegte; US NACP, D 082264; XE 082264. Herangezogen wird im Folgenden von den beiden Akten weitestgehend gleichen Inhalts vor allem D 082264.
17 Die Vernehmungsniederschrift in: LA Speyer, R 18, Nr. 27524, Bl. 35–38.
18 LA Berlin, B Rep. 57-01, Nr. 3222, Bl. 19–22.
19 Vgl. hierzu die nachfolgenden Ausführungen.
20 Im Folgenden wird die Definition von Winfried Schulze zugrunde gelegt, wonach Ego-Dokumente alle Quellen sind, „in denen ein Mensch Auskunft über sich selbst gibt, unabhängig davon, ob dies freiwillig […] oder durch andere Umstände bedingt geschieht"; Winfried Schulze, Ego-Dokumente. Annäherungen an den Menschen in der Geschichte? Vorüberlegungen für die Tagung „Ego-Dokumente", in: ders. (Hg.), Ego-Dokumente. Annäherungen an den Menschen in der Geschichte (Selbstzeugnisse der Neuzeit 2), Berlin 1996, S. 11–30, das Zitat S. 21; abwägend zur Begrifflichkeit mit weiterer Literatur Thomas Etzemüller, Biographien, S. 62–72; Volker Depkat, *Ego-Dokumente* als quellenkundliches Problem, in: Marcus Stumpf (Hg.), Die Biographie in der Stadt- und Regionalgeschichte (Westfälische Quellen und Archivpublikationen 26/Beiträge zur Geschichte Iserlohns 23), Münster 2011, S. 21–32.
21 Zu den Spezifika der selbst verfassten Lebensläufe von SS-Mitgliedern im Allgemeinen und von Angehörigen des SD im Besonderen George C. Browder, Hitler's Enforcers. The Gestapo and the SS Security Service in the Nazi Revolution, New York/Oxford 1996, S. 146, 150.
22 Exemplarisch aus der breiten Forschung zu dieser Thematik: Christina Ullrich, „Ich fühl' mich nicht als Mörder". Die Integration von NS-Tätern in die Nachkriegsgesellschaft (Veröffentlichungen der Forschungsstelle Ludwigsburg der Universität Stuttgart 18), Darmstadt 2011, insbesondere S. 52–70.

stadt zuletzt als Justizinspektor tätigen Vaters Jakob von Bedeutung.[23] Aufschluss zu seinem Studium, insbesondere zu seiner Zeit als Mitglied des Nationalsozialistischen Deutschen Studentenbunds (NSDStB) in München, bieten neben den bereits aufgeführten Quellen auch die Überlieferung im Universitätsarchiv München sowie der als Abdruck vorliegende Briefwechsel mit seinen Eltern aus den Jahren von 1930 bis 1932.[24] Verschiedene Veröffentlichungen von Weintz zu Themen der pfälzischen Geschichte sind hauptsächlich aus der ersten Hälfte der 1930er Jahre überliefert.[25]

Die Überlieferung zu einem Streit mit dem pfälzischen Gauleiter Josef Bürckel, der vor dem Parteigericht ausgetragen wurde, ermöglicht sowohl einen Blick auf die Beziehungen von Weintz zu anderen regionalen Akteuren der NSDAP als auch einen Einblick in seine schlussendlich erfolglosen Versuche, 1933 einen Gaunachrichtendienst für die Pfalz ins Leben zu rufen. Seine Tätigkeit für Gestapo und RSHA erschließt sich vor allem aus der bereits erwähnten SS-Offiziersakte sowie aus weiterer Überlieferung verschiedener Behörden des NS-Staats sowie der NSDAP. Einblicke in seine Tätigkeiten bei der Gestapo Wien 1938/1939 und während des Einmarschs in das später so bezeichnete Protektorat Böhmen und Mähren geben verschiedene Dokumente aus dem Umfeld des Verfahrens gegen den Judenreferenten der Gestapo Wien Karl Ebner vor dem örtlichen Volksgericht 1947/1948.[26] Details zu seiner Internierung im Gewahrsam der US-Armee 1945/1946 lassen sich aus zwei hinsichtlich ihres Inhalts weitestgehend gleichen Akten aus den US National Archives in College Park, Maryland, rekonstruieren.[27]

Von besonderem Interesse für die Entwicklung der Geschichtsforschung in der Pfalz nach dem Zweiten Weltkrieg und die Rolle von Weintz in diesem Kontext ist eine im Nachlass des SPD-Politikers Franz Bögler überlieferte Akte zu den Auseinandersetzungen, die Weintz von 1950 bis 1952 mit verschiedenen führenden Persönlichkeiten des Historischen Vereins der Pfalz, insbesondere mit dem langjährigen Direktor des Historischen Museum der Pfalz in Speyer, Friedrich Sprater, führte.[28] Ergänzende Informationen zu diesem Themenkomplex bieten auch die Akten der Pfälzischen Gesellschaft zur Förderung der Wissenschaften für denselben Zeitraum.[29]

Für die Zeit der 1980er und 1990er Jahre aufschlussreich ist zudem die Überlieferung der Bezirksgruppe Neustadt im Historischen Verein der Pfalz.[30] Aufgrund von Sperrfristen noch nicht einsehbar sind hingegen die Akten der Stiftung zur Förderung der pfälzischen Geschichts-

---

23 LA Speyer J 6, Nr. 38036.
24 Die Briefe sind abgedruckt in: Pirmin Spieß, Willi Alwens, das Scharnier der Freundschaft. Roland Paul – Karl Richard Weintz, in: Pfälzer Heimat 68/2, 2017, S. 51–59.
25 Vgl. die Angaben in den Kapiteln zu den Zeiträumen 1908–1928, 1928–1933, 1933/1934 und 1934–1938.
26 WStLA, LG Wien, Vg 4c Vr 1223/47.
27 US NACP, D 082264; XE 082264.
28 LA Speyer, V 52, Nr. 634.
29 Die im Magazin des Historischen Museums der Pfalz verwahrten Akten der Gesellschaft sind noch nicht archiviert. Sie werden in Anlehnung an die von Armin Schlechter, Die Pfälzische Gesellschaft zur Förderung der Wissenschaften von ihrer Gründung bis zum Jahr 1955, in: Angelo Van Gorp/Ulrich A. Wien (Hgg.), Weisheit und Wissenstransfer. Beiträge zur Bildungsgeschichte der Pfalz (Forschungen zur Pfälzischen Landesgeschichte 1), Ubstadt-Weiher/Heidelberg/Speyer 2018, S. 235–265, genutzten Kürzel zitiert: Historisches Museum der Pfalz, Speyer, Akten der Pfälzischen Gesellschaft zur Förderung der Wissenschaften I (Schriftwechsel bis 31. Juli 1951), II (1. August 1951 bis 31. Dezember 1952 A–K) und III (1. August 1951 bis 31. Dezember 1952 L–Z).
30 LA Speyer, T 1, Nr. 56–61.

forschung im Landesarchiv Speyer.[31] Ein Nachlass von Karl Richard Weintz, der Aussagen über seine Tätigkeiten bis 1945 erlauben würde, ist laut Mitteilung der Stiftung nicht überliefert.[32]

Gerade für die Nachkriegszeit nach der Wiederaufnahme seiner Tätigkeit als Rechtsanwalt gestaltet sich die Überlieferungslage entsprechend kompliziert. Im Rahmen der Recherchen zur vorliegenden Publikation wurden mehrere Akteure der pfälzischen Geschichtsforschung befragt, die Weintz noch persönlich kennen lernten. Aufgrund der schwierigen Verifizierbarkeit einzelner Aussagen sowie der Bitte mehrerer Interviewpartner, nicht zitiert zu werden, wurde allerdings auf die Auswertung der entsprechenden Gespräche für die vorliegende Studie verzichtet.

Weintz selbst ist, wie bereits ausgeführt, sowohl im Rahmen seiner Tätigkeit im Nationalsozialismus als auch hinsichtlich seiner Rolle in der pfälzischen Geschichtsforschung nur punktuell untersucht worden.[33] Seine zentrale Rolle bei den Verfolgungsmaßnahmen der Gestapo gegen den sogenannten Harnier-Kreis in München in den Jahren 1939 und 1940 ist allerdings bereits gut aufgearbeitet, jedoch bisher nicht mit seinen sonstigen Tätigkeiten in Verbindung gebracht worden, nicht zuletzt, da er sowohl in den Quellen als auch in der Forschung, insbesondere in Zusammenhang mit dem von ihm verfassten sogenannten Weintz-Bericht, ohne Nennung seines Vornamens nur als Regierungsrat Weintz bezeichnet wird.[34]

Zur Einordnung seiner Aktivitäten auf den skizzierten Feldern kann auf unterschiedlich breiten Forschungsfundamenten aufgebaut werden. Zentral sind in diesem Kontext vor allem Arbeiten zu den Karrieren von nationalsozialistischen Eliten sowie zu Institutionen und Akteuren der regionalen und lokalen Geschichtsforschung vor und nach 1945. Dabei ist die Forschung zur Rolle von SD, Gestapo und RSHA innerhalb des nationalsozialistischen Staats und zu den Lebenswegen der entsprechenden Akteure in den letzten Jahrzehnten durch verschiedene wichtige Untersuchungen entscheidend vorangebracht worden. Neben den bereits erwähnten kollektivbiographischen Studien von Banach und Wildt hat insbesondere die erstmals 1996 veröffentlichte Arbeit von Ulrich Herbert zu Werner Best hier Grundlagen geschaffen.[35] Weitere institutionengeschichtliche und biographische Studien, nicht zuletzt im Kontext der NS-Täterforschung, erschließen das Forschungsfeld in vielen Bereichen.[36]

---

31 Der Bestand LA Speyer, H 21, Nr. 1011, der die Überlieferung von 1979 bis 1995 enthält, ist noch bis 2025 für die Nutzung gesperrt; schriftliche Mitteilung von Franz Maier (LA Speyer) vom 23. Mai 2022.

32 Email von Franz Maier namens des Stiftungsvorstands an den Verfasser vom 31. Januar 2023. Bei Spieß, Willi Alwens, S. 59, Anm. 30, wird allerdings ein Nachlass erwähnt. Die Briefe und Postkarten von Weintz und seinen Eltern aus den Jahren von 1930 bis 1932 befinden sich laut der Angabe ebd., S. 59, Anm. 11, in nicht näher spezifiziertem Privatbesitz. Auf schriftliche Nachfrage in der Sache wurde durch Pirmin Spieß namens des Vorstands mit Brief vom 8. Februar 2023 nicht mitgeteilt, wo die Schreiben aus diesem Zeitraum verwahrt werden. In dem 2010 zur Einsetzung der Stiftung als Alleinerbe von Weintz veröffentlichten Artikel werden unspezifisch „Bücher und Dokumente" genannt, die Weintz hinterließ; vgl. „Spieß weiß Bescheid".

33 Vgl. die Nennung der wenigen einschlägigen Erwähnungen im Kapitel 2010: Ein Tod in Neustadt/Weinstraße.

34 Die umfassendste Studie, über die die weitere Literatur zu erschließen ist, ist Christina M. Förster, Der Harnier-Kreis. Widerstand gegen den Nationalsozialismus in Bayern (Veröffentlichungen der Kommission für Zeitgeschichte B/74), Paderborn u.a. 1996.

35 Banach, Heydrichs Elite; Wildt, Generation des Unbedingten; Ulrich Herbert, Best. Biographische Studien über Radikalismus, Weltanschauung und Vernunft 1903–1989, Bonn 1996 (insgesamt fünf Auflagen). Benutzt wird im Folgenden die um eine Einleitung erweiterte Neuauflage München 2016.

36 Zu Institutionen und Eliten im Nationalsozialismus exemplarisch: George C. Browder, Foundations of the Nazi Police State. The Formation of Sipo and SD, Lexington 1990; Browder, Hitler's Enforcers; Gerhard Paul/Klaus-Michael Mallmann (Hgg.), Die Gestapo – Mythos und Realität, Darmstadt 1995; Gerhard Paul/

Die Forschung zur Rolle der deutschen Geschichtswissenschaft im Nationalsozialismus ist seit dem Frankfurter Historikertag 1998 um eine Vielzahl von meist biographischen Studien erweitert worden, die hauptsächlich zentrale universitäre Akteure des Fachs in den Blick nahmen.[37] Mittlerweile sind gerade im Zuge einschlägiger Tagungen zudem auch die für

Klaus-Michael Mallmann (Hgg.), Die Gestapo im Zweiten Weltkrieg. ‚Heimatfront' und besetztes Europa, Darmstadt 2000; Michael Wildt (Hg.), Nachrichtendienst, politische Elite, Mordeinheit. Der Sicherheitsdienst des Reichsführers SS, Hamburg 2003; Ulrich Herbert, Wer waren die Nationalsozialisten? Typologien des politischen Verhaltens im NS-Staat, in: Gerhard Hirschfeld (Hg.): Karrieren im Nationalsozialismus. Funktionseliten zwischen Mitwirkung und Distanz, Frankfurt 2004, S. 17–44. Zu Karrieren nach 1945: Ulrich Herbert, NS-Eliten in der Bundesrepublik, in: Wilfried Loth/Bernd-A. Rusinek (Hgg.), Verwandlungspolitik. NS-Eliten in der westdeutschen Nachkriegsgesellschaft, Frankfurt 1998, S. 93–115; Klaus-Michael Mallmann/Andrej Angrick (Hgg.), Die Gestapo nach 1945. Karrieren, Konflikte, Konstruktionen (Veröffentlichungen der Forschungsstelle Ludwigsburg der Universität Stuttgart 14), Darmstadt 2009; Jan Erik Schulte/Michael Wildt (Hgg.), Die SS nach 1945. Entschuldungsnarrative, populäre Mythen, europäische Erinnerungsdiskurse (Berichte und Studien 76), Göttingen 2018; Ullrich, „Ich fühl' mich nicht als Mörder". Die Ansätze und die die Vielzahl an Arbeiten aus dem Kontext der NS-Täterforschung sind zu erschließen über Gerhard Paul, Von Psychopathen, Technokraten des Terrors und „ganz gewöhnlichen" Deutschen. Die Täter der Shoah im Spiegel der Forschung, in: ders. (Hg.), Die Täter der Shoah. Fanatische Nationalsozialisten oder ganz normale Deutsche? (Dachauer Symposien zur Zeitgeschichte 2), Göttingen 2002, S. 13–90; Gerhard Paul/Klaus-Michael Mallmann, Sozialisation, Milieu und Gewalt. Fortschritte und Probleme der neueren Täterforschung, in: dies. (Hgg.), Karrieren der Gewalt. Nationalsozialistische Täterbiographien (Veröffentlichungen der Forschungsstelle Ludwigsburg der Universität Stuttgart 2), Darmstadt ²2005, S. 1–32; Frank Bajohr, Täterforschung: Ertrag, Probleme und Perspektiven eines Forschungsansatzes, in: ders./Andrea Löw (Hgg.), Der Holocaust. Ergebnisse und neue Fragen der Forschung, Frankfurt 2015, S. 167–185; kritisch zu Quellengrundlage und Methodik der neuen Täterforschung Ruth Bettina Birn, „Neue" oder alte Täterforschung? Einige Überlegungen am Beispiel von Erich von dem Bach-Zelewski, in: Totalitarismus und Demokratie 7 (2010), S. 189–212, insbesondere S. 189–191, 210–212. Einen guten Überblick über die verschiedenen biographischen und institutionengeschichtlichen Ansätze der Forschung seit 1945 samt weiterer Literaturangaben bieten Herbert, Best, S. 9–29; Banach, Heydrichs Elite, S. 359–369. Als weitere biographische Studie: Lutz Hachmeister, Der Gegnerforscher. Die Karriere des SS-Führers Franz Alfred Six, München 1998. Statt der Vielzahl regionaler Einzelstudien sei für die Entnazifizierung verwiesen auf Hanne Leßau, Entnazifizierungsgeschichten. Die Auseinandersetzung mit der eigenen NS-Vergangenheit in der frühen Nachkriegszeit, Göttingen 2020.

37 Schon vor dem Frankfurter Historikertag erschienen u.a. Helmut Heiber, Walter Frank und sein Reichsinstitut für Geschichte des neuen Deutschlands (Quellen und Darstellungen zur deutschen Geschichte 13), Stuttgart 1966; Karen Schönwälder, Historiker und Politik. Geschichtswissenschaft im Nationalsozialismus, Frankfurt u.a. 1992; Willi Oberkrome, Volksgeschichte. Methodische Innovation und völkische Ideologisierung in der deutschen Geschichtswissenschaft 1918–1945 (Kritische Studien zur Geschichtswissenschaft 101), Göttingen 1993; Peter Schöttler (Hg.), Geschichtsschreibung als Legitimationswissenschaft 1918–1945, Frankfurt 1997. Die Sektionsbeiträge des Frankfurter Historikertags sind abgedruckt in: Winfried Schulze/Otto Gerhard Oexle (Hgg.), Deutsche Historiker im Nationalsozialismus, Frankfurt 1999. Vgl. als übergreifende Arbeiten, die vielfach auch das Wirken einzelner Akteure nach 1945 nachzeichnen: Ingo Haar, Historiker im Nationalsozialismus. Deutsche Geschichtswissenschaft und der „Volkstumskampf" im Osten (Kritische Studien zur Geschichtswissenschaft 143), Göttingen 2000; Peter Moraw/Rudolf Schieffer (Hgg.), Die deutschsprachige Mediävistik im 20. Jahrhundert (VuF 62), Ostfildern 2005; Anne C. Nagel, Im Schatten des Dritten Reichs. Mittelalterforschung in der Bundesrepublik Deutschland 1945–1970 (Formen der Erinnerung 24), Göttingen 2005. Als monographische Studien zu einzelnen Historikern und ihren Karrieren vor und nach 1945: Christoph Cornelißen, Gerhard Ritter. Geschichtswissenschaft und Politik im 20. Jahrhundert (Schriften des Bundesarchivs 58), Düsseldorf 2001; Thomas Etzemüller, Sozialgeschichte als politische Geschichte. Werner Conze und die Neuorientierung der westdeutschen Geschichtswissenschaft nach 1945 (Ordnungssysteme 9), München 2001; Jan Eike Dunkhase, Werner Conze. Ein deutscher Historiker im 20. Jahrhundert (Kritische Studien zur Geschichtswissenschaft 194), Göttingen 2010; Christoph Nonn, Theodor Schieder. Ein bürgerlicher Historiker im 20. Jahrhundert (Schriften des Bundesarchivs 73), Düsseldorf 2013; Matthias Berg, Karl Alexander von Müller. Historiker für den Nationalsozialismus (Schriftenreihe der Historischen Kommission bei der Bayerischen Akademie der Wissenschaften 88), München 2014; Benjamin Hasselhorn, Johannes Haller. Eine politische Gelehrtenbiographie (Schriftenreihe der Historischen Kommission bei der Bayerischen Akademie der Wissenschaften 93), Göttingen 2015; Barbara Schneider, Erich Maschke. Im Beziehungsgeflecht von Politik und Geschichtswissenschaft (Schriftenreihe der Historischen Kommission

landesgeschichtliche Forschungskontexte wichtigen Archivare und Bibliothekare hinsichtlich ihrer Rolle im Nationalsozialismus und nach 1945 beleuchtet worden.[38]

Die für diese Untersuchung wichtigen historischen Vereine als Akteure in regionalen und lokalen Kontexten der Erforschung und Vermittlung von Geschichte sind hingegen für das 20. Jahrhundert, und hier besonders für die Zeit nach 1933, kaum ernsthaft erforscht worden.[39] Die Pfalz stellt in diesem Kontext zwar keine Ausnahme dar, jedoch ist die Rolle außeruniversitärer Akteure in der regionalen Geschichtsforschung bis in die frühen Jahre nach dem Zweiten Weltkrieg hier durch eine Studie von Celia Applegate zumindest in mehreren Punkten erschlossen.[40] Die Bedeutung einzelner im Kontext der Geschichtsforschung tätiger Akteure in der Region während der Zeit des Nationalsozialismus, gerade im Zusammenspiel mit den verschiedenen Institutionen im deutschen Südwesten, haben zudem Wolfgang Freund und Armin Schlechter herausgearbeitet.[41] Diese Vorarbeiten auf den skizzierten Feldern ermöglichen es, Karl Richard Weintz in den Kontext seiner unterschiedlichen Betätigungsgebiete einzuordnen. Die in der Forschung häufig thematisierten Fallstricke biographischer Arbeiten sind dabei aufgrund der Quellenlage in diesem Fall gut beherrschbar.[42]

---

bei der Bayerischen Akademie der Wissenschaften 90), Göttingen 2016; Reto Heinzel, Theodor Mayer. Ein Mittelalterhistoriker im Banne des „Volkstums" 1920–1960, Paderborn 2016.

38 Peter Vodosek (Hg.), Bibliotheken während des Nationalsozialismus, 2 Bde. (Wolfenbütteler Schriften zur Geschichte des Buchwesens 16), Wiesbaden 1989–1992; Das deutsche Archivwesen und der Nationalsozialismus. 75. Deutscher Archivtag in Stuttgart (Tagungsdokumentationen zum Deutschen Archivtag 10), Essen 2007; Gerhard Menk, Landesgeschichte, Archivwesen und Politik. Der hessische Landeshistoriker und Archivar Karl Ernst Demandt (1909–1990) (Schriften des Hessischen Staatsarchivs Marburg 21), Marburg 2009; Michael Knoche/Wolfgang Schmitz (Hgg.), Wissenschaftliche Bibliothekare im Nationalsozialismus. Handlungsspielräume, Kontinuitäten, Deutungsmuster (Wolfenbütteler Schriften zur Geschichte des Buchwesens 46), Wiesbaden 2011; Klaus G. Saur/Martin Hollender (Hgg.), Selbstbehauptung – Anpassung – Gleichschaltung – Verstrickung. Die preußische Staatsbibliothek und das deutsche Bibliothekswesen 1933–1945. Beiträge des Kolloquiums am 30. Januar 2013 in der Staatsbibliothek zu Berlin aus Anlass des 80. Jahrestags der nationalsozialistischen Machtübernahme (Zeitschrift für Bibliothekswesen und Bibliographie. Sonderbd. 113), Frankfurt 2014; Sven Kriese (Hg.), Archivarbeit im und für den Nationalsozialismus. Die preußischen Staatsarchive vor und nach dem Machtwechsel von 1933 (Veröffentlichungen aus den Archiven Preußischer Kulturbesitz. Forschungen 12), Berlin 2015; Sven Kuttner/Peter Vodosek (Hgg.), Volksbibliothekare im Nationalsozialismus. Handlungsspielräume, Kontinuitäten, Deutungsmuster (Wolfenbütteler Schriften zur Geschichte des Buchwesens 50), Wiesbaden 2017; Peter Fleischmann/Georg Seiderer (Hgg.), Archive und Archivare in Franken im Nationalsozialismus (Franconia 10), Neustadt an der Aisch 2019.

39 Hierzu Gunnar B. Zimmermann, Bürgerliche Geschichtswelten im Nationalsozialismus. Der Verein für Hamburgische Geschichte zwischen Beharrung und Selbstmobilisierung (Beiträge zur Geschichte Hamburgs 67), Göttingen 2019, S. 49–52, der auch auf die vielfach geschichtsklitternde Betrachtung der Zeit nach 1933 in Festschriften einzelner Vereine eingeht.

40 Celia Applegate, A Nation of Provincials. The German Idea of Heimat, Berkeley/Los Angeles/Oxford 1990. Deutsche Übersetzung unter dem Titel: Zwischen Heimat und Nation. Die pfälzische Identität im 19. und 20. Jahrhundert, Kaiserslautern 2007.

41 Wolfgang Freund, Volk, Reich und Westgrenze. Deutschtumswissenschaften und Politik in der Pfalz, im Saarland und in den annektierten Lothringen 1925–1945 (Veröffentlichungen der Kommission für Saarländische Landesgeschichte und Volksforschung 39), Saarbrücken 2006; Schlechter, Die Pfälzische Gesellschaft.

42 Grundlegend kritisch Pierre Bourdieu, Die biographische Illusion, in: Bios 3 (1990), S. 75–81. Umfassend zu Ansätzen und Problemen vgl. Etzemüller, Biographien.

1908–1928: Kindheit und Jugend in Neustadt/Haardt

Im Januar 1939 verfasste der 30-jährige Karl Richard Weintz einen handschriftlichen Lebenslauf, der Eingang in seine SS-Offizierssakte fand. Dabei ging er auch in wenigen Worten auf seine Kindheit und Jugend ein: „Ich wurde am 11. Sept. 1908 in Neustadt an der Weinstraße als Sohn des Justizinspektors Jakob Weintz und seiner Ehefrau Frieda, geb. Doll, geboren. Während meiner Schulzeit gehörte ich der nationalistischen Jugendbewegung an und wurde von der franz. Besatzungsarmee verfolgt. Im Separatistenabwehrkampf wäre ich beinahe erschossen worden."[43]

Als er diese Zeilen schrieb, war er bereits seit einem knappen halben Jahrzehnt für den SD bzw. die Gestapo tätig und daran interessiert, frühe Anknüpfungspunkte mit dem Nationalsozialismus herauszustellen. Dies war bei entsprechenden Lebensläufen üblich.[44] Wie viel Wahrheit aber steckt in dieser Darstellung und wie viel war dem Wunsch geschuldet, seine Vorgesetzten zu beeindrucken?

Jakob Weintz (1873–1948) war 1908 bei der Geburt seines einzigen Sohns 35 Jahre alt, seine Ehefrau Frieda (1884–1959) war fast elf Jahre jünger.[45] Am Beispiel des Ehepaars und ihrer Familien lassen sich die wirtschaftlichen und sozialen Transformationsprozesse in der Pfalz im 19. und frühen 20. Jahrhundert exemplarisch nachvollziehen. Einer von Karl Richards Urgroßvätern väterlicherseits, Karl Heinrich Herthel (1799–1864), war Ende des 18. Jahrhunderts noch im kleinen Ort Siebeldingen (heute Landkreis Südliche Weinstraße, Rheinland-Pfalz), gelegen zwischen Annweiler und Landau, geboren worden und hatte als Schuhmacher gearbeitet. Er verstarb in Neustadt (bis 1936 sowie 1945 bis 1950 an der Haardt, seitdem an der Weinstraße), woher auch seine Ehefrau stammte. Karl Richards zweiter Urgroßvater väterlicherseits, Theobald Karl Weintz (1785–1841), hatte in der Stadt als Küfer gearbeitet. Sein Sohn, Karl Richards Großvater Johannes Weintz (1828–1885), war vor Ort als Schuhmachermeister tätig gewesen.[46]

Auch in der in der Generation der Urgroßeltern von Karl Richard aufseiten seiner Mutter Frieda, geb. Doll, lässt sich der Weg vom Land in die städtischen Räume der Pfalz nachvollziehen. Der Seiler Friedrich Mayer (1811–1889) war noch im Dorf Korweiler im Hunsrück zur Welt gekommen, seinerzeit noch Teil der preußischen Rheinprovinz (heute Rhein-Hunsrück-Kreis, Rheinland-Pfalz). Er zog nach Neustadt, woher auch seine Frau stammte. Väterlicherseits kam die Familie von Karl Richards Mutter aus dem nahegelegenen Edenkoben (heute Landkreis Südliche Weinstraße, Rheinland-Pfalz), wo ihr Großvater Philipp Doll (1814–1892) als Winzer tätig gewesen war. Ihr Vater Heinrich Doll (1848–1921) war dort noch geboren worden, heiratete seine Frau Margaretha, geb. Mayer (1854–1884), dann aber bereits in Neu-

---

43 BA Berlin, R 9361 III 562723.
44 Vgl. die Ausführungen im Kapitel Quellen und Forschungen.
45 Die Geburts- und Sterbedaten nach den Sterbeurkunden in: LA Speyer, J 3, Nr. 170, Bl. 23, 62.
46 Die Angaben finden sich in den Fragebögen von Jakob und Frieda Weintz, die sie 1936 zum Nachweis ihrer „arischen" Abstammung ausfüllen mussten; LA Speyer J 6, Nr. 38036.

stadt. Beide verstarben allerdings in Ludwigshafen, wo auch Frieda Doll zur Welt kam. Der Grund für den Umzug in das industrielle Zentrum der Pfalz dürfte Heinrich Dolls Beruf als Lokomotivführer gewesen sein. Dabei fanden sich unter den Großeltern und Urgroßeltern von Karl Richard Weintz alle in der Pfalz vertretenen größeren christlichen Konfessionen, Katholiken, Protestanten und Reformierte. Seine Eltern jedoch waren beide protestantisch.[47]

Verdichtet lassen sich am Beispiel der beiden Familienzweige gesellschaftliche Veränderungen und soziale Mobilität fassen. Die Industrialisierung führte in vielen Regionen Deutschland in der zweiten Hälfte des 19. Jahrhunderts zu einer starken Abwanderung in die Städte sowie zu vielfachen Veränderungen in den Arbeits- und Beschäftigungsstrukturen.[48] Karl Richards Vater Jakob Weintz steht exemplarisch für die Möglichkeiten, die die Veränderungen auch mit Blick auf gesellschaftlichen Aufstieg boten. Es gelang ihm als Sohn eines Schuhmachers in den Staatsdienst einzutreten. Nach dem Besuch der Lateinschule in Neustadt war er erst an der Präparandenanstalt für Volksschullehrer in Edenkoben gewesen, dann aber 1893 als Gerichtsschreiber am Amtsgericht in Frankenthal in den bayerischen Staatsdienst eingetreten und zwei Jahre später in gleicher Funktion nach Neustadt gewechselt. Nach mehreren Beförderungen und einer kurzzeitigen Rückkehr nach Frankenthal wurde er 1925 zum Justizinspektor ernannt und trat 1938 in den Ruhestand, aus dem er 1940 wegen Personalmangels reaktiviert wurde. Endgültig endete seine Tätigkeit am Amtsgericht 1946.[49] Mit dieser mehr als 50 Jahre umspannenden Karriere im Justizdienst war Jakob Weintz, gemessen an den Lebensläufen seiner Eltern und Großeltern, ein sozialer Aufsteiger.[50] Er wohnte mit seiner Frau im Jahr der Geburt seines Sohns in der Sauterstraße 9, nur wenige Meter von seinem Arbeitsplatz, dem Gebäude des Neustadter Amtsgerichts in der nahen Lindenstraße 15 entfernt.[51] Dieses Haus war laut

---

47 Ebd.
48 Statt vieler Volker Berghahn, Das Kaiserreich 1871–1914 (Gebhardt Handbuch der deutschen Geschichte. Zehnte, völlig neu bearbeitete Auflage 16), Stuttgart 2003, S. 41–46; Dieter Langewiesche, Wanderungsbewegungen in der Hochindustrialisierungsperiode. Regionale, interstädtische und innerstädtische Mobilität in Deutschland 1880–1914, in: VSWG 64 (1977), S. 1–40. Zur Entwicklung in der Pfalz Josef Wysocki, Die pfälzische Wirtschaft von den Gründerjahren bis zum Ausbruch des Ersten Weltkriegs, in: Beiträge zur pfälzischen Wirtschaftsgeschichte (Veröffentlichungen der Pfälzischen Gesellschaft zur Förderung der Wissenschaften in Speyer 58), Speyer 1968, S. 213–294; Joachim Kermann, Wirtschaftliche und soziale Probleme im Rheinkreis (Pfalz) an der Schwelle des Industriezeitalters, in: Rhein-Neckar-Raum an der Schwelle des Industriezeitalters (Südwestdeutsche Schriften 1), Mannheim 1984, S. 279–311; Joachim Kermann, Wirtschaft und Verkehr im 19. Jahrhundert, in: Karl-Heinz Rothenberger/Karl Scherer/Franz Staab/Jürgen Keddigkeit (Hgg.), Pfälzische Geschichte, Bd. 2 (Beiträge zur pfälzischen Geschichte 18,2), Kaiserslautern ³2011, S. 151–173; Dirk Götschmann, Grundlinien der Entwicklung von Gewerbe und Industrie in der Pfalz im 19. Jahrhundert, in: Karsten Ruppert (Hg.), Wittelsbacher, Bayern und die Pfalz: das letzte Jahrhundert (Historische Forschungen 115), Berlin 2017, S. 121–143; Hans-Werner Hahn, Die Rolle der Pfalz im Industrialisierungsprozess. Forschungsstand und Forschungsperspektiven, in: Pia Nordblom/Henning Türk (Hgg.), Transformationen, Krisen, Zukunftserwartungen. Die Wirtschaftsregion Pfalz im 19. und frühen 20. Jahrhundert (Forschungen zur Pfälzischen Landesgeschichte 2), Ubstadt-Weiher u.a. 2021, S. 1–16.
49 Die Angaben finden sich in einem undatierten maschinenschriftlichen Lebenslauf, der zusammen mit dem Fragebogen zur Entnazifizierung vom 4. September 1945 in der Personalakte von Jakob Weintz überliefert ist; LA Speyer J 6, Nr. 38036.
50 Zum sozialen Aufstieg durch die Tätigkeit als Beamter im Kaiserreich Berghahn, Das Kaiserreich, S. 103; siehe zudem Hartmut Kaelble, Soziale Mobilität und Chancengleichheit im 19. und 20. Jahrhundert. Deutschland im internationalen Vergleich (Kritische Studien zur Geschichtswissenschaft 55), Göttingen 1983, S. 91–102.
51 Zum Wohnort der Familie Weintz und zum Standort des Amtsgerichts: Adreßbuch umfassend die Städte Neustadt an der Haardt, Bad Dürkheim, Deidesheim, Edenkoben, Lambrecht, o. o. 1908, S. 71, 146.

der Ausführungen, die Karl Richard Weintz 1945 während seiner amerikanischen Internierung in einem Fragebogen machte, von seinen Großeltern – wahrscheinlich väterlicherseits – erbaut worden, wobei seine Eltern laut seiner Angaben seit 1917 zudem einen Weinberg besaßen.[52]

Neustadt war während der Kindheit von Karl Richard Weintz eine sowohl durch den traditionellen Weinhandel und -anbau sowie unterschiedliche Handwerkszweige, als auch durch die im Zuge der Industrialisierung entstandenen Fabriken geprägt.[53] Mit den 1910 gezählten 19.288 Einwohnern gehörte es neben den wesentlich größeren Städten Ludwigshafen, Kaiserslautern und Speyer und dem etwa gleichgroßen Landau zu den wichtigsten Zentren der bayerischen Rheinpfalz, die seit 1816 Teil des Königreichs war.[54] Bei den Wahlen zu Landtag und Stadtrat gewannen die Liberalen in Neustadt 1907 bzw. 1909 gefolgt von den Sozialdemokraten die meisten Stimmen.[55] Auch bei den Reichstagswahlen der vorangehenden Jahrzehnte hatten die Ergebnisse vielfach ähnlich ausgesehen.[56]

Jakob Weintz dürfte der Monarchie gegenüber positiv eingestellt gewesen sein, verdankte er doch der Tätigkeit im bayerischen Justizdienst seinen gesellschaftlichen Aufstieg. Diese Staatstreue bewies er auch während des Ersten Weltkriegs, während dessen er nicht im Feld stand. In einem schlussendlich erfolglosen Beförderungsgesuch, das er 1930 an das Staatsministerium der Justiz übersandt hatte, gab er an, während des Kriegs für das Zeichnen von Kriegsanleihen geworben und für seinen Einsatz mit dem preußischen Kriegsverdienstkreuz ausgezeichnet worden zu sein.[57] Im Nachruf auf Karl Richard Weintz von 2010 wird zudem erwähnt, dass dieser als Dank für die von seinem Vater ermöglichte Kriegsanleihe von 1.000 Reichsmark sowohl dem bayerischen König als auch dem deutschen Kaiser bei ihrem Besuch in Neustadt die Hand schütteln durfte.[58] Für einen Artikel zu seinem 100. Geburtstag 2008 in der *Rheinpfalz* wurde diese Episode sogar als Titel gewählt.[59]

---

52 Angaben im Fragebogen vom 29. November 1945; US NACP, DE 082264.
53 Als Überblick: Hans Ulrich Zapf, Die wirtschaftliche Entwicklung Neustadts seit dem Ausgang des 19. Jahrhunderts, in: Neustadt an der Weinstraße. Beiträge zur Geschichte einer pfälzischen Stadt, Neustadt an der Weinstraße 1975, S. 523–550, hier S. 523–526.
54 Ernst Otto Bräuche, Parteien und Reichstagswahlen in der Rheinpfalz von der Reichsgründung bis zum Ausbruch des Ersten Weltkrieges 1914. Eine regionale partei- und wahlhistorische Untersuchung im Vorfeld der Demokratie (Veröffentlichungen der Pfälzischen Gesellschaft zur Förderung der Wissenschaften in Speyer 68), Speyer 1982, S. 11.
55 Werner Hänsler, Gemeinschaftsleben vom Vormärz bis zum 2. Weltkrieg. Streiflichter politischer, geselliger und kultureller Arbeit in Neustadt, in: Neustadt an der Weinstraße. Beiträge zur Geschichte einer pfälzischen Stadt, Neustadt an der Weinstraße 1975, S. 711–729, hier S. 713.
56 Vgl. die Übersicht bei Bräuche, Parteien, S. 341–344.
57 Das Schreiben ist überliefert in: LA Speyer J 6, Nr. 38036. Zu Neustadt im Ersten Weltkrieg vgl. Gabriele Ziegler, Neustadt in den Kriegen 1870/71 und 1914–1918 und während der französischen Besatzungszeit. Eine Darstellung anhand Neustadter Tageszeitungen, in: Neustadt an der Weinstraße. Beiträge zur Geschichte einer pfälzischen Stadt, Neustadt an der Weinstraße 1975, S. 417–450, hier S. 425–438; allgemein zur Pfalz: Heinrich Thalmann, Die Pfalz im Ersten Weltkrieg. Der ehemalige bayerische Regierungskreis bis zur Besetzung Anfang Dezember 1918 (Beiträge zur pfälzischen Geschichte 2), Kaiserslautern 1990.
58 Spieß, Nachruf, S. 7.
59 Pirmin Spieß, Als Schüler dem Kaiser die Hand geschüttelt. Rechtsanwalt Karl Richard Weintz 100 Jahre, in: Die Rheinpfalz. Mittelhaardter Rundschau, 12. September 2008.

Wie die Familie Weintz die Niederlage des Deutschen Reichs und das Ende der Monarchie 1918 erlebte, ist nicht überliefert.[60] Betroffen war sie, wie alle Bewohner Neustadts, durch die Besetzung der Pfalz durch französische Truppen bis 1930. Im Jahr 1920 wurde eine Garnison von 900 Mann in Neustadt einquartiert, die 1925 eine neue Kaserne bezog.[61] Die Besatzungstruppen waren eine beständige Präsenz, mit der es, wie in der Pfalz generell sowie in den gesamten besetzten Teilen Deutschlands, wiederholt zu nationalistisch und rassistisch aufgeladenen Auseinandersetzungen kam. Befeuert wurde die spannungsgeladene Atmosphäre in der ersten Hälfte der 1920er Jahre durch verschiedene, schlussendlich erfolglose Aktionen separatistischer Bewegungen in der Pfalz.[62]

Die Verdichtung von Kindheit und Jugenderlebnissen auf die Auseinandersetzung mit der Besatzungsmacht und den Separatisten im handschriftlichen Lebenslauf von Karl Richard Weintz aus dem Jahr 1939 ist durchaus typisch, wurde doch die Anwesenheit französischer Truppen und Bestrebungen, die Pfalz aus dem Reichsverband zu lösen, auf vielfältige Weise durch weite Teile der linksrheinischen Bevölkerung und nicht zuletzt auch in unterschiedlichen Medien, scharf abgelehnt.[63] Dabei war allerdings „[v]on größerer Bedeutung als die kurzlebige Herrschaft der Separatisten selbst […] die Erinnerung an diese".[64]

Entsprechend fraglich ist es, ob Weintz tatsächlich Verfolgung durch die Besatzungsmacht ausgesetzt war oder gar beinahe von Separatisten erschossen worden wäre, wie er angibt.[65] Die Entwicklungen im überschaubaren Neustadt jedoch dürfte er miterlebt oder zumindest von ihnen gehört haben.[66] Sein Vater ist im nationalistischen Spektrum der Weimarer Republik zu verorten, worauf neben seinem beruflichen Aufstieg während des Kaiserreichs auch die nach eigenen Angaben nur im Jahr 1931 bestehende Mitgliedschaft in der Deutschnationalen Volkspartei (DNVP) hindeutet.[67]

---

60 Zur Novemberrevolution in Neustadt konzise Sarina Hoff, Weichenstellungen. Neustadt und seine politische Kultur 1918–1932, in: Markus Raasch (Hg.), Volksgemeinschaft in der Gauhauptstadt. Neustadt an der Weinstraße und der Nationalsozialismus, Münster 2020, S. 71–96, hier S. 73f.
61 Ziegler, Neustadt in den Kriegen, S. 440f.
62 Zu Neustadt: ebd., S. 440-448f.; Hoff, Weichenstellungen, S. 74–79; für die gesamte Pfalz: Wilhelm Kreutz/Karl Scherer (Hgg.), Die Pfalz unter französischer Besatzung (1918/19–1930) (Beiträge zur pfälzischen Geschichte 15), Kaiserslautern 1999; mit Blick auf das Gebiet des heutigen Bundeslands Rheinland-Pfalz: Ute Engelen/Walter Rummel (Hgg.), Der gescheiterte Friede. Die Besatzungszeit 1918–1930 im heutigen Rheinland-Pfalz. Begleitband zur Ausstellung (Veröffentlichungen der Landesarchivverwaltung Rheinland-Pfalz 129), Koblenz 2020; Helmut Gembries, Verwaltung und Politik in der besetzten Pfalz zur Zeit der Weimarer Republik (Beiträge zur pfälzischen Geschichte 4), Kaiserslautern 1992; Joachim Kermann/Hans-Jürgen Krüger (Bearb.), 1923/24. Separatismus im rheinisch-pfälzischen Raum. Eine Ausstellung der Landesarchivverwaltung auf dem Hambacher Schloß 1989 (Ausstellungskataloge der Landesarchivverwaltung Rheinland-Pfalz), Koblenz 1989.
63 Hoff, Weichenstellungen, S. 78f.; Hannes Ziegler, Die Separatismuspolemik in der pfälzischen NS-Presse (1926-1932), in: Wilhelm Kreutz/Karl Scherer (Hgg.), Die Pfalz unter französischer Besatzung (Beiträge zur pfälzischen Geschichte 15), Kaiserslautern 1999, S. 201–228.
64 Hoff, Weichenstellungen, S. 78.
65 Die Behauptung von Weintz, er sei von Separatisten beinahe erschossen worden, ist auch erwähnt bei Wildt, Generation des Unbedingten, S. 63.
66 Jakob Weintz äußerte sich in seinem Beförderungsgesuch von 1930 auch zu den „Separatistenunruhen"; LA Speyer J 6, Nr. 38036.
67 Erwähnt wird die Mitgliedschaft für das Jahr 1931 im Fragebogen in der Personalakte von Jakob Weintz aus dem Jahr 1936; LA Speyer J 6, Nr. 38036. Allerdings war die DNVP in Bayern von 1928 bis 1931 Regierungspartei; ausführlich hierzu Elina Kiiskinden, Die Deutschnationale Volkspartei in Bayern (Bayerische

Reibungen der Neustadter mit der französischen Besatzungsmacht erlebte Karl Richard Weintz hautnah an seiner Schule. So wurde die Turnhalle des von ihm besuchten Humanistischen Gymnasiums requiriert, ein Studienrat wurde durch die Besatzer ausgewiesen und 1923/1924 kam es zu einem Streit um Französisch als Pflichtfach.[68] Äußerungen zu seiner Schulzeit haben sich für Karl Richard Weintz über die bereits erwähnte Begegnung mit deutschem Kaiser und bayerischem König hinaus allerdings nicht erhalten.[69] Aus späteren Angaben ist nur belegt, dass er am Gymnasium Kenntnisse in Englisch, Französisch, Latein und Altgriechisch erwarb.[70]

In seiner Kindheit und Jugend – bei allen Problemen, die Details einzuschätzen – dürften bereits die Wurzeln seiner Radikalisierung und Hinwendung zum Nationalsozialismus erkennbar sein. Hierbei ähnelt er vielen der anderen zwischen 1900 und 1910 geborenen Angehörigen der sogenannten Kriegsjugendgeneration, die später in führenden Positionen in RSHA und Gestapo tätig waren und die vielfach durch die Erfahrung von Kriegsniederlage, Besatzung und Inflation geprägt waren.[71] Die Sozialisation in einem wohl zumindest ursprünglich königstreuen Haushalt sowie Kindheit und Jugend in der politisch aufgeladenen Atmosphäre in der Pfalz nach dem Ersten Weltkrieg dürften bei Weintz mitentscheidend zu seiner politischen Radikalisierung beigetragen haben.

Ebenfalls dürfte für seine entsprechende Orientierung die Mitgliedschaft im Deutsch-Wandervogel, für den er in Neustadt als Gruppenführer wirkte, eine wichtige Rolle gespielt haben.[72] Diese hinsichtlich ihrer Mitgliederzahl kleine Vereinigung war völkisch ausgerichtet und propagierte für ihre Mitglieder die Bedeutung von Führung, Disziplin und Geschlos-

---

Mitttelpartei) in der Regierungspolitik des Freistaats während der Weimarer Zeit (Schriftenreihe zur bayerischen Landesgeschichte 145), München 2005, S. 318–353. Zur deutlichen Radikalisierung der DNVP in den letzten Jahren der Weimarer Republik vgl. aus der Masse der Forschung nur Thomas Mergel, Das Scheitern des deutschen Tory-Konservatismus. Die Umformung der DNVP zu einer rechtsradikalen Partei 1928–1932, in: HZ 276 (2003), S. 323–368.

68 Karl Tavernier, Geschichte des Gymnasiums zu Neustadt an der Haardt 1880–1930. Festschrift zur Feier des 50jährigen Bestehens der Anstalt, o. O. 1930, S. 67f.

69 In den Erinnerungen einer Abiturientin des Jahrgangs 1925 am Neustadter Gymnasium wird vermerkt, die Absolventen seien „vaterländisch gesinnt" gewesen; Luise Hackelsberger, Absolvia Neapolitana 1925, in: Kurfürst-Ruprecht-Gymnasium Neustadt an der Weinstraße. Entwicklung einer Schule 1578–1978, Neustadt an der Weinstraße 1978, S. 319–323, hier S. 319. Hingegen wird für den Jahrgang 1931 herausgehoben, dass niemand der Absolventen einer der extremistischen Parteien aus der Endphase der Weimarer Republik angehört habe; Walter Orth, Was bleibt? Gedanken eines Vaters aus dem Abiturjahrgang 1931, in: ebd., S. 324–326, hier S. 325.

70 Im Fragebogen vom 29. November 1945 vermerkte Weintz zu diesen Sprachen „Schulkenntnisse"; US NACP, DE 082264.

71 Zum hohen Anteil von Angehörigen der Kriegsjugendgenerationen auf den Leitungsebenen von RSHA und Gestapo Wildt, Generation des Unbedingten, S. 24; Herbert, Best, S. 211; vgl. zudem zur Begrifflichkeit und zu ihrer Rolle auf den nationalsozialistischen Führungsebenen auch Ulrich Herbert, Drei politische Generationen im 20. Jahrhundert, in: Jürgen Reulecke (Hg.), Generationalität und Lebensgeschichte im 20. Jahrhundert (Schriften des Historischen Kollegs. Kolloquien 58), München 2003, S. 95–114, hier S. 97–102.

72 Erwähnt auch bei Spieß, Nachruf, S. 7f. Hier wird die Gruppe nicht explizit genannt. Dass es sich um den Deutsch-Wandervogel, Bund für Jungwandern, handelt, erschließt sich unter anderem daraus, dass das Bezirksamt Neustadt in einem Schreiben an die Regierung der Pfalz vom 2. Juni 1931 berichtete, die Burg Spangenberg sei 1926 für die Dauer von zehn Jahren an den Gau Pfalz des Deutsch-Wandervogels verpachtet worden; LA Speyer, H 3, Nr. 7818, Bl. 26.

senheit.[73] Seit Mitte der 1920er Jahre versuchte ihre Leitungsebene, Anschluss an eine der größeren Vereinigungen der Bündischen Jugend zu bekommen, was 1928 zum Zusammengehen mit dem Jungnationalen Bund führte.[74] Beide Jugendorganisationen standen deutlich im rechten völkischen Spektrum.[75]

Weintz war mit seiner Gruppe auch an Aktivitäten beteiligt, die Burgruine Spangenberg bei Neustadt zu konservieren, um dort ein Jugendheim zu errichten. In diesem Kontext veröffentlichte der 19-jährige Gymnasiast erstmal einen Beitrag, der über drei Ausgaben des *Stadt- und Dorfanzeigers*, der Beilage zum *Pfälzischen Kurier*, verteilt gedruckt wurde.[76] Sichtbar werden in dem Artikel sowohl das Geschichtsinteresse des jungen Mannes als auch Anklänge an national-romantische Ideale, die in der völkischen Bewegung vorherrschen.[77] Dabei war die Veröffentlichung kleinerer heimatgeschichtlicher Beiträge in Zeitungsbeilagen in der Pfalz eine weit verbreitete Praxis und wurde auch von anderen Geschichtsinteressierten von unterschiedlichem Professionalisierungsgrad intensiv betrieben.[78] Dass im Weintzschen Artikel eine mittelalterliche Burg im Mittelpunkt stand, deren Bezug zur regionalen wie überregionalen Geschichte herausgestellt wurde, war durchaus typisch für entsprechende Beiträge.[79]

Er sah in Burgen Orte, an die der Deutsche flüchtete, „um auf ihren Höhen, in ihren Mauern und Wällen Stärke zu empfangen und Freudigkeit, auf daß er den Kampf ums Dasein weiterzuführen vermag."[80] Nach einem historischen Überblick zur Entwicklung Spangenbergs vom Mittelalter bis zur Gegenwart, den er aus Publikationen zur pfälzischen

---

73 Werner Kindt (Hg.), Die deutsche Jugendbewegung 1920 bis 1933. Die bündische Zeit. Quellenschriften (Dokumentationen der Jugendbewegung 2), Düsseldorf/Köln 1974, S. 238; Rudolf Kneip, Jugend der Weimarer Zeit. Handbuch der Jugendverbände 1919–1938 (Quellen und Beiträge zur Geschichte der Jugendbewegung 11), Frankfurt 1974, S. 109.
74 Zu Verhandlungen und Zusammenschluss vgl. Kindt (Hg.), Die deutsche Jugendbewegung, S. 240.
75 Schon zeitgenössisch wurde bereits die „sehr radikale Entwicklung" des Deutsch-Wandervogels konstatiert; Günther Ehrenthal, Die deutschen Jugendbünde. Ein Handbuch ihrer Organisation und ihrer Bestrebungen, Berlin 1929, S. 57; zum Jungnationalen Bund vgl. Kindt (Hg.), Die deutsche Jugendbewegung, S. 489–498. Zur Rolle völkischer Ideen und Gruppierungen in der Jugendbewegung des Kaiserreichs und der Weimarer Republik Uwe Puschner, Jugendbewegung und völkische Bewegung, in: Grauzone. Das Verhältnis zwischen bündischer Jugend und Nationalsozialismus. Beiträge der Tagung im Germanischen Nationalmuseum, 8. und 9. November 2013, Nürnberg 2017, S. 11–22; Uwe Puschner, Völkische Bewegung und Jugendbewegung. Eine Problemskizze, in: Gideon Botsch/Josef Haverkamp (Hgg.), Jugendbewegung, Antisemitismus und rechtsradikale Politik. Vom „Freideutschen Jugendtag" bis zur Gegenwart (Europäisch-jüdische Studien. Beiträge 13), Berlin/Boston 2014, S. 9–28; umfassend zur Bündischen Jugend jetzt auch Rüdiger Ahrens, Bündische Jugend. Eine neue Geschichte 1918–1933 (Moderne Zeiten 26), Göttingen 2015.
76 Karl Richard Weintz, Burg Spangenberg, in: Stadt- und Dorf-Anzeiger. Beilage zum Pfälzischen Kurier, 13. Januar, 24. Januar, 17. Februar 1928; im ersten Teil der Artikelserie wird das Ziel erwähnt, das Jugendheim zu errichten. Die Aktivitäten der Wandervogelgruppe auf der Burg, ohne Hinweis auf die schlussendlich gescheiterten Pläne zur Errichtung des Jugendheims, sind auch erwähnt in: Spieß, Nachruf, S. 8.
77 Zu völkischen Geschichts- und Heimatbildern exemplarisch Uwe Puschner, Die völkische Bewegung im wilhelminischen Kaiserreich. Sprache – Rasse – Religion, Darmstadt 2001, S. 145–151; Julian Köck, „Die Geschichte hat immer Recht". Die Völkische Bewegung im Spiegel ihrer Geschichtsbilder (Campus Historische Studien 73), Frankfurt/New York 2015, spezifisch zu den verschiedenen Organisationen innerhalb der Bündischen Jugend Ahrens, Bündische Jugend, S. 183–213.
78 Applegate, Nation, S. 92.
79 Ebd., S. 89.
80 Weintz, Burg Spangenberg, 13. Januar.

Geschichte zusammenstellte[81], beschloss er den ersten Teil der Artikelserie mit der kitschigen Formulierung, 1926 habe der Eigentümer der Burg, die Gemeinde Lachen-Speyerdorf, „den Pfalzgau des ‚Deutschwandervogels', Jungdeutscher Bund, mit derselben belehnt[..]."[82] Nach einer ausführlichen Beschreibung des Baus im zweiten Teil des Artikels[83] folgte im letzten Abschnitt nach der Wiedergabe einer Sage die pathosbeladene Darstellung des Einzugs der Wandervogelgruppe in die Ruine, „[v]oran mit an hohem Garn flatternde[m] Wimpel".[84] Die Serie schloss mit dem Aufruf, die bereits vorangeschrittene Instandhaltung finanziell zu unterstützen.[85]

Allerdings scheiterten die Versuche, die Ruine dauerhaft in einen besseren Zustand zu versetzen. Im Februar 1931 teilte das Bezirksamt Neustadt der Regierung der Pfalz mit, dass sich die Deutsch-Wandervogelgruppe aufgelöst hatte und die Pläne zur Errichtung einer Wanderherberge aufgegeben worden waren.[86] Im Juni desselben Jahrs konnte allerdings bereits berichtet werden, dass eine „Vereinigung zur Erhaltung der Burg Spangenberg" mit Sitz in Ludwigshafen einen Erbbauvertrag über 99 Jahre mit der Gemeinde schließen wollte und plante, innerhalb von zwei Jahren eine Jugendherberge zu errichten. Das Bezirksamt hatte allerdings erfahren, dass der Bau eines Jugendheims für die NSDAP auf der Burg geplant war. Ein Mitglied der „Vereinigung zur Erhaltung", das Nationalsozialist sei, habe auch bereits einen Vorvertrag mit dem Bürgermeister abgeschlossen: „Ein cand. jur. C. R. Weintz aus Neustadt a. d. Haardt".[87]

Dass der mittlerweile in München studierende Weintz das Projekt seiner alten Wandervogelgruppe direkt an die NSDAP weitervermittelte, ließ auch den Vertreter des Bezirksamts skeptisch werden: „Ob die ‚Deutschwandervögel' sowie die übrigen Unterzeichner des Vorvertrags […] auch Anhänger der NSDAP sind, muss noch ermittelt werden."[88] Dafür sprach, dass nach dem Abschluss des Vorvertrags 20 SA-Männer für einen Arbeitsdiensteinsatz auf die Burg marschiert waren.[89]

Sichtbar wird am Beispiel der schlussendlich gescheiterten Versuche, eine Jugendherberge auf der Burg Spangenberg zu errichten, dass sich die völkischen Deutsch-Wandervögel und

---

81 Erwähnt werden unter anderem Publikationen und Editionen zweier wichtiger pfälzischer Geschichtsschreiber des 19. Jahrhunderts, des protestantischen Pfarrers Johann Georg Lehmann und des katholischen Geistlichen Franz Xaver Remling; ebd. Wegen der Einsichtnahme in archivalisch überlieferte Quellen wandte sich Weintz erst am 23. und 31. August 1928 an das Speyerer Staatsarchiv; vgl. die Schreiben in: LA Speyer, Registraturakt, Nr. 3388. Vgl. als neueren Überblick zur Geschichte der Burg Spangenberg Jürgen Keddigkeit/Hubert Puhl, Art. Spangenberg, in: Jürgen Keddigkeit/Ulrich Burkhart/Rolf Übel (Hgg.), Pfälzisches Burgenlexikon, Bd. 4.1 (Beiträge zur pfälzischen Geschichte 12,4,1), Kaiserslautern 2007, S. 505–519, zu den Aktivitäten des Wandervogels S. 514.
82 Weintz, Burg Spangenberg, 13. Januar. Der Deutsch-Wandervogel firmierte auch unter dem Namen „Deutsch-Wandervogel, Jungdeutscher Bund"; Ehrenthal, Die deutschen Jugendbünde, S. 57. Vgl. zu dem mit diesem nicht identischen Jungdeutschen Bund Kindt (Hg.), Die deutsche Jugendbewegung, S. 323–327.
83 Weintz, Burg Spangenberg, 24. Januar.
84 Weintz, Burg Spangenberg, 17. Februar.
85 Ebd.
86 LA Speyer, H 3, Nr. 7818, Bl. 25.
87 Ebd., Bl. 26.
88 Ebd.
89 Ebd.

die Nationalsozialisten in Zielen und Idealen durchaus überschnitten.[90] Personell verkörperte dies am Ende der Weimarer Republik Karl Richard Weintz. Mit der seit 1925 auch durch eine Ortsparteigruppe in Neustadt präsente NSDAP war er als Schüler allerdings wohl nicht in engeren Kontakt gekommen, auch wenn er im Parteigerichtsverfahren 1933 genau dies in einer längeren Rechtfertigungsschrift behauptete.[91] Institutionelle Anbindungen an die Partei entwickelten sich erst in seiner Studienzeit.

---

90   Zu politisch-weltanschaulichen Überschneidungen zwischen Teilen der Bündischen Jugend und dem Nationalsozialismus vgl. auch Ulrike Treziak, Deutsche Jugendbewegung am Ende der Weimarer Republik. Zum Verhältnis von Bündischer Jugend und Nationalsozialismus (Quellen und Beiträge zur Geschichte der Jugendbewegung 28), Frankfurt 1986, S. 90–100; Matthias von Hellfeld, Bündische Jugend und Hitlerjugend. Zur Geschichte von Anpassung und Widerstand 1930–1939 (Edition Archiv der deutschen Jugendbewegung 3), Köln 1987, insbesondere S. 59–68. Zum Scheitern von weiteren Bauaktivitäten auf Burg Spangenberg unter den Nationalsozialisten vgl. Keddigkeit/Puhl, Art. Spangenberg, S. 514.
91   Weintz gab in einer Stellungnahme vom 21. November 1933 an, er habe sich „[s]eit dem ersten Weihnachtsfest des Gaues Rheinpfalz der N.S.D.A.P. im Haardter Winzerkeller 1925/26 […] mit Stolz als Nationalsozialist bekannt"; BA Berlin, R 9361 I 41650, Bl. 19. Diese angeblich frühe Nähe zum Nationalsozialismus findet sich in keiner anderen Quelle belegt. Zur Gründung der NSDAP-Ortsgruppe in Neustadt siehe Hänsler, Gemeinschaftsleben, S. 714; zu ihrer Rolle in der Stadt in der zweiten Hälfte der 1920er und in den frühen 1930er Jahren Hoff, Weichenstellungen, S. 83–93.

1928–1932: Eintritt in NSDStB und NSDAP. Studium in München, Kiel und Berlin

Weintz bestand 1928 am Humanistischen Gymnasium in Neustadt sein Abitur.[92] Er hatte damit die Grundlage gelegt, um den von seinem Vater bereits begonnenen beruflichen und sozialen Aufstieg der Familie weiter voranzutreiben. Dass der Sohn eines mittleren Beamten das Gymnasium besuchte, war für Jakob Weintz eine Prestigesache, die er 1922 in einem Schreiben an das bayerische Justizministerium hervorhob.[93]

Die Universität München, die der Abiturient im Sommersemester bezog, war dabei für einen Pfälzer eine nachvollziehbare Wahl, fehlte es im linksrheinischen bayerischen Regierungsbezirk doch an einer eigenen Hochschule. Für die Immatrikulation sind auf der Karte für Weintz in der Studentenkartei als Fächer noch „Phil" und „Rechte" vermerkt, während nach seiner Rückkehr aus Kiel und Berlin an die Isar im Wintersemester 1930/1931 nur noch Jura angegeben ist.[94] Dies deckt sich weitestgehend mit dem Angaben im Nachruf, er habe ursprünglich Musik studieren wollen und sich in München „als stud. jur. et phil. et rer. pol." eingeschrieben, sich auf Drängen des Vaters hin jedoch schlussendlich für Rechtswissenschaften entschieden.[95] In seinem 1945 während der US-Internierung verfassten Lebenslauf erwähnte Weintz selbst, er habe in München anfangs Veranstaltungen in Philosophie und Musikwissenschaften besucht und sei erst später zu den Rechts- und Staatswissenschaften gewechselt.[96]

Der schlussendliche Fokus auf das Jurastudium dürfte wohl tatsächlich auf seinen Vater zurückgehen. Jakob Weintz war wahrscheinlich daran gelegen, dass sein Sohn als Jurist jene Positionen erreichte, deren Inhabern er täglich am Amtsgericht in Neustadt begegnete. Ein alleiniges Studium an der Philosophischen Fakultät dürfte in seinen Augen nur begrenzte Aufstiegschancen geboten haben.

Anders als seine Kindheit und Jugend, die er in wenigen kurzen Sätzen abhandelte, weist Weintz in seinem Lebenslauf von 1939 der Studienzeit eine zentrale Rolle für seine Entwicklung zum Nationalsozialisten zu. Entsprechend ausführlich beschreibt er sie: „Nach Ablegung der Reifeprüfung beim Hum. Gymnasium Neustadt im Jahre 1928 widmete ich mich an der Universität München dem juristischen Studium. Ich wurde Mitglied des n. s. Studentenbundes und zählte zu den ersten Mitarbeitern Baldur von Schirachs. In den

---

92 Erwähnt im Lebenslauf (BA Berlin, R 9361 III 562723) sowie im Nachruf: Spieß, Nachruf, S. 7.
93 In seinem Schreiben vom 2. März 1922 an den Amtsgerichtsvorstand Hinz führte Jakob Weintz dies neben anderen prestigeträchtigen Aspekten auf: „Bittsteller ist verheiratet, hat im Gegensatz zu anderen Kollegen einen Sohn, der das Gymnasium besucht, und besitzt Haus und Feld; er hat also ein fast ausschließliches Interesse, zum Inspektor am Amtsgericht Neustadt befördert zu werden"; LA Speyer, J 6, Nr. 38036.
94 UA München, Stud-Kart I (Weintz, Karl). In einem Brief an das Staatsarchiv Speyer vom 23. August 1928 bezeichnete er sich nur als „stud. phil."; LA Speyer, Registraturakt, Nr. 3388.
95 Spieß, Nachruf, S. 8. Eine Immatrikulation als „stud. rer. pol." lässt sich nicht nachweisen.
96 Lebenslauf vom 29. November 1945; US NACP, DE 082264.

Studentenvertretungen war ich als n. s. Asta- u. Senatsmitglied tätig. Ich wurde auch Gründungsmitglied des ‚Kampfbundes für deutsche Kultur' (Januar 1929). Im Sommersemester 1929 studierte ich in Kiel und trat daselbst auch in die Partei und in die S.A. ein. Nach einer romantischen Nordlandfahrt im Sommer 1929 setzte ich meine Studien 1929/30 in Berlin fort. Ich gehörte dort dem bekannten SA-Sturm 1 an und marschierte mit Horst Wessel, den ich von Angesicht zu Angesicht kannte, im roten Wedding. Auch mannigfachen Verfolgungen der Systempolizei war ich ausgesetzt. Im Jahr 1931 kehrte ich nach München zurück, beendete dort anfangs 1932 meine Studien und war als Gerichtsreferendar tätig. Ich wohnte bei Adolf Hitler im Hause Prinzregentenplatz 16 und beschützte ihn im Rahmen meiner Tätigkeit als KD-Mann."[97]

Deutlich wird der Versuch, wie auch bei der Beschreibung von Kindheit und Jugend, die frühe Nähe zu den Zielen und Idealen des Nationalsozialismus und ihren zentralen Akteuren Hitler, Schirach und dem als NS-Märtyrer verehrten Horst Wessel sowie die Ablehnung ihrer Gegner, namentlich des demokratischen Staats („Systempolizei") oder der Kommunisten und Sozialdemokraten („roter Wedding"), herauszustellen. Dabei brachte Weintz Anfang 1939 ein Narrativ zu Papier, das er bereits im Rahmen seines Parteigerichtsverfahrens 1933 zum Unterstreichen seiner Verdienste um die NSDAP bemüht hatte. Auch in diesem Fall äußerte er sich ausführlich zu seiner Nähe zu Schirach, Hitler und Wessel.[98] In beiden Darstellungen wird der bei Weintz immer wieder feststellbare Hang zum Angeben und Übertreiben erkennbar, der er auch in den folgenden Jahren und Jahrzehnten immer wieder sichtbar werden sollte.

In München schloss sich Weintz dem NSDStB an.[99] Inwiefern er diesem in seinen ersten Semestern, wie 1933 angegeben „mit Baldur von Schirach […] auf die Beine half", ist dabei allerdings unklar.[100] Die Eintritt in diese Organisation sowie auch in den Kampfbund für deutsche Kultur, der gegründet worden war, um die Ideen der Partei einem bürgerlichen Publikum näherzubringen, unterstreicht, dass der in der völkischen Jugendbewegung und in der politisch aufgeheizten Stimmung der Pfalz in den 1920er Jahren sozialisierte Weintz auch in München direkt den Anschluss an eine naheliegende politische Strömung suchte, wobei er zumindest anfangs noch Mitglied des Wandervogels blieb.[101] Für seine ersten bei-

---

97 BA Berlin, R 9361 III 562723.
98 Abschrift eines Schreibens von Weintz an die Reichsnachrichtendienstleitung vom 10. Oktober 1933, BA Berlin, R 9361 I 41650, Bl. 33.
99 Erwähnt unter anderem im Lebenslauf vom Januar 1939; BA Berlin, R 9361 III 562723.
100 Abschrift eines Schreibens von Weintz an die Reichsnachrichtendienstleitung vom 10. Oktober 1933, BA Berlin, R 9361 I 41650, Bl. 33.
101 Zum NSDStB grundlegend Anselm Faust, Der Nationalsozialistische Deutsche Studentenbund, 2 Bde. (Geschichte und Gesellschaft. Bochumer Historische Studien), Düsseldorf 1973; zur Rolle Baldur von Schirachs im NSDStB Michael Wortmann, Baldur von Schirach. Hitlers Jugendführer, Köln 1982, S. 45–85. Zum Kampfbund für deutsche Kultur und besonders seinen Tätigkeiten in München vgl. Jürgen Gimmel, Die politische Organisation kulturellen Ressentiments. Der „Kampfbund für deutsche Kultur" und das bildungsbürgerliche Unbehagen an der Moderne (Schriftenreihe der Stipendiatinnen und Stipendiaten der Friedrich-Ebert-Stiftung 10), Münster/Hamburg/London 2001, insbesondere S. 16–19, 318–358. Vgl. zudem Alan E. Steinweis, Weimar Culture and the Rise of National Socialism: The Kampfbund für deutsche Kultur, in: Central European History 24 (1991), S. 402–423. Weintz gab in dem während seiner Internierung 1945 ausgefüllten Fragebogen an, er sei auch noch während seiner Studentenzeit Mitglied des Wandervogels gewesen. Dort erwähnt ist auch, er sei durch die Propaganda der NSDAP und des NSDStB zum Eintritt in beide

den Semester ist sonst im Wesentlichen nur bekannt, dass er in der Görresstraße unweit der Universität wohnte.[102]

In seiner Anfangszeit als Student hielt sich Weintz zumindest kurzzeitig in Speyer auf, was ein in seiner Spruchkammerakte in Abschrift überlieferter Eintrag aus dem Gästebuch der Familie Lang belegt. Georg Lang (1884–1944) war ein in Speyer als Finanzbeamter tätiger Regierungsrat aus dem völkischen Spektrum, der sich als Dichter, Sammler von Heimatsagen und Zeichner betätigte. Gemeinsam mit seiner Ehefrau Wilhelmine (1891–1964) veranstaltete er unter anderem Sagen- und Volkstumsabende, die nicht zuletzt ein junges Publikum anzogen.[103] Auf den in Kreisen der Bündischen Jugend bereits entsprechend sozialisierten Karl Richard Weintz dürfte der in der Region prominente völkische Literat eine besondere Anziehungskraft ausgeübt haben.

Der Wechsel nach Kiel zum Sommersemester 1929 war im Kontext seiner politischen Einstellung für Weintz ein logischer Schritt. Schließlich stammte er mit der Pfalz selbst aus einer Region, die in der nationalistisch-völkischen Terminologie, nicht zuletzt durch die Nähe zu Frankreich und die Besatzungsherrschaft, als „Grenzland" verstanden wurde.[104] Entsprechend lag es nahe, ein Semester an der „Grenzlanduniversität" Kiel zu verbringen, wo der Großteil der Studentenschaft und auch der Lehrenden der Weimarer Republik ablehnend gegenüberstand.[105] Hier trat der mittlerweile 20-jährige Weintz am 1. Mai in die Sturmabteilung (SA) und zwei Monate später in die NSDAP ein.[106] Ansonsten ist über seine

---

Organisationen bewogen worden; Angaben im Fragebogen vom 29. November 1945; US NACP, DE 082264. In einem Schreiben an das Staatsarchiv Speyer von 23. August 1928, als er bereits in München studierte, bat er um die Erlaubnis, Archivalien zur Geschichte der Burg Spangenberg einzusehen. Der handschriftliche Nota bene-Vermerk von anderer Hand auf dem Schreiben hielt fest: „Die Arbeit soll nach Angabe des Gesuchstellers als Werbemittel für den Ausbau der Burg zu einem Jugendheim des ‚Wandervogels' [dienen]"; LA Speyer, Registraturakt, Nr. 3388.

102 Die Wohnung in der Görresstraße 3 erwähnt in: UA München, Stud-Kart I (Weintz, Karl).

103 Eine Abschrift aus dem Gästebuch der Familie Lang, in dem Weintz 1947 seine Gedanken zur Weltlage niederschrieb, findet sich in seiner Entnazifizierungsakte. In diesem Eintrag führte er eingangs aus, er habe seine „völkischen Ideale […] als neugebackener Student vor fast 20 Jahren auf den Eingangsseiten [des Gästebuchs, B. M.] umrissen"; LA Speyer, R 18, Nr. 27524, Bl. 34. Oberflächlich zu Georg und Wilhelmine Lang: Victor Carl, Lexikon Pfälzer Persönlichkeiten, Edenkoben ²1998, S. 401f. Die völkische Gesinnung von Georg Lang und seine Aktivitäten werden in der Predigt des Speyerer Pfarrers Emil Lind an seinem Grab skizziert; Emil Lind, Georg Lang. Leben und Streben eines deutschen Mannes, Speyer 1944, zum Lebenslauf S. 3, zu seinen Aktivitäten insbesondere S. 13–18. Vgl. zur Biographie des Verfassers der Grabpredigt, des Speyerer Pfarrers Emil Lind, der sich 1937 der den Nationalsozialisten nahestehenden Nationalkirche anschloss und nach seiner Internierung nach Kriegsende in den vorzeitigen Ruhestand versetzt wurde, Carolin Schäfer, Emil Lind: „Vorkämpfer für freies Christentum" – eine Biographie, in: Klaus Bümlein/Armin Schlechter (Hgg.), Emil Lind und Albert Schweitzer. Ein pfälzischer Pfarrer und „Schweitzer-Freund" zwischen „Ehrfurcht vor dem Leben" und „Nationalkirche" (Protestantische Reihe 4/Veröffentlichungen des Vereins für Pfälzische Kirchengeschichte 35), Speyer 2019, S. 1–58, insbesondere S. 29–38. Vgl. exemplarisch zu Langs Veröffentlichungen, in denen sich verschiedene Versatzstücke völkischer Vorstellungen finden: Georg Lang, Anselm Feuerbachs Leben, in: Heimaterde 2/1 (1924), S. 1–8.

104 Vgl. exemplarisch hierzu die Darstellung in Hans Heinz Thumann, Die Pfalz. Das Herz der Westmark (Grenzkampf-Schriften 5), Berlin 1934.

105 Zur Selbstdarstellung der Universität Kiel als „Grenzlanduniversität" sowie zur Ablehnung der Republik unter Lehrenden und Studierenden Rudolf Rietzler, „Kampf in der Nordmark". Das Aufkommen des Nationalsozialismus in Schleswig-Holstein (1919–1928) (Studien zur Wirtschafts- und Sozialgeschichte Schleswig-Holsteins 4), Neumünster 1982, S. 325–342.

106 Die Angaben finden sich im Personalbogen vom 9. Januar 1939 in seiner SS-Offiziersakte; BA Berlin, R 9361 III 562723.

kurze Zeit an der Förde wenig bekannt. Ob er mit dem 1928 gerade einmal 23 Studierende umfassenden NSDStB in engeren Kontakt kam, erschließt sich nicht.[107] Dass er innerhalb nur eines Semesters „Parteiortsgruppe und S.A. aus ihrem Gründungsstadium herausbrachte", wie er 1933 behauptete, dürfte eine der bei Weintz häufigen Übertreibungen sein.[108]

Er nutzte seine Zeit im Norden neben dem Studium für eine, wie es im Lebenslauf von 1939 heißt, „romantische Nordlandfahrt", die ihn von Juli bis September 1929 nach Dänemark, Finnland, Schweden und Norwegen führte.[109] Laut seines Nachrufs heuerte er für die Hinfahrt mit einem Studienfreund auf einem Frachter an und reiste mit einem Passagierschiff zurück.[110] Dabei dürfte die Reise nach Skandinavien mit der in völkischen Kreisen, nicht zuletzt in Teilen der Bündischen Jugend, verbreiteten Idealisierung Nordeuropas in Verbindung gestanden haben.[111]

Nach seiner Rückkehr immatrikulierte er sich am 26. Oktober 1929 für das Wintersemester an der Friedrich-Wilhelms-Universität in Berlin, an der er bis zum Ende des Sommersemester 1930 blieb.[112] In die Zeit seines Studiums in der Reichshauptstadt fallen unter anderem die Ausschreitungen der vielfach nationalistisch und antisemitisch eingestellten Studenten gegen als jüdisch oder linksgerichtet erachtete Kommilitonen im November 1929 sowie ausufernde Streitigkeiten in den Reihen des örtlichen NSDStB, die Anfang 1930 zu dessen zwischenzeitlicher Auflösung führten.[113]

In den Ego-Dokumenten, die Weintz während der Zeit der nationalsozialistischen Herrschaft verfasste, spielten diese Ereignisse jedoch keine Rolle. Im Lebenslauf von 1939 hob er die Tätigkeit im Berliner SA-Sturm 1 und die Bekanntschaft mit dem nach seinem Tod 1930 zum Märtyrer der Bewegung stilisierten Horst Wessel hervor. Noch detaillierter stellte er beides in seinen schriftlichen Ausführungen dar, die er im Rahmen seines Parteigerichtsverfahrens 1933 zu Papier brachte: „Tatsache ist, […] dass ich 1930 als S.A.-Mann in Sturm 1 Berlin unter Richard Fiedler den roten Wedding mit dem Karl Liebknechthaus und den Fischerkiez zum Sturmgebiet hatte. Wer sich der Tragweite dieses Satzes bewusst ist, wer, wie

---

107 Zum Kieler NSDStB am Ende der 1920er Jahre Martin Göllnitz, Der Student als Führer? Handlungsmöglichkeiten eines jungakademischen Funktionärskorps am Beispiel der Universität Kiel (1927–1945) (Kieler Historische Studien 44), Ostfildern 2018, S. 66–75. In den nur fragmentarisch erhaltenen Unterlagen der örtlichen Gruppe des Studentenbunds im Kieler Universitätsarchiv, die im Landesarchiv Schleswig-Holstein in Schleswig verwahrt werden, finden sich keine Hinweise auf Karl Richard Weintz. Die Matrikel der Universität wurde im Zweiten Weltkrieg vernichtet; schriftliche Mitteilung von Jörg Rathjen (Landesarchiv Schleswig) vom 19. April 2022.
108 Schreiben von Weintz an die Reichsnachrichtendienstleitung vom 10. Oktober 1933 in: BA Berlin, R 9361 I 41650, Bl. 33.
109 Die Angaben zu den Reisezielen und zur Dauer der Reise finden sich im Personalbogen in der SS-Offiziersakte; BA Berlin, R 9361 III 562723. Im von Weintz während seiner Internierung ausgefüllten Fragebogen vom 29. November 1945 fehlt bei den angegebenen Ländern Dänemark; US NACP, DE 082264.
110 Spieß, Nachruf, S. 8.
111 Ausführlich hierzu Stefan Breuer, Die Nordische Bewegung in der Weimarer Republik (Kultur- und sozialwissenschaftliche Studien 18), Wiesbaden 2018, zu völkischer Bewegung und Bündischer Jugend S. 153–180.
112 Der Eintrag in: Universitätsarchiv Humboldt-Universität Berlin, Matrikel 1929, Eintrag Nr. 1350.
113 Zum Berliner NSDStB, zur nationalistisch-antisemitischen Einstellung der Studierenden sowie zu den Ausschreitungen 1929 Michael Grüttner, Die Studentenschaft in Demokratie und Diktatur, in: ders. (Hg.), Die Berliner Universität zwischen den Weltkriegen 1918–1945 (Geschichte der Universität unter den Linden 2), Berlin 2012, S. 187–294, hier S. 229, 231–233, 241f.

ich, das Leben und Sterben Horst Wessels aus allernächster Nähe mitansehen konnte und sich selbst in gleicher Gefahr wusste […]."[114]

Es ist durchaus möglich, dass Weintz den ehemaligen Jurastudenten Horst Wessel persönlich kannte.[115] Der von diesem geleitete SA-Sturm 5 Königstor befand sich in direkter Nachbarschaft zum Sturm 1 Alexanderplatz, dem Weintz angehörte.[116] Unabhängig vom schwer überprüfbaren Wahrheitsgehalt seiner Aussagen von 1933 und 1939 wird hier erneut sichtbar, wie stark Karl Richard Weintz darum bemüht war, sich in die Nähe wichtiger nationalsozialistischer Identifikationsfiguren zu rücken. Durch seine Berliner Zeit war eine, wie auch immer geartete Beziehung zu Horst Wessel zumindest möglich und konnte für die Darstellung seiner Verbundenheit mit der Bewegung in besonderem Maße nutzbar gemacht werden.[117]

Wie das Studium von Weintz während seiner ersten Semester voranging, ist unklar. Er dürfte nach seiner Zeit in Kiel und Berlin das Ziel verfolgt haben, das bayerische Staatsexamen abzulegen, vielleicht schon mit dem Ziel, wie sein Vater in den Justizdienst des Freistaats einzutreten. Hierfür war der Wechsel zurück nach München notwendig, der im November 1930 erfolgte.[118] Während wir über die ersten beiden Jahre seines Studiums und die damit in Verbindung stehenden politischen Aktivitäten nur durch Darstellungen aus der Rückschau erfahren, ist die Quellenlage für die letzten drei Semester weit besser. Neben den Briefen zwischen ihm und seinen Eltern bietet auch die Überlieferung der Münchener Universität entsprechende Einblicke.

In einem Schreiben vom 1. November 1930 berichtete Weintz seiner Familie über den erfolgreichen Versuch, eine Unterkunft in der Stadt zu finden, wobei ihn ein anderer Neustadter Jurastudent, Werner Alker, ebenfalls Mitglied des NSDStB, unterstützte.[119] Sichtbar wird, dass München einer der bevorzugten Studienorte für junge Nationalsozialisten aus seiner Heimatstadt war, hielten sich dort doch seines Wissen „etwa 8 Neustadter nationalsozialistische Studenten" auf, „also fast der ganze Ortsring."[120]

Dabei brachte sich Weintz schon bald nach seiner Rückkehr an die Isar erneut im NSDStB ein. Er wurde Vertreter der Nationalsozialisten im Allgemeinen Studentenausschus (AStA)

---

114 BA Berlin, R 9361 I 41650, Bl. 33.
115 Zum abgebrochenen Studium Daniel Siemens, Horst Wessel, Tod und Verklärung eines Nationalsozialisten, München 2009, S. 58–62.
116 Vgl. zur räumlichen Nähe die Karte in: Martin Schuster, Die SA in der nationalsozialistischen „Machtergreifung" in Berlin und Brandenburg 1926–1934, Diss. Technische Universität Berlin 2005, S. 65 (https://d-nb. info/974966436/34) (22. September 2022) sowie Julius Karl von Engelbrechten, Eine braune Armee entsteht. Die Geschichte der Berlin-Brandenburger SA, München ²1940, S. 75. Zur Leitung des Sturms 5 durch Horst Wessel Siemens, Horst Wessel, S. 77; zu Richard Fiedler vgl. den biographischen Abriss ebd., S. 214–217 sowie den Eintrag in: Joachim Lila (Bearb.), Statisten in Uniform. Die Mitglieder des Reichstags 1933–1945. Ein biographisches Handbuch, Düsseldorf 2004, S. 137f.
117 Vgl. umfassend zur Darstellung von Horst Wessel durch die Nationalsozialisten nach seinem Tod Siemens, Horst Wessel, S. 129–225.
118 UA München, Stud-Kart I (Weintz, Karl).
119 Werner Alker war seit 1927 Mitglied der SA und seit 1929 der NSDAP. Er hatte laut einer Auskunft des Hauptpersonalamts der NSDAP vom 8. Juli 1938 zu diesem Zeitpunkt sein Studium abgebrochen und war als Angestellter im Münchener Polizeipräsidium tätig; BA Berlin R 9361 II 9786.
120 Der Brief ist abgedruckt in: Spieß, Willi Alwens, S. 52f., die Zitate S. 53.

und zudem schon am 24. November 1930 als studentisches Mitglied in den Senat gewählt.[121] Über konkrete Aktivitäten bei den Senatssitzungen finden sich über die Erwähnung seiner Anwesenheit hinaus bis Ende 1931 in den Protokollen allerdings keine Anhaltspunkte.[122] Generell war das akademische Leben an der Universität München in den frühen 1930er Jahren, wie schon an den vorherigen Stationen von Weintz in Kiel und Berlin durch eine Radikalisierung der Studentenschaft, ein immer aktiveres Auftreten des NSDStB und verschiedene Ausschreitungen gegen demokratische Hochschullehrer und Studenten geprägt.[123]

Von seiner Teilnahme an mindestens einer entsprechenden Aktion erfahren wir durch einen Brief, mit dem er sich am 20. Januar 1931 an den Rektor der Universität wandte. Wie auch in weiteren Schreiben, die Weintz in den folgenden Jahren und Jahrzehnten in unterschiedlichen Streitsachen verschickte, lässt sich hierbei deutlich das Muster erkennen, sämtliche Schuld von sich zu weisen, diese bei anderen zu suchen und für sich selbst nur altruistische Motive in Anspruch zu nehmen. Konkret ging es in der Angelegenheit um die Störung eines Vortrags des Altphilologen Berthold Maurenbrecher, eines Mitglieds der SPD, zum Thema Hochschulreform durch den Einsatz von Tränengas am 17. Januar. Der bei der Veranstaltung anwesende Weintz war nach dieser Aktion von der Polizei verhaftet worden, bestritt jedoch jegliche Tatbeteiligung. Schon die Tatsache, dass er behauptete, mit dem ursprünglich vorgesehenen Redner, dem Berliner Rechtsprofessor Hermann Heller, ebenfalls ein Sozialdemokrat, den er aus seinem Studium in der Hauptstadt kannte, „in Dialogform" habe diskutieren wollen, ist wenig glaubwürdig. Auch die Schilderung eines sich an den Tränengasangriff anschließenden Streits, bei dem er die ihm vorgeworfene Beschimpfung eines jüdischen Studenten als „Judenlümmel" abstritt, „da ich mich nicht im geringsten entsinnen konnte, jemals einen solchen Ausdruck gebraucht zu haben", ist bei dem seit seiner Jugend in völkischen Gruppen sozialisierten Nationalsozialisten als reine Schutzbehauptung zu werten. Ausführlich schilderte Weintz anschließend die Verhaftung durch die Polizei, die Mitnahme im Auto, bei der er beschuldigt wurde, während der Fahrt eine Tränengasflasche aus dem Fahrzeug geworfen zu haben, und das ausführliche Verhör. Über Nacht habe er mit einem „polnischen Landstreicher" die Zelle teilen müssen, worüber er sich ebenso echauffierte wie über die Tatsache, dass von ihm, „wie von einem Verbrecher" Fingerabdrücke genommen worden seien. Er schloss seine Darstellung mit der Aufforderung an den Rektor, „den Exekutivbeamten eine einem Rechtsstaat würdigere Behandlung der in München studierenden Jugend" nahezulegen.[124]

---

121 Die Erwähnung der Mitgliedschaft im AStA unter anderem im Lebenslauf von 1939 in: BA Berlin, R 9361 III 562723. Die Wahl von Weintz und anderen studentischen Vertretern wurde mit Schreiben vom 25. November 1930 durch die Studentenschaft dem Rektorat angezeigt; UA München, D-II-27.
122 Es ist nur die Anwesenheit von Weintz und anderen studentischen Senatoren vermerkt, jedoch keine Wortmeldung; vgl. exemplarisch zur Anwesenheit von Weintz zwischen Dezember 1930 und November 1931 UA München, D III 99, Bl. 2, 14, 39, 41f., 76, 92.
123 Hierzu Michael Behrendt, Hans Nawiasky und die Münchener Studentenkrawalle von 1931, in: Elisabeth Kraus (Hg.), Die Universität München im Dritten Reich. Aufsätze, Teil I, München 2006, S. 15–42.
124 UA München, D XIV 35, Bd. 5. Zu Berthold Maurenbrecher vgl. Raimund Pfister, Bertold Maurenbrecher (1868–1943), in: Werner Suerbaum (Hg.), Festgabe für Ernst Vogt zu seinem 60. Geburtstag am 6. November 1990 (Eikasmos 4), o. O. 1993, S. 263–268. Zu Hermann Hellers Wirken in der Weimarer Republik vgl.

Weintz wurde in der Sache vom Amtsgericht München zu einer Strafe von 20 Reichsmark bzw. ersatzweise vier Tagen Haft verurteilt.[125] Wie die Angelegenheit ausging, ist unklar, jedoch scheint Weintz unwillens gewesen zu sein, zu zahlen und dadurch weitere Probleme bekommen zu haben.[126] Im Lebenslauf von 1939 nutzte er Vorfälle dieser Art aus seiner Studentenzeit, zu denen sich sonst in der Überlieferung keine genaueren Angaben finden, als Hinweise auf die von ihm angeblich erfahrenen „mannigfachen Verfolgungen der Systempolizei"; ein klassischer Topos der nationalsozialistischen Erinnerung an die „Kampfzeit" in der Weimarer Republik.[127] Mit seinem wahrscheinlich gewalttätigen Vorgehen gegen Maurenbrechers Vortrag sowie möglicherweise auch in anderen Fällen ist Weintz ein typischer Vertreter der von den Nationalsozialisten in den späten 1920er und frühen 1930er Jahren betriebenen Gewaltpolitik an den Universitäten.[128]

Ende 1931 meldete er sich zum Examen an, fiel jedoch im ersten Versuch durch.[129] In einem Brief an seine Eltern vom November oder Dezember des Jahres wird sowohl der auch später bei Weintz deutlich werdende Unwille, sich eigene Fehler oder Unzulänglichkeiten einzugestehen, als auch eine tiefe Ablehnung des Weimarer Staats deutlich. Natürlich muss auch der Wille berücksichtigt werden, den Misserfolg gegenüber den Eltern zu rechtfertigen. Insgesamt zeigt sich aber in diesem Brief ein Argumentationsmuster, auf das er, wie schon beim Beschwerdeschreiben an den Rektor der Universität München sichtbar wurde, immer wieder zurückgriff. So behauptete Weintz, die Noten seien durch das Justizministerium „künstlich herabgedrückt" worden und bei der Bewertung einzelner seiner Klausuren „sicherlich nachträglich retouschiert worden". Grund für sein Nichtbestehen sei, dass es keinen Bedarf an Absolventen gebe. Er riet seinen Eltern, sich nicht in der Sache zu grämen und forderte sie auf, „nun auch endlich einmal die Konsequenzen [zu] ziehen und eure Kräfte bewußt mit dazu [zu] verwenden [...], diesem Staatswesen, das sich so frevelhaft an dem emporstrebenden jungen Menschentum vergeht, möglichst bald den Garaus zu machen!" Ganz im nationalsozialistischen Pathos konstatierte er: „Für jeden durchgefallenen Studenten 100 Staatsfeinde

---

Wolfgang Schluchter, Hermann Heller. Ein wissenschaftliches und politisches Portrait, in: Christoph Müller/Ilse Staff (Hgg.), Staatslehre in der Weimarer Republik. Hermann Heller zu ehren (Suhrkamp Taschenbuch Wissenschaft 547), Frankfurt 1985, S. 24–42; Christoph Müller, Hermann Heller (1891–1933). Vom liberalen zum sozialistischen Rechtsstaat, in: Streitbare Juristen. Eine andere Tradition, Bd. 1, Baden-Baden 1988, S. 268–281.

125 Erwähnt bei Wildt, Generation des Unbedingten, S. 85, Anm. 40, wo auf die SS-Offizierssakte von Weintz verwiesen wird, in der der Vorgang allerdings keinen Niederschlag gefunden hat.

126 Dies ergibt sich aus einem Schreiben seiner Eltern vom 10. Januar 1932, in dem sein Vater ausführt, sein Sohn habe die 20 Mark Strafe nicht gezahlt und sich in der Angelegenheit an den Regierungsrat Hergen in Neustadt gewandt, was die Angelegenheit jedoch eher verschlimmert habe; Abdruck des Schreibens in: Spieß, Willi Alwens, S. 55.

127 Zur negativen Darstellung der Weimarer Republik in selbst geschriebenen Lebensläufen von SD-Angehörigen Browder, Hitler's Enforcers, S. 146. Dass es sich bei der Verhaftung Anfang 1931 nicht um einen Einzelfall gehandelt haben dürfte, wird durch die Angabe von Weintz in einem Personalbogen in seiner SS-Offizierssakte gestützt, er sei „[i]n der Kampfzeit als SA-Mann wiederholt festgenommen" worden; BA Berlin, R 9361 III 562723.

128 Zur nationalsozialistischen Gewaltpolitik an den Universitäten Michael Grüttner, Nationalsozialistische Gewaltpolitik an den Hochschulen 1929–1933, in: JUG 21 (2018), S. 179–201.

129 Erwähnt in: UA München, Stud-Kart I (Weintz, Karl).

mehr!". Er gab sich überzeugt, dass er im zukünftigen „Dritten Reich" ebenso gut vorankommen werde wie jene, die das Examen im ersten Versuch erfolgreich absolviert hatten.[130]

Von Weintz und auch anderen an das Ministerium gestellte Gesuche in der Prüfungssache blieben erfolglos.[131] Seine Eltern sahen, wie aus einem Schreiben vom 10. Januar 1932 hervorgeht, gerade wohl mit Blick auf das nicht bestandene Examen, seine Aktivitäten beim NSDStB sowie in AStA und Senat kritisch.[132] Der Briefwechsel zwischen Sohn und Eltern macht dabei deutlich, dass, auch wenn Jakob Weintz dem konservativen Spektrum der pfälzischen Beamtenschaft zugerechnet werden kann, es hinsichtlich der politischen Ziele doch deutliche Unterschiede zwischen ihm, wohl auch seiner Frau, und ihrem Sohn gab.

Im zweiten Versuch gelang es dann dem jüngeren Weintz, das Examen zu bestehen.[133] Aber auch im Erfolg zeigten sich die Ressentiments des überzeugten Nationalsozialisten, der für die angebliche Heruntersetzung einer seiner Klausurnoten „Oberlandesgerichtsrat Schiedermayr, einen Mann von der schwarzen Bayerischen Volkspartei", den er sich „für später noch etwas vormerken" wollte, verantwortlich machte und dessen Sohn er in Verdacht hatte, ihn „als Nazi […] verpfiffen" zu haben.[134] Auch mit Frauen im Studium hatte Weintz Probleme, beschwere er sich doch mit Blick auf einen Prüfungstermin, das „einzig unangenehme" an diesem sei, „daß ich mit einem Mädchen, Frl. Barbara Meyer, in die Prüfung steige."[135]

Nach dem abgeschlossenen Studium stand für Weintz das Absolvieren des Referendariats an. Er strebte nun neben dieser auf drei Jahre ausgelegten Phase an verschiedenen Stationen auch das Verfassen einer Dissertation bei dem Münchener Rechtshistoriker Konrad Beyerle an, der ihm eine Arbeit über die pfälzischen Stadtrechte des Mittelalters vorschlug.[136] Die Bearbeitung eines Themas aus seiner Heimatregion lag für den geschichtsinteressierten Weintz mit seinem völkischen Weltbild durchaus nah. Sein potenzieller Doktorvater als ein ausgewiesener Kenner der mittelalterlichen Rechtsgeschichte des deutschen Südwestens und Bayerns bot sich hierbei an. Beyerle war allerdings einer der Mitgestalter der Weimarer Reichsverfassung gewesen und hatte für die Bayerische Volkspartei bis 1924 im Reichstag gesessen.[137] Die im Nachruf auf Weintz zu findende Angabe, dieser habe Beyerle „gerne für eine neue Verfassung

---

130 Der Brief abgedruckt in: Spieß, Will Alwens, S. 53f.
131 Pläne für einen Einspruch werden erwähnt ebd.; gescheiterte Versuche anderer Studenten in einem weiteren undatierten Schreiben, ebd., S. 55.
132 „Sei du klug und halte dich von allem fern! […] Du bist wohl nicht mehr in de[m] Asta und nicht mehr im Senat und hast wohl nichts mit der vorausgegangenen Angelegenheit zu thun gehabt! oder?"; Spieß, Willi Alwens, S. 55.
133 Vermerkt etwa in: UA München, Stud-Kart I (Weintz, Karl); siehe hierzu auch die Briefe an seine Eltern vom 25. Januar, 1. und 5. Februar 1932 in: Spieß, Willi Alwens, S. 55–58.
134 Schreiben vom 25. Januar 1932 an seine Eltern in: ebd., S. 56.
135 Schreiben vom 5. Februar 1932 an seine Eltern in: ebd., S. 57.
136 Erwähnt ebd. Das Thema wird auch genannt im Empfehlungsschreiben Beyerles an den Speyerer Archivdirektor Pfeiffer vom 22. Dezember 1932; LA Speyer, Registraturakt, Nr. 3455. Ende November 1930 oder Anfang 1931 schrieb Weintz an seine Eltern, dass er entweder ein rechtshistorisches Thema bei Beyerle oder ein verwaltungsrechtliches bei Karl Rothenbücher bearbeiten wolle; Spieß, Willi Alwens, S. 54.
137 Vgl. zu den politischen Aktivitäten während der Zeit der Weimarer Republik Thomas Hense, Konrad Beyerle. Sein Wirken für Wissenschaft und Politik in Kaiserreich und Weimarer Republik (Rechtshistorische Reihe 256), Frankfurt u.a. 2002, S. 209–229; vor allem zu seinen rechtshistorischen Forschungen: Ulrich Stutz, Konrad Beyerle, in: ZSRG GA 54 (1934), S. XXV–XLIV, konzise: Johannes Bärmann, Art. Konrad Beyerle, in: Neue Deutsche Biographie, Bd. 2, Berlin 1955, S. 206 f.

gewinnen wollen"[138], ist angesichts der Verortung der beiden im politischen Spektrum der frühen 1930er Jahre doch höchstgradig unwahrscheinlich. Durchaus möglich ist aber, dass Weintz gegenüber dem Professor weit weniger radikal auftrat, als er dies sonst tat oder sein Betreuer sich hieran nicht störte. So besuchte er Beyerle nach eigenen Angaben mehrmals in seiner Wohnung und unterstützte ihn auch bei einem Umzug.[139]

Von seinem Betreuer ist nur ein Schriftstück erhalten, in dem dieser sich ausführlicher über Weintz äußerte. Mit einem auf den 22. Dezember 1932 datierten Schreiben empfahl Beyerle dem Speyerer Archivdirektor Albert Pfeiffer seinen Doktoranden, da dieser im Staatsarchiv parallel zu seinem Referendariat ab März 1933 recherchieren wollte. Auch wenn die Konventionen der Textgattung in Rechnung gestellt werden müssen, wird in dem Schreiben doch die Freude des Rechtshistorikers über Promotionsprojekt und Bearbeiter deutlich. Weintz sei „Feuer und Flamme für die pfälzische Geschichte", sei „mit unglaublicher Energie hinter die Arbeit gegangen" und habe bereits eine beachtliche Materialsammlung zusammengetragen. Beyerle sah in Weintz zudem einen möglichen Bearbeiter für ein Projekt zu den pfälzischen Stadtrechten und hoffte, dass Pfeiffer ihn ebenso wie er als „schätzbare aufstrebende junge Kraft im Dienste der Pfälzer Geschichtsforschung" beurteilen würde.[140]

Die Nähe zu Beyerle dürfte Weintz die Möglichkeit eröffnet haben, das Geheime Hausarchiv der Wittelsbacher in München zu nutzen, hatte der Rechtshistoriker durch sein wohlwollendes Gutachten zur Trennung des bayerischen Staatsbesitzes vom Hausvermögen der Wittelsbacher nach dem Ersten Weltkrieg doch erst die Grundlage für die Errichtung des Wittelsbacher Ausgleichsfonds und damit die finanzielle Absicherung des Hauses nach 1918 geschaffen.[141] Bereits am 17. September 1932 veröffentlichte Weintz in der Heimatbeilage *Hambacher Schloß* zum *Pfälzischen Kurier* eine kleine Studie mit dem Titel *700 Jahre Neustadt an der Haardt*, für die er gedruckte Quellen sowie Archivalien aus dem Stadtarchiv Neustadt und aus dem Bestand der Rheinpfälzer Urkunden im Hauptstaatsarchiv München

---

138 Spieß, Nachruf, S. 8.
139 Die Besuche bei Beyerle sind erwähnt im Brief von Karl Richard Weintz an seine Eltern vom 5. Februar 1932; Spieß, Willi Alwens, S. 57; die Hilfe beim Umzug im Schreiben vom 25. Februar 1932 ebd., S. 58.
140 LA Speyer, Registraturakt, Nr. 3455.
141 Konrad Beyerle, Das Haus Wittelsbach und der Freistaat Bayern. Rechtsgrundlagen für die Auseinandersetzung zwischen Staat und Dynastie, Teil 1, München/Berlin/Leipzig 1921. Vgl. zum Wittelsbacher Ausgleichsfonds und Beyerles Bedeutung für dessen Zustandekommen Gerhard Immler, Art. Wittelsbacher Ausgleichsfonds, in: Historisches Lexikon Bayern (https://www.historisches-lexikon-bayerns.de/Lexikon/Wittelsbacher_Ausgleichsfonds) (23. September 2022); Gerhard Immler, Art. Abfindung der Wittelsbacher nach 1918, in: ebd. (https://www.historisches-lexikon-bayerns.de/Lexikon/Abfindung_der_Wittelsbacher_nach_1918) (23. September 2022); Cajetan von Aretin, Vom Umgang mit gestürzten Häuptern: Zur Zuordnung der Kunstsammlungen in deutschen Fürstenabfindungen 1918-1924, in: Thomas Biskup/Martin Kohlrausch (Hgg.), Das Erbe der Monarchie. Nachwirkungen einer deutschen Institution nach 1918, Frankfurt/New York 2008, S. 161–183, hier S. 169–175. Zur Argumentation Beyerles auch Walter Leisner, Monarchisches Hausrecht in demokratischer Gleichheitsordnung. Der Wittelsbacher Ausgleichsfonds in Bayern (Erlanger Forschungen. Reihe Geisteswissenschaften 21), Erlangen 1968, hier S. 21–38. Wann Weintz im Geheimen Hausarchiv Archivalien einsah, lässt sich nicht rekonstruieren, da die Amts- und Benützungsakten beim Brand der Münchener Residenz am 24. und 25. April 1944 zerstört wurden; schriftliche Mitteilung von Andreas Leipnitz (Bayerisches Hauptstaatsarchiv München, Abteilung III, Geheimes Hausarchiv) vom 12. Mai 2022.

auswertete.¹⁴² Bereits in der nächsten Ausgabe eine Woche später veröffentlichte er eine kurze Ausarbeitung zu den Bürgermeistern der Stadt im 14. Jahrhundert sowie einigen Ratsgeschlechtern, wofür er wiederum Stücke aus dem Bestand der Rheinpfälzer Urkunden heranzog.¹⁴³ Optimistisch versprach er am Ende des Artikels weitere Recherchen, um eine „endgültige Darstellung der Neustadter Stadtverfassungsgeschichte" vorlegen zu können.¹⁴⁴

Auch in einem dritten Beitrag, der bald darauf in zwei Beilagen nacheinander veröffentlicht wurde, widmete er sich seiner Heimatstadt, allerdings mit Perspektive auf die Landesherren, die Pfalzgrafen bei Rhein. Weintz gab an, im Geheimen Hausarchiv auf insgesamt 27 Quittungen und Reverse der Landschreiberei Neustadt aus den Jahren 1388 bis 1391 gestoßen zu sein, die er mit einer kurzen Einführung als Abdruck wiedergab.¹⁴⁵ Bei diesen drei Veröffentlichungen zur Geschichte des Spätmittelalters handelt es sich um quellennahe Darstellungen ohne größere methodische Finesse. Politische Aussagen oder Hinweise auf sein völkisches Geschichtsverständnis finden sich hier nicht. Sie reihen sich in vielem in die große Zahl von entsprechenden Veröffentlichungen in den unterschiedlichen Publikationsorganen zur Geschichte der linksrheinischen Pfalz jener Zeit ein.

Hauptsächlich dürfte sich Weintz neben seiner politischen Tätigkeit jedoch nach dem Studienende seinem dreijährigen Referendariat gewidmet haben, dessen erste Station er von Anfang März 1932 bis Ende Februar 1933 an verschiedenen Abteilungen des Amtsgerichts München absolvierte.¹⁴⁶ Die in seinem Lebenslauf zu findende Angabe, er habe im selben Haus wie Adolf Hitler am Prinzregentenplatz 16 gewohnt, bezieht sich auf diesen Zeitraum.¹⁴⁷ Hitler hatte die großzügige Wohnung dort 1929 bezogen.¹⁴⁸ Inwiefern Weintz mit dem „Führer" der nationalsozialistischen Bewegung in dieser Zeit tatsächlich in Kontakt kam, ist allerdings unklar.

---

142 Karl Richard Weintz, 700 Jahre Neustadt an der Haardt. Ein Beitrag zur pfälzischen Stadtrechtsgeschichte, in: Das Hambacher Schloß 1932, Nr. 38.
143 Karl Richard Weintz, Seit wann wählt Neustadt seinen Bürgermeister? Neue Urkunden zur Verfassungsgeschichte der Stadt Neustadt an der Haardt im 14. Jahrhundert, in: Das Hambacher Schloß 1932, Nr. 39. Die Recherchen von Weintz in Münchener Archiven sind auch erwähnt im Schreiben Beyerles an Pfeiffer vom 22. Dezember 1932; LA Speyer, Registraturakt, Nr. 3455.
144 Weintz, Seit wann wählt Neustadt.
145 Karl Richard Weintz, Urkunden zur Geschichte der Landschreiberei Neustadt a. d. Hdt., in: Das Hambacher Schloß 1932, Nr. 41, 42. Der Beitrag ist erneut abgedruckt in: Karl Richard Weintz/Pirmin Spieß, Kurfürst Ruprecht I. und II. mit dem Heidelberger Hof in Neustadt 1388–1391 (Stiftung zur Förderung der pfälzischen Geschichtsforschung G/1) Neustadt an der Weinstraße 2020, S. 13–32. Rödel, Das Haus Bayern-Pfalz, S. 115, Anm. 129, verweist richtigerweise darauf, dass, da die von Weintz transkribierten Quellen im Geheimen Hausarchiv für den Neuabdruck von 2020 nicht mehr auffindbar waren, diese nur „unter Vorbehalt" verwendet werden sollten. Vgl. zum fragwürdigen wissenschaftlichen Wert der Neuveröffentlichung auch Benjamin Müsegades, Rezension zu Karl Richard Weintz/Pirmin Spieß, Kurfürst Ruprecht I. und II. mit dem Heidelberger Hof in Neustadt 1388–1391 (Stiftung zur Förderung der pfälzischen Geschichtsforschung G/1), Neustadt an der Weinstraße 2020, in: ZGO 169 (2021), S. 694–697.
146 Die Abschrift des Zeugnisses vom 28. Februar 1933 ist in der Akte zu seinem Spruchkammerverfahren enthalten; LA Speyer, R 18, Nr. 27524, Bl. 16. Zur Dauer des Referendariats Spieß, Willi Alwens, S. 52.
147 Für das Sommersemester 1931 und das Wintersemester 1931/1932 ist auf seiner Karteikarte die Amalienstraße 2 als Wohnort vermerkt; UA München, Stud-Kart I (Weintz, Karl). In einem undatierten Schreiben an seine Eltern von Anfang 1932 erwähnt er den Umzug in die Georgenstraße 55; abgedruckt in: Spieß, Willi Alwens, S. 55.
148 Ian Kershaw, Hitler. 1889–1936, Stuttgart 1998, S. 432.

Auch wenn aus dem eingangs zitierten Abschnitt des Weintzschen Lebenslaufs von 1939 wohl zu einem guten Stück Aufschneiderei spricht, so war der in den völkischen Teilen der Bündischen Bewegung und in der politisch aufgeheizten Atmosphäre der Pfalz nach dem Ersten Weltkrieg sozialisierte Abiturient doch durch seine Studienzeit zweifelsohne noch weiter radikalisiert worden. Sein Eintritt in den NSDStB 1928 und in SA und NSDAP 1929 noch vor der Weltwirtschaftskrise waren deutliche Bekenntnisse zu Gruppierungen, die noch weit von den Breitenwirkungen der nachfolgenden Jahre entfernt waren und bei denen ein Beitritt auch ein potenzielles Risiko für jene sein konnte, die eine Laufbahn im Staatsdienst anstrebten.

Bis zur sogenannten „Machtergreifung" begegnete Weintz verschiedenen zentralen nationalsozialistischen Akteuren, wobei unklar ist, in wie engem Kontakt er tatsächlich mit diesen stand. Dabei tritt er in den wenigen überlieferten Briefen aus seiner Studienzeit als bekennender Anhänger der Bewegung hervor. Die Ernennung Hitlers zum Reichskanzler im Januar 1933 sollte ihm dann eine erste Möglichkeit bieten, den Aufbau des nationalsozialistischen Staats mitzugestalten, wobei diese Chance auch beinahe das Ende seiner Karriere bedeutet hätte.

1933/1934: Gau-/Kreisnachrichtendienst in der Pfalz und Parteigerichtsverfahren

In seinem bereits mehrfach herangezogenen Lebenslauf von 1939 schildert Karl Richard Weintz die Zeit nach der Ernennung Hitlers zum Reichskanzler in zwei kurzen Sätzen: „Nach der Machtergreifung setzte ich meinen Vorbereitungs[dienst] beim Staatspolizeiamt Speyer fort und wurde daselbst zum GAU-ND-Leiter [Gaunachrichtendienstleiter, B. M.] ernannt. Nach Auflösung des ND bewarb ich mich 1934 um Übernahme in den SD; Dr. Best nahm mich als Mitarbeiter des SD-Oberabschnitts Süd in München auf."[149]

Hinter den dürren Worten verbirgt sich ein knappes Jahr, nach dem der 24 Jahre alte Referendar fast vor den Trümmern seiner noch jungen Karriere stand. Ausweislich des am 28. Februar 1933 ausgestellten Zeugnisses über das erste absolvierte Jahr seines Referendariats, das sich in Abschrift in der Akte zu seinem Spruchkammerverfahren in den frühen 1950er Jahren findet, hielt sich Weintz noch bis Ende Februar 1933 in München auf.[150] Zwei weitere Zeugnisse nennen Stationen bei den Bezirksämtern in Speyer (1. März bis 14. November 1933) und Neustadt (16. November 1933 bis 28. Februar 1934).[151] Er erlebte entsprechend die politischen Umwälzungen und Verfolgungen, die mit der Ernennung Hitlers zum Reichskanzler einsetzten, aus nächster Nähe in seiner Heimat. Hierbei tat er sich auf unterschiedliche Weise hervor. So versah er laut einer umfangreichen Rechtfertigungsschrift, die er im Rahmen seines Parteigerichtsverfahren anfertigte, im März 1933 seinen Dienst als SA-Mann in Neustadt.[152]

In diesen Monat datieren verschiedenen Maßnahmen der NSDAP und ihrer Gliederungen, die sich gegen politische Gegner richteten. So wurde in der ehemaligen französischen Kaserne vor Ort am 10. März eine frühes Konzentrationslager eingerichtet, in dem vor allem kommunistische, sozialdemokratische und jüdische Häftlinge durch Angehörige der SA und wohl vor allem der SS misshandelt wurden.[153] Zudem standen in Neustadt immer wieder Posten der SA vor Geschäften jüdischer Eigentümer, wie etwa des Möbelhändlers Max Siegelwachs, dessen Schaufenster zerstört wurden, um diese zu drangsalieren.[154] Es ist möglich, dass Weintz

---

149 BA Berlin, R 9361 III 562723.
150 LA Speyer, R 18, Nr. 27524, Bl. 16.
151 Ebd., Bl. 17f.
152 BA Berlin, R 9361 I 41650, Bl. 33.
153 Vgl. hierzu als bisher ausführlichsten Beitrag Miriam Breß, In „Schutzhaft" im (frühen) Konzentrationslager Neustadt a. d. Haardt. Hintergründe und Funktion der „Schutzhaft", in: Jahrbuch der Hambach-Gesellschaft 24 (2017), S. 107–131, insbesondere S. 107–124; sowie Hans Georg Meyer/Kerstin Roth, „Wühler, Saboteure, Doktrinäre". Das Schutzhaftlager in der Turenne-Kaserne Neustadt an der Haardt, in: Wolfgang Benz/Barbara Distel (Hgg.), Instrumentarium der Macht. Frühe Konzentrationslager 1933–1937 (Geschichte der Konzentrationslager 1933–1945 3), Berlin 2003, S. 221–238. Allgemein zu frühen Konzentrationslagern vgl. Johannes Tuchel, Organisationsgeschichte der „frühen" Konzentrationslager, in: Wolfgang Benz/Barbara Distel (Hgg.), Instrumentarium der Macht. Frühe Konzentrationslager 1933–1937 (Geschichte der Konzentrationslager 1933–1945 3), Berlin 2003, S. 9–26.
154 Breß, „Schutzhaft", S. 117f.

sich zum Beginn der nationalsozialistischen „Machtergreifung" an einer oder mehrerer der verschiedenen Aktionen gegen politische Gegner in seiner Heimatstadt beteiligte.

Während seine konkrete Teilnahme an entsprechenden Handlungen allerdings im Ungefähren bleibt, ist zweifellos nachvollziehbar, dass er wenige Wochen, nachdem er in die Pfalz zurückgekehrt war, am 25. März in der *Kunkelstube*, der Beilage zum *Pirmasenser Beobachter*, einen Artikel veröffentlichte, der einen tiefen Einblick in seine antisemitischen Vorstellungen und Ziele bietet. Unter dem Titel *Die Ansicht eines früheren Staatsrechtslehrers war: „daß der Jud dem Staat gefährlich seye". Ein kleiner Beitrag zur Geschichte des Antisemitismus in der Pfalz* stellte er in einem pseudohistorischen Abriss die angeblich antisemitische Haltung der Kurlinie und der Zweibrücker Linie der Pfalzgrafen bei Rhein gegenüber Juden in ihren Territorien in Mittelalter und Früher Neuzeit dar, wobei er verschiedentlich hieraus Forderungen für die Gegenwart ableitete. So behauptet er, es sei Kurfürst Ruprecht I. (1309–1390) und dessen Nachfolgern gelungen, ihr Herrschaftsgebiet „v o n J u d e n n a h e z u v o l l s t ä n d i g f r e i z u h a l t e n." In anderen adligen Herrschaften der Region seien zudem, anders als in Reichsstädten, keine Juden in Urkunden vor 1400 erwähnt, woraus Weintz folgert, „daß die Territorialherren im allgemeinen g e g e n J u d e n h ö c h s t a b g e n e i g t w a r e n." Die judenfreundliche Einstellung des katholischen Klerus sieht er als Grund dafür, dass diese hingegen Zugang zu den römisch-deutschen Königen und Kaisern erhielten. Dabei versteigt er sich zu der absurden Behauptung: „Die alte pfälzische Kurlinie der Wittelsbacher war a n t i s e m i t i s c h." Ähnliche Tendenzen der aus einer Teilung im 15. Jahrhundert hervorgegangenen Zweibrücker Wittelsbacher sucht er anhand eines Abschnitts aus einem staatsrechtlichen Traktat des herzoglichen Rats Georg August Bachmann (1760–1816) nachzuweisen, in dem dieser verschiedene antijudaistische Stereotype wie angebliche Armut, Arbeitsscheu, Hass auf Christen, und einen Hang zum Betrug und Prahlen auflistete. Weintz versieht diese Aufzählung mit dem Kommentar, bis auf den ersten Satz zur Armut, „der heute bloß noch für eben erst eingewanderte Ostjuden anwendbar wäre", träfen diese Beschreibungen nach wie vor auf Juden zu.[155]

Dass Bachmann zudem forderte, die jüdische Bevölkerung rechtlich schlechter als andere Untertanen zu stellen, sieht Weintz als Folie für zukünftige Maßnahmen: „Heute besteht die begründete Aussicht, daß durch eine Ausnahmegesetzgebung für das gesamte Reichsgebiet die staatsrechtliche Stellung der bei uns lebenden volksfremden Juden eine Regelung erfährt, wie sie damals Bachmann für das kleine Herzogtum Zweibrücken als notwendig erkannt hatte."

---

155 Karl Richard Weintz, Die Ansicht eines früheren Staatsrechtslehrers war: „daß der Jud dem Staat gefährlich seye". Ein kleiner Beitrag zur Geschichte des Antisemitismus in der Pfalz, in: Die Kunkelstube. Beilage zum Pirmasenser Beobachter, 25. März 1933; alle Sperrungen auch im Original. Das erwähnte Werk ist Georg August Bachmann, Beyträge zu dem Pfalz-Zweibrückischen Staats-Recht, Tübingen 1792, die Abschnitte zu Juden ebd., S. 30f.; zu Georg Heinrich Bachmann vgl. Paul Warmbrunn, Spätblüte von Archivwesen und Rechtsgelehrsamkeit in einem historisch bedeutsamen Kleinterritorium. Das Wirken von Johann Heinrich und Georg August Bachmann in Pfalz-Zweibrücken in der Endphase des Ancien Régime und in der Übergangszeit, in: Volker Rödel (Hg.), Umbruch und Aufbruch. Das Archivwesen nach 1800 in Süddeutschland und im Rheinland. Tagung zum 200-jährigen Bestehen des Generallandesarchivs Karlsruhe am 18./19. September 2003 in Karlsruhe (Werkhefte der Staatlichen Archivverwaltung Baden-Württemberg A/20), Stuttgart 2005, S. 77–99, hier S. 90–96.

Dieser habe „es verstanden und gewagt hat, die für seine Zeit erforderlichen Maßnahmen des Staates gegen jüdische Fremdlinge offen anzuzeigen." Weintz schloss mit dem Appell: „Mögen die Kommenden das, was Bachmann durch Wort und Schrift verfocht, rücksichtslos in die Tat umsetzen!"[156]

Abgesehen davon, dass die Darstellung historisch in vielen Punkten falsch ist, ist sie durchaus bemerkenswert, da in diesem Artikel das Geschichtsbild von Weintz und seine völkisch-antisemitischen Ansichten ungefiltert Niederschlag finden.[157] Die Vorstellung von einem rassisch definierten Volk, dem Juden als „Volksfremde" nicht angehören konnten, war in Teilen der akademischen Geschichtswissenschaft, vor allem in der Strömung der Volksgeschichte, ebenso verbreitet wie im Geschichtsbild der verschiedenen völkischen Gruppierungen und der Nationalsozialisten.[158] Für Karl Richard Weintz war Geschichte keine ideologiefreie Wissenschaft. Im Artikel in der *Kunkelstube* zeigt sich deutlich, dass er ein Nationalsozialist mit einem gefestigten antisemitisch-völkischen Weltbild war. Sichtbar wird hier neben seiner Abneigung gegen die katholische Kirche, die auch später wieder sichtbar werden sollte, der Wille, seinen Judenhass auch in praktische Handlungen umzusetzen. Mit seinen Vorstellungen von einem völkischen Staat, in dem Juden nur eingeschränkte Rechte haben sollten, griff er eine der Kernforderungen der NSDAP auf.[159] Einige Jahre später sollte er die entsprechenden rechtlichen Regelungen des nationalsozialistischen Staats wiederholt in die Praxis umsetzen.

Auch Karl Richards Vater Jakob versuchte die veränderten Zeichen der Zeit zu nutzen und bewarb sich mit fast 60 Jahren um die freigewordene Stelle eines Oberjustizinspektors am Amtsgericht in Neustadt, wobei er angab, er sei „Mitglied der deutschen Freiheitsbewegung

---

156 Weintz, Die Ansicht.
157 Zur pfälzischen Kurlinie im Mittelalter vgl. Johannes Heil, Juden unter kurpfälzischer Herrschaft, in: Jörg Peltzer u.a. (Hgg.), Die Wittelsbacher und die Kurpfalz im Mittelalter. Eine Erfolgsgeschichte?, Regensburg 2013, S. 280–293; allgemein zum mittelrheinischen Gebiet im Mittelalter: Franz-Josef Ziwes, Studien zur Geschichte der Juden im mittleren Rheingebiet während des hohen und späten Mittelalters (Forschungen zur Geschichte der Juden A/1), Hannover 1995; zur Zweibrücker Linie der Wittelsbacher Dieter Blin, Das Fürstentum Zweibrücken hat eine jüdische Geschichte, in: Charlotte Glück-Christmann (Hg.), Die Wiege der Könige. 600 Jahre Herzogtum Pfalz-Zweibrücken. Landesausstellung im Stadtmuseum Zweibrücken. 29. August – 14. November 2010, Zweibrücken 2010, S. 111–114; Dieter Blin, „In Erwägung des genießenden herrschaftlichen Schutzes …". Jüdisches Dasein im Fürstentum Pfalz-Zweibrücken im Spiegel normativer Quellen, in: Frank Konersmann/Hans Ammerich (Hgg.), Historische Regionalforschung im Aufbruch. Studien zur Geschichte des Herzogtums Pfalz-Zweibrücken anlässlich seines 600. Geburtsjubiläums (Veröffentlichungen der Pfälzischen Gesellschaft zur Förderung der Wissenschaften 107), Speyer 2010, S. 273–298.
158 Grundlegend zur Volksgeschichte Oberkrome, Volksgeschichte; siehe auch Willi Oberkrome, Entwicklungen und Varianten der deutschen Volksgeschichte (1900–1960), in: Manfred Hettling (Hg.), Volksgeschichte im Europa der Zwischenkriegszeit, Göttingen 2003, S. 65–95. Zur Bedeutung entsprechender Ansätze in der deutschen Landesgeschichtsforschung Matthias Werner, Zwischen politischer Begrenzung und methodischer Offenheit. Wege und Stationen deutscher Landesgeschichtsforschung im 20. Jahrhundert, in: Peter Moraw/Rudolf Schieffer (Hgg.), Die deutschsprachige Mediävistik im 20. Jahrhundert (VuF 62), Ostfildern 2005, S. 251–364, hier S. 304–328; zum Geschichtsbild der völkischen Bewegung Köck, „Die Geschichte hat immer Recht".
159 Vgl. hierzu Wolfram Meyer zu Uptrup, Kampf gegen die „jüdische Weltverschwörung". Propaganda und Antisemitismus der Nationalsozialisten 1919–1945 (Dokumente – Texte – Materialien 46), Berlin 2003, S. 212–226; zu frühen Vorarbeiten zur rechtlichen Diskriminierung von Juden vgl. Uwe Dietrich Adam, Judenpolitik im Dritten Reich, Düsseldorf 2003, S. 25–31.

Adolf Hitlers", obwohl er tatsächlich der Partei gar nicht angehörte.[160] Der Versuch dieser späten Beförderung scheiterte jedoch.[161]

Für seinen Sohn standen die Chancen für einen gesellschaftlichen Aufstieg aufgrund seiner langjährigen Parteimitgliedschaft weit besser. Neben seinem Referendariat sah er in den politischen und gesellschaftlichen Veränderungen eine Chance, seine Überzeugungen nun auch in die Praxis umzusetzen. Dabei geben die Unterlagen zu seinem Parteigerichtsverfahren aus den Jahren 1933 und 1934 einen Einblick in den kurzen Zeitraum, in dem er versuchte, einen Kreisnachrichtendienst in Speyer und schließlich einen Gaunachrichtendiensts für die Pfalz aufzubauen; eine Episode, die entscheidende Bedeutung für seinen weiteren Weg im „Dritten Reich" haben sollte.

Laut seiner eigenen Darstellung war Weintz bereits am 4. April 1933 durch die Gauleitung für den Kreis Speyer „mit der vertraulichen Ueberwachung des dortigen Beamtenapparats beauftragt" worden.[162] Am 7. Juni sei er schließlich erst vom Gaunachrichtendienstleiter Rudolf Trampler zum Kreisnachrichtendienstleiter ernannt worden und am 6. September auf Vorschlag des Gauleiters Josef Bürckel zum Gaunachrichtendienstleiter.[163] Weintz dürfte trotz seines Alters von gerade einmal 24 Jahren als langjähriger Aktivist, der zudem aus der Region stammte, eine nahegelegene Wahl gewesen sein. Es ist wahrscheinlich, dass ihm der seit 1931 in Neustadt wohnende Trampler persönlich bekannt war.[164]

Weintz scheint, glaubt man seinen Ausführungen, mit großem Engagement, allerdings wohl auch unter vollständiger Verkennung seiner Stellung in der Partei, an seine Aufgabe herangegangen zu sein. Trampler berichtete am 12. September 1933 in einem Schreiben an die Reichsleitung der NSDAP in München, mit dem er Weintz als seinen Nachfolger als Leiter des Gaunachrichtendienstes anzeigte, dieser sei „eine ausgezeichnete Kraft, durch deren persönliche Tätigkeit wir vor einigen Tagen den gesamten kommunistischen Apparat für das vormalige Gau-Gebiet Baden und Pfalz mit dem Sitz in Mannheim in einer Stärke von 55 Mann aufdeckten, sämtliche verhaften konnten und somit stilllegten."[165] Diese Angaben Tramplers sprechen dafür, dass Weintz neben seinem Referendariat nach der „Machtergrei-

---

160 Das Schreiben an das bayerische Justizministerium vom 7. Mai 1933 mit dem angegebenen Zitat in: LA Speyer J 6, Nr. 38036. In einem von ihm ausgefüllten Fragebogen vom 7. Mai 1936 ebd. ist das Feld für die NSDAP-Mitgliedsnummer durchgestrichen.
161 Er trat zum 1. Juni 1938 als Justizinspektor in den Ruhestand; vgl. die Angaben in der Personalakte ebd.
162 Schreiben von Karl Richard Weintz an den Vorsitzenden des Untersuchungs- und Schlichtungsausschusses der NSDAP, Gau Rheinpfalz, vom 24. November 1933, in: BA Berlin, R 9361 I 41650, Bl. 6.
163 Ebd., Bl. 5f.
164 Zu Rudolf Trampler vgl. Hans-Joachim Heinz, NSDAP und Verwaltung in der Pfalz. Allgemeine innere Verwaltung und kommunale Selbstverwaltung im Spannungsfeld nationalsozialistischer Herrschaftspraxis 1933–1939. Ein Beitrag zur zeitgeschichtlichen Landeskunde (Geschichte im Kontext 1), Mainz 1994, S. 89, Anm. 312; Michael Schepua, „Sozialismus der Tat" für das „Bollwerk im Westen": Entwicklung und Besonderheiten des Nationalsozialismus in der Pfalz, in: JWDLG 25 (1999), S. 551–601, hier S. 567, Anm. 192; Franz Maier, Biographisches Organisationshandbuch der NSDAP und ihrer Gliederungen im Gebiet des heutigen Landes Rheinland-Pfalz (Veröffentlichungen der Kommission des Landtags für die Geschichte des Landes Rheinland-Pfalz 28), Mainz/Zarrentin 2009, S. 472f. Sein Umzug von Speyer nach Neustadt im Jahr 1931 ist erwähnt in einer Einschätzung Tramplers in seiner Gestapoakte vom 1. Februar 1938; LA Speyer, H 1, Nr. 1696.
165 BA Berlin, R 9361 I 41650, Bl. 22.

fung" aktiv an Aktionen gegen die KPD beteiligt war. Worin genau sein Beitrag bestand, wird allerdings nicht eigens erwähnt. Durch die Verhaftungen in Mannheim wurde zumindest der kommunistische Widerstand nicht dauerhaft beeinträchtigt.[166]

In ihrer Gänze lässt sich die Tätigkeit von Weintz als Kreisnachrichtendienstleiter nicht rekonstruieren. Glaubt man aber einem späteren Bericht, so regte er in Speyer bei Recherchen für seine Dissertation im örtlichen Staatsarchiv mindestens einen Mitarbeiter des Archivs sowie einen Nutzer dazu an, den Archivdirektor Albert Pfeiffer und den Archivar Paul Fraundorfer zu unbedachten Äußerungen zu verleiten. Fraundorfer, mittlerweile am Staatsarchiv Würzburg tätig, berichtete 1947 in einem Schreiben an den Direktor der Staatlichen Archive Bayerns, er habe diese Informationen vor Kurzem von dem seinerzeitigen Nutzer Ludwig Ziehner erhalten, dem Weintz für den Fall des Erfolgs die Direktorenstelle in Aussicht gestellt habe.[167] Das Schreiben steht im Kontext der Bemühungen Fraundorfers um seine Entnazifizierung. Entsprechend dürfte er bemüht gewesen sein, sich selbst in der Angelegenheit in einem positiven Licht darzustellen.[168] Es spricht jedoch für die Bedeutung, die er Weintz im Kontext der Ereignisse 1933 zuweist, dass er diesen „sehr gefährlichen Nationalsozialisten" eigens erwähnt und hervorhebt, er habe ihn bei seinen Recherchen nur unterstützt, da er eine Empfehlung Beyerles vorgelegt und Fraundorfer auch von diesem gegrüßt habe.[169] Auch wenn der Archivar vor allem bemüht gewesen sein dürfte, sich mit Blick auf seine Stellung im bayerischen Archivwesen in einem möglichst günstigen Licht darzustellen, so dürften die Aktivitäten von Weintz im Speyerer Archiv sich doch in der beschriebenen Form oder zumindest ähnlich abgespielt haben, passen der Hang zu Lüge und Aufstacheln, der Wille zur Denunziation und auch die Selbstüberschätzung – nichts anderes war das Versprechen an den 28-jährigen Ziehner, er würde Archivdirektor werden – gut zu seinen vorangehenden und auch seinen späteren Aktionen.[170]

---

166 Zur KPD in Mannheim 1933 vgl. Volker Berghahn u.a., Arbeiterwiderstand, in: Erich Matthias/Hermann Weber (Hgg.), Widerstand gegen den Nationalsozialismus in Mannheim, Mannheim 1984, S. 263–268.
167 Der Brief vom 21. April 1947 in: BayHStA München, Generaldirektion der Bayerischen Archive, Nr. 2842. Das Schreiben ist bereits erwähnt bei Maier, Staatsarchiv Speyer, S. 57. Zu den beruflichen Stationen von Fraundorfer und Pfeiffer vgl. die Einträge bei Wolfgang Leesch, Die deutschen Archivare 1500–1945, Bd. 2. Biographisches Lexikon, München/London/New York/Paris 1992, S. 164, 450f.
168 Fraundorfer war Freikorpskämpfer gewesen, nach dem Ersten Weltkrieg einige Jahre Mitglied der Bayerischen Volkspartei und 1937 der NSDAP beigetreten; vgl. hierzu die Angaben im Schreiben des Würzburger NSDAP-Kreisleiters an das Gaupersonalamt vom 29. März 1939 in: BA Berlin, R 9361 II 254419.
169 BayHStA München, Generaldirektion der Bayerischen Archive, Nr. 2842. Die im Brief erwähnte Empfehlung ist das Schreiben Beyerles an den Archivdirektor Pfeiffer vom 22. Dezember 1932 in: LA Speyer, Registraturakt, Nr. 3455.
170 Der 1905 geborene Ludwig Ziehner wurde nach einem Studium der Staatswissenschaften in Heidelberg ebenda 1929 mit einer Arbeit zum kurpfälzischen Wollgewerbe in der Frühen Neuzeit promoviert, für die er umfangreich mit archivalischen Quellen, unter anderem aus dem Staatsarchiv Speyer, gearbeitet hatte; vgl. die Unterlagen zur Promotion in: Universitätsarchiv Heidelberg H-V-757/24, Bl. 406–411, sowie die Druckfassung der Arbeit: Ludwig Ziehner, Zur Geschichte des kurpfälzischen Wollgewerbes im 17. und 18. Jahrhundert (VSWG Beihefte 31), Stuttgart 1931. Von 1931 bis 1934 arbeitete Ziehner als wissenschaftlicher Mitarbeiter der Rockefeller-Stiftung im Staatsarchiv Speyer zu wirtschaftsgeschichtlichen Themen; vgl. die Angaben im Bewerberfragebogen für die IG Farben von 22. Januar 1934 und den beigelegten undatierten Lebenslauf in: BA Berlin, R 8128-26231. Bd. 2. Thema war die Preis- und Lohnentwicklung in Speyer von 1500 bis 1821, die auch mit Quellen aus Neustadt und Worms verglichen wurde; vgl. hierzu die Bestätigung des Speyerer Staatsarchivdirektors Albert Pfeiffer zur Tätigkeit von Ziehner im Archiv vom 31. Oktober 1934 ebd. Das

Nachweisbar ist, dass Weintz am 15. März 1933 beim Staatsarchiv darum bat, Einsicht in Archivalien zu seinem Dissertationsthema nehmen zu dürfen und Fraundorfer laut seiner handschriftlichen Angaben vom selben Tag ihm entsprechende Schriftstücke vorlegte.[171] Dass Weintz allerdings an der 1937 tatsächlich erfolgten Versetzung des Speyerer Archivdirektors Albert Pfeiffer nach Landshut beteiligt war, wie 1951 im Zuge eines Konflikts mit dem ehemaligen Speyerer Museumsdirektor Friedrich Sprater von diesem behauptet, ist eher unwahrscheinlich, da Weintz zu diesem Zeitpunkt schon länger nicht mehr in der Pfalz oder in München tätig war.[172] Die Abberufung dürfte eher vonseiten der Gauleitung betrieben worden sein.[173]

Ein weiterer Beleg für die weitestgehende Verkennung der eigenen Möglichkeiten und Handlungsspielräume durch Weintz zeigte sich, als er in seiner ersten Handlung als Gaunachrichtendienstleiter am 13. September 1933 ein Schreiben an die Reichsnachrichtendienstleitung, die Gaunachrichtendienstleitungen Baden, Hessen und Saar, die pfälzischen Kreisnachrichtendienstleitungen, die Mitglieder der pfälzischen Gauleitung und sämtliche Kreisleiter im Gau, die SA-Brigade und die SS-Standarte Pfalz, den Sonderkommissar bei der Regierung der Pfalz, die Beauftragten bei den Bezirksämtern, den Kommandeur der bayerischen politischen Polizei, Polizeireferenten und Gendarmerieabteilung bei der Regierung der Pfalz sowie sämtliche Bezirkspolizeibehörden, Polizeidirektionen und Staatspolizeiämter der Pfalz verschicken ließ. Weintz forderte darin, „in allen Fällen staatsfeindlicher Betätigung (insb. bei Flugblattpropaganda usw.) umgehend unter Beifügung mehrerer Originale und Abschriften" informiert zu werden. Die entsprechenden Unterlagen werde er anschließend in ein an seine Dienststelle angegliedertes „Gegnerarchiv" überführen. Er wies die verschiedenen Empfänger zudem an, diese sollten darauf hinwirken, von ihren nachgeordneten Dienststellen möglichst rasch über Aktionen des politischen Gegners informiert zu werden. Als Telefonnummer angegeben war ein Anschluss im Staatspolizeiamt Speyer.[174]

Sichtbar wird an diesem Schreiben neben der vollkommenen Selbstüberschätzung des jungen Referendars sein auch in späteren Jahren feststellbarer exzessiver Hang zu Penibilität und Besserwisserei. Vor allem aber hatte er durch dieses Schreiben an eine Vielzahl hochrangiger Stellen in Partei und Staat den Bogen vollkommen überspannt. Schon am 30. September versandte die Regierung der Pfalz eine Anweisung an die Polizeidirektionen und Staatspolizeiämter sowie verschiedene staatliche Stellen in der Pfalz, dass das Rundschreiben von Weintz als

---

aus den Forschungen erwachsene Manuskript *Die Maß- und Gewichtsverhältnisse in Speyer vom 16. bis zum 19. Jahrhundert; mit Berücksichtigung der benachbarten Städte* ist im Nachlass des späteren Speyerer Archivdirektors Ludwig Anton Doll überliefert; LA Speyer, V 75, Nr. 112. Seit 1935 war Ziehner Referatsleiter bei der IG Farben; vgl. das Arbeitszeugnis vom 8. Mai 1945 in: BA Berlin, R 8128-26231. Bd. 2. Dass die Angaben Fraundorfers zu dem Vorfall im Staatsarchiv Speyer der Wahrheit entsprechen könnten, hält auch Maier, Staatsarchiv Speyer, S. 59, für realistisch.

171 Das Schreiben mit dem handschriftlichen Vermerk Fraundorfers in: LA Speyer, Registraturakt, Nr. 3455. Die Anerkennung der Benutzungsordnung durch Weintz vom selben Tag ebd.
172 Die Behauptung Spraters findet sich im Nachtrag zur bei der Staatsanwaltschaft in Frankenthal angefertigten Niederschrift seiner Vernehmung vom 25. April 1951, LA Speyer, V 52, Nr. 634.
173 Hierzu Maier, Staatsarchiv Speyer, S. 62f.; zur Versetzung Pfeiffers auch Freund, Volk, Reich und Westgrenze, S. 178f.
174 BA Berlin, R 9361 I 41650, Bl. 24.

gegenstandslos anzusehen sei.[175] Durch seine Handlungen hatte er zudem den Gauleiter Josef Bürckel gegen sich aufgebracht, der ihm, so Weintz, am 10. Oktober jede weitere Tätigkeit untersagte und mit Verhaftung drohte, falls er sich dieser Anordnung widersetzte. Weintz zeigte sich allerdings kämpferisch und drohte in einem Brief an verschiedene Stellen, er werde jeden erschießen, der ihn festnehmen wolle.[176]

Schon zwei Tage später klang er allerdings kleinlauter. Er hatte unter Protest die Unterlagen des Gaunachrichtendienstes an den Speyerer Kreisleiter abgeben müssen und fürchtete nun, Bürckel würde in der nächsten Ausgabe der *Nationalsozialistischen Zeitung (NSZ) Rheinfront* seinen Parteiausschluss verkünden und ihn inhaftieren lassen, weshalb er Felix Aumüller, einen Mitarbeiter des parteieigenen Nachrichtendienstes, mit der Bitte um Hilfe kontaktierte.[177]

Diesem ängstlichen Brief folgte nach einer Aussprache mit Aumüller am 14. Oktober in Karlsruhe aber bereits wieder ein Schreiben an die Reichsnachrichtendienstleitung, in dem er in der ihm eigenen wortreichen Art überzeugt sein Verhalten rechtfertigte. Aumüller habe ihm mitgeteilt, die Unterlagen des Gaunachrichtendienstes müssten an die Zentrale nach Berlin übersandt werden, worum er bei Bürckels Privatsekretär bisher vergeblich angefragt habe. Um die von Aumüller angeregte Aussprache mit dem Gauleiter habe er gebeten, aber zu einer solchen sei es noch nicht gekommen. Ausführlich erklärte er im Folgenden, warum er „zur Sicherung des Bestandes unseres Staates" mit seinem Rundschreiben eine Vielzahl von Staats- und Parteistellen kontaktiert hatte. Bürckel sei mit seiner Arbeit unzufrieden gewesen, da dieser „über den Zweck des N. D. [Nachrichtendiensts, B. M.] in der heutigen Zeit nicht genügend orientiert zu sein scheint", wofür allerdings nicht der Gauleiter selbst, sondern der Vorgänger als Leiter des Gaunachrichtendiensts, also Trampler, der Förderer von Weintz, verantwortlich sei. Bürckels angeblicher Verzicht auf einen Nachrichtendienst, sei „ein Ding der Unmöglichkeit […], denn es ist doch anzunehmen, daß der N. D. auf das ganze Reichsgebiet ausgedehnt ist und nicht einseitig von einem Gauleiter, weil er ihm vielleicht persönlich unerwünscht ist, aufgehoben werden kann."[178]

Erneut zeigt sich ein Muster, das vielfach für die von Weintz geführten Streitigkeiten grundlegend ist. Nach einem Angriff, vielfach persönlicher Natur, bei dem er auf Widerstand eines einflussreichen Widersachers stieß, bemühte er sich bei anderen Stellen, sich als Opfer darzustellen, um sich deren Unterstützung zu sichern. Sobald er sich dieser sicher wusste, arbeitete er weiter gegen seinen ursprünglichen Gegner. Im Fall Bürckels allerdings hatte Weintz sich verkalkuliert.

---

175 Ebd., Bl. 26.
176 Schreiben von Karl Richard Weintz an die Reichsnachrichtendienstleitung, 10. Oktober 1933, ebd., Bl. 31f.
177 Schreiben von Karl Richard Weintz an Felix Aumüller, 12. Oktober 1933, ebd., Bl. 37f. Aumüller, ein Veteran des Ersten Weltkriegs, ehemaliges Freikorpsmitglied und langjähriges Mitglied der NSDAP (Ersteintritt 1923, zweiter Eintritt 1930) war als Reichsnachrichtendienstleiter sowie Abteilungsleiter im Außenpolitischen Amt der Reichsleitung der NSDAP tätig; vgl. hierzu die Angaben im SA-Führerbogen vom 30. Dezember 1934 in: BA Berlin, R 9361 II 565984. Bd. 2. Vgl. zu seinen Aktivitäten im rechtsradikalen Milieu Bayerns in den 1920er Jahren auch Ulrike Claudia Hofmann, „Verräter verfallen der Feme!". Femmemorde in Bayern in den zwanziger Jahren, Köln/Weimar/Wien 2000, S. 70, 133f., 309.
178 Schreiben von Karl Richard Weintz an die Reichsnachrichtendienstleitung, 17. Oktober 1933; BA Berlin, R 9361 I 41650, Bl. 38–41, die Zitate Bl. 39, 40, 41, Unterstreichung im Original.

Er berichtete am 2. November an die Reichsnachrichtendienstleitung, der Gauleiter habe ihn am 30. Oktober zu einem Gespräch einbestellt, bei dem er Weintz damit konfrontiert habe, dieser habe behauptet, Bürckel fahre einen großen Mercedes-Benz, der auf Kosten der Parteimitglieder angeschafft worden sei, und er habe zudem seiner Freundin in Frankenthal mitgeteilt, er sammle Material gegen diesen. Der Gauleiter habe ihm zudem gesagt, er werde diese Beschuldigungen an ein Sondergericht weiterleiten und Weintz zudem verdeutlicht, dass er, wenn diese Gerüchte tatsächlich von ihm ausgegangen waren, aus der Partei ausgeschlossen werde und er auch beruflich keine Zukunft mehr habe. Der Konfrontierte stritt in seinem Schreiben an die Reichsnachrichtendienstleitung alle Vorwürfe ab und behauptete, sich nicht über den Wagen des Gauleiters, sondern über die schlechte Finanzierung des Gaunachrichtendiensts im Vergleich mit dem großen Fuhrpark der Gauleitung geäußert zu haben. Verlobt sei er nicht und eine Braut in Frankenthal habe er entsprechend nicht. Material gegen Bürckel sammele er zudem nicht. Wäre er gehässig, „müsste ich hier sagen, dass mir mein persönliches Erlebnis mit Gauleiter Bürckel allein schon genügen würde." Er verzeihe jedoch dem Gauleiter, der offensichtlich schlechte Ratgeber habe.[179]

Weintz hatte sich durch sein Verhalten Bürckel zum Feind gemacht. Auch wenn die Schreiben, die in der Akte zu seinem Parteigerichtsverfahren überliefert sind, hinsichtlich des Wahrheitsgehalts jeweils mit Vorsicht zu betrachten sind, wird doch schon anhand seiner Briefe an die Reichsnachrichtendienstleitung deutlich, dass er beständig Öl in das Feuer des schwelenden Konflikts goss. Am 17. November schließlich forderte ihn der Untersuchungs- und Schlichtungsausschuss der NSDAP im Gau Rheinpfalz auf, Stellung zu den Aussagen zweier Parteimitglieder zu nehmen, die dem Gauleiter vorlagen. Danach sollte Weintz behauptet haben, Bürckel habe gedroht, ihn in Schutzhaft zu nehmen. Weiterhin habe Weintz angegeben, der Gauleiter habe „Staucher" der Reichsleitung einstecken müssen, da die von ihm ins Leben gerufene Volkssozialistische Selbsthilfe, die alle Pfälzer verpflichtete, eine monatliche Spende für staatliche Maßnahmen zu leisten, von dieser nicht gebilligt werde und darüber hinaus sei der Neustadter Stadtbaurat Heinrich Glückert, ein Freund Bürckels, wegen Unterschlagung seiner Ämter enthoben und aus der Partei ausgeschlossen worden.[180]

In einer siebzehnseitigen Erwiderung verteidigte sich Weintz gegen die Vorwürfe und forderte, ein Parteigerichtsverfahren gegen ihn selbst zu eröffnen. Im Stil eines juristischen Übungsfalls baute er sein Schreiben nach streitenden Parteien, Streitgegenstand und Tatbestand auf. Unter letzterem Punkt berichtete er detailliert über die Entwicklungen, die zu seiner Ernennung zum Gaunachrichtendienstleiter geführt hatten. Weiterhin schilderte er, Bürckel habe ihm bereits bei einem Treffen am 23. September untersagt, seine Tätigkeit weiter auszuüben,

---
179 Karl Richard Weintz an die Reichsnachrichtendienstleitung, 2. November 1933, ebd., Bl. 44–47, das Zitat Bl. 47.
180 Untersuchungs- und Schlichtungsausschuss der NSDAP, Gau Rheinpfalz, an Karl Richard Weintz, 17. November 1933, ebd., Bl. 2. Vgl. zur Volkssozialistischen Selbsthilfe, die sowohl in der Pfalz als auch auf Reichsebene stark umstritten war und schlussendlich scheiterte, ausführlich Heinz, NSDAP und Verwaltung, S. 241–305; konzise: Gerhard Nestler, Art. Volkssozialistische Selbsthilfe Rheinpfalz, 1933/34, in: Historisches Lexikon Bayerns (https://www.historisches-lexikon-bayerns.de/Lexikon/Volkssozialistische_Selbsthilfe_Rheinpfalz,_1933/34) (26. September 2022).

Trampler habe ihn jedoch aufgefordert, dies weiterhin zu tun. Nachdem sein Rundschreiben vom 13. September für gegenstandslos erklärt worden sei, habe er sich zudem als weiterhin von der Reichsnachrichtendienstleitung beauftragt verstanden und tue dies nach wie vor. Bürckel sei im Folgenden, aus „Furcht, [sich] mir gegenüber […] doch eine Blöße gegeben zu haben", weiter gegen ihn vorgegangen. Weintz war auch in dieser für ihn bedrohlichen Lage nicht fähig, sich zurückzunehmen. So schrieb er, über die Finanzierung der Volkssozialistischen Selbsthilfe sei nicht angemessen nachgedacht worden. Zudem müsste sich einem Verwaltungsjuristen ob der dienstlichen Anweisungen, die der Gauleiter an Bürgermeister erteile, „unwillkürlich ein kleines Lächeln aufdrängen", handele es sich doch bei den in der *NSZ Rheinfront* veröffentlichten Verlautbarungen um „fortdauernde […] Gesetzesverstöße." Das sogenannte Ehrengesetz zur Volkssozialistischen Selbsthilfe habe ihm zudem „die Schamröte ins Gesicht" getrieben, da dieses der Präambel der Weimarer Reichsverfassung nachempfunden sei. Er sei daher unwillens gewesen, für dieses zu werben. Weintz beschloss diesen Punkt mit deutlichen Worten: „Wer nicht in der Lage ist, einen ihm vorgetragenen Gedanken wahrheitsgetreu wiederzugeben, soll nochmals in die Schule gehen." Er gab an, sich in der Regel nur zu äußern, wenn er der Auffassung sei, etwas besser zu können, was in der vorangehenden Zeit häufiger vorgekommen sei.[181]

Mit seinem umfangreichen Rechtfertigungsschreiben, in dem er den Gauleiter erneut angriff, hatte sich Weintz keinen Gefallen getan. Am 4. Januar 1934 wurde ihm durch das Gaugericht mitgeteilt, dass ein Verfahren gegen ihn eröffnet worden war und er sich am nächsten Tag zu einer Befragung einzufinden hatte.[182] Dabei stritt er im Wesentlichen die ihm zur Last gelegten Beschuldigungen ab und verwies auf seine ausführliche schriftliche Stellungnahme vom November.[183] Zugute dürfte ihm gekommen sein, dass einer der entscheidenden Belastungszeugen, ein Parteimitglied namens Liede, in seiner schriftlichen Mitteilung angab, sich nur noch an wenige Details dessen erinnern zu können, was Weintz über den Gauleiter gesagt hatte.[184]

Das Urteil gegen ihn am 9. März 1934 fiel dann allerdings verheerend aus. Der aufstrebende Nationalsozialist wurde verwarnt und es wurde ihm auf drei Jahre verboten, ein Parteiamt zu bekleiden. Das Gericht stellte zudem fest, dass Weintz, anders als von ihm wiederholt behauptet, nicht der Reichsnachrichtendienstleitung, sondern dem Gauleiter unterstellt war. Besonders schwer fiel nach Auffassung der Richter ins Gewicht, dass er in seinem Schreiben vom 10. Oktober und in seiner Rechtfertigung vom 21. November 1933 Bürckel mehrfach beleidigt hatte. Es wurde festgestellt, dass dies alleine schon ausgereicht hätte, Weintz aus der NSDAP auszuschließen, worauf jedoch mit Blick auf sein berufliches Fortkommen verzichtet worden sei. Aufgrund seines Verhaltens sei er jedoch in leitender Funktion in Partei, SA oder SS nicht tragbar.[185]

Für Weintz war dieses Urteil ein herber Dämpfer. In der Pfalz hatte er sich darüber hinaus mit Bürckel einen dauerhaften Feind geschaffen. Dass er für sein Referendariat Anfang März

---

181 Karl Richard Weintz an den Untersuchungs- und Schlichtungsausschuss der NSDAP, Gau Rheinpfalz, 21. November 1933: BA Berlin, R 9361 I 41650, Bl. 3–19, die Zitate Bl. 12, 14, 15, 16.
182 Ebd., Bl. 53. Vgl. zum Parteigericht der NSDAP Nils Block, Die Parteigerichtsbarkeit der NSDAP (Europäische Hochschulschriften II/3377), Frankfurt u.a. 2002.
183 BA Berlin, R 9361 I 41650, Bl. 54.
184 Das Schreiben vom 1. März 1934 ebd.
185 Ebd., Bl. 58f.

1934 nach München zurückkehrte, dürfte für ihn eine glückliche Fügung gewesen sein. Er übersandte dem Gaugericht Rheinpfalz am 15. März auf Aufforderung hin sein Parteibuch, nicht ohne anzumerken, er wohne mittlerweile wieder im selben Haus wie Hitler am Prinzregentenplatz 16.[186] Ihm kam nun allerdings zugute, dass das Oberste Parteigericht der NSDAP mit Schreiben vom 29. März 1934 das Urteil gegen ihn aufgrund verschiedener Form- und Verfahrensfehler aufhob und die Angelegenheit zur Verhandlung zurück an das Gaugericht verwies.[187] Bürckel strebte nun erneut ein Parteigerichtsverfahren an, dieses Mal mit der expliziten Forderung, seinen Kontrahenten aus der Partei auszuschließen.[188] Mit Übersendung einer Sammlung verschiedener Ausfälle von seiner Seite gegen den Gauleiter wurde Weintz am 24. April der Eröffnungsbeschluss mitgeteilt.[189]

Er versuchte nun mit verschiedenen verfahrensrechtlichen Begründungen, den Beginn der Verhandlungen hinauszuzögern, etwa indem er die Zuständigkeit des Gaugerichts in Neustadt in Abrede stellte, den fehlenden Antrag des Gauleiters auf Eröffnung des Verfahrens bemängelte, behauptete, es sei überhaupt kein Verfahren anhängig und zudem die Herausgabe seines Parteibuchs forderte.[190] In der Sache wurden die Beanstandungen allesamt zurückgewiesen.[191]

In Neustadt vernahm das Gaugericht am 18. Juli 1934 Milly von der Heydt, die ehemalige Speyerer Vermieterin von Weintz, die ihn in der Streitsache mit dem Gauleiter aber im Wesentlichen entlastete.[192] Karl Richard Weintz, mittlerweile aus der Münchener Wohnung am Prinzregentenplatz ausgezogen, versuchte jedoch weiterhin, wiederum erfolglos, durch verschiedene schriftliche Einwände die Rechtmäßigkeit des Verfahrens in Zweifel zu ziehen.[193] Entscheidend für die schlussendliche Einstellung war dann allerdings, dass Weintz in einem längeren Schreiben an das Gaugericht vom 2. August, in dem er seine Sichtweise erneut darlegte, aber angab, Bürckel niemals habe beleidigen wollen, anbot, bei diesem um Verzeihung zu bitten.[194]

Von Seiten des Gaurichters Emil Gauer wurde ihm bedeutet, dass der Gauleiter ihm die Möglichkeit zu einer schriftlichen Entschuldigung angeboten habe, er sich jedoch seiner Verfehlungen bewusst sein müsse. Insbesondere seine wiederholten schriftlichen Einwände wurden ausdrücklich gerügt.[195] Weintz übersandte die schriftliche Entschuldigung am 17. August, woraufhin Bürckel den Strafantrag am 25. August zurückzog.[196] Schlussendlich war Karl Richard Weintz noch einmal mit einem blauen Auge davongekommen. In der NSDAP war sein schwieriger Charakter nun allerdings mittlerweile aktenkundig. Im Beschluss des Gaugerichts

---

186 Ebd., Bl. 60.
187 Ebd., Bl. 64.
188 Schreiben Josef Bürckels an das Parteigericht der NSDAP, Gau Rheinpfalz, 6. April 1934, ebd., Bl. 65f.
189 Ebd., Bl. 67-69.
190 Vgl. die Schreiben von 26. April, 29. April, 5. Juni, 12. Juni und 27. Juni 1934, ebd., Bl. 72-79, 82f.
191 So im Schreiben des Gaugerichts an Weintz zum Verfahren vom 15. Juni 1934, ebd., Bl. 80 sowie Oberstes Parteigericht an Gaugericht Rheinpfalz vom 10. Juli 1934, ebd., Bl. 84.
192 Ebd., Bl. 86.
193 Vgl. das Schreiben an das Gaugericht Rheinpfalz vom 27. Juli 1934, ebd., Bl. 89-93; ebd., Bl. 89 auch die Erwähnung der neuen Wohnung in der Pienzenauerstraße bei Professor Jäger. Dieser Einwand wurde am 28. Juli abgewiesen, ebd., Bl. 94.
194 Ebd., Bl. 95-100.
195 Ebd., Bl. 101-103. Zu Gauer vgl. Heinz, NSDAP und Verwaltung, S. 459, Anm. 443.
196 Das Entschuldigungsschreiben in: BA Berlin, R 9361 I 41650, Bl. 105, das Schreiben Bürckels ebd., Bl. 107.

über die Einstellung des Verfahrens wurde vermerkt, dass Weintz es nur der Großzügigkeit von Bürckel verdankte, dass er nicht weiter belangt worden sei. Sein Verhalten, „seinen eigenen Wert allzusehr in den Vordergrund zu stellen", wurde besonders gerügt und zudem herausgehoben, er müsse hierauf explizit hingewiesen werden, da es Aufgabe der Partei sei, „den Parteigenossen zum Nationalsozialisten zu erziehen."[197]

Weintz testete allerdings in der für ihn schlussendlich glimpflich ausgegangenen Angelegenheit doch noch einmal die Grenzen aus. Am 4. September 1934 schrieb er letztmals an den Vorsitzenden der zweiten Kammer des Gaugerichts Rheinpfalz, kritisierte erneut angebliche verfahrensrechtliche Fehler und äußerte hämisch den Wunsch, „mit ihrem Parteirichtertum unter keinen Umständen und niemals mehr in Berührung zu kommen." Er „erlaube" sich zudem, „Sie und das Gaugericht für manches Kopfzerbrechen, das ich Ihnen wohl bereitet habe, um Entschuldigung zu bitten." Der Vorsitzende strich beide Stellen an und vermerkte am Rand die Worte „frecher Bursche."[198]

Was den Gauleiter am Ende dazu bewog, die Sache ruhen zu lassen, ist nicht ersichtlich. Es mag tatsächlich die angebotene Entschuldigung gewesen sein, die ihn umstimmte. Möglich ist auch, dass im Hintergrund Bekannte und Freunde von Weintz für ihn bei Bürckel vorsprachen, dessen Stellung in der Pfalz 1934 nach verschiedenen Konflikten in den vorangehenden Jahren weitestgehend konsolidiert war.[199] Zudem dürfte der Wegzug nach München dazu beigetragen haben, dass der Gauleiter ihn nicht mehr als ernsthafte Bedrohung wahrnahm.

Während des Parteigerichtsverfahrens hatte Weintz weiter vom 1. März bis zum 31. August 1934 sein Referendariat am Landgericht München absolviert.[200] Betreut wurde er dort unter anderem von Wihelm Alwens, der bis 1930 an mehreren Stationen in der Pfalz, unter anderem auch am Amtsgericht Neustadt, der Arbeitsstelle von Jakob Weintz, tätig gewesen war.[201] Alwens war ähnlich wie Karl Richards Vater im rechten Spektrum der Weimarer Republik zu verorten.[202]

---

197 Der Einstellungsbeschluss des Gaugerichts Rheinpfalz vom 23. August 1934 ebd., Bl. 106.
198 Ebd., ohne Blattzählung.
199 Zu Bürckel vgl. als Zugang zur breiten Forschung die Beiträge in: Pia Nordblom/Walter Rummel/Barbara Schuttpelz (Hgg.), Josef Bürckel. Nationalsozialistische Herrschaft und Gefolgschaft in der Pfalz (Beiträge zur pfälzischen Geschichte 30), Kaiserslautern ²2020; insbesondere Walter Rummel, Josef Bürckel – Überzeugungstäter und Demagoge, in: ebd., 13–28; Franz Maier, Der Forschungsstand zu Josef Bürckel, in: ebd., S. 41–47. Siehe zur gefestigten Stellung Bürckels nach der „Machtergreifung" sowie zu den vorangegangenen Auseinandersetzungen innerhalb der pfälzischen NSDAP Schepua, „Sozialismus der Tat", S. 570–578; ausführlich zum Konflikt mit Theodor Eicke Niels Weise, Eicke. Eine Karriere zwischen Nervenklinik, KZ-System und Waffen-SS, Paderborn 2013, insbesondere S. 84–94, 146–180.
200 Die Abschrift des Zeugnisses in: LA Speyer, R 18, Nr. 27524, Bl. 19.
201 Spieß, Willi Alwens, S. 51f. Er absolvierte bereits Teile seines Referendariats am Amtsgericht (August 1920 bis April 1921), am örtlichen Bezirksamt (August bis Dezember 1921) sowie bei dem Neustadter Rechtsanwalt Girisch (Januar 1922 bis April 1923). Von 1924 bis 1925 war er vor Ort als Amtsanwalt tätig; vgl. hierzu sowie zu seinen weiteren beruflichen Stationen die Ausführungen von Wilhelm Alwens in einen Schreiben an den Präsidenten des Landgerichts Würzburg vom 22. August 1946 in seiner Spruchkammerakte; BayStA Würzburg, Spruchkammer Würzburg, Nr. 79, Bl. 19f.
202 Von April bis Juli 1919 hatte er im Freikorps Epp gedient, das in diesem Zeitraum an der brutalen Niederschlagung der Münchener Räterepublik beteiligt gewesen war. Bis 1925 hatte er der Deutschen Volkspartei (DVP) angehört, die er nach eigener Angabe wegen der Politik Gustav Stresemanns verlassen hatte, und von 1927 bis 1933 war er wie Jakob Weintz Mitglied der DNVP gewesen, wobei er von 1930 bis 1933 auch dem der Partei nahestehenden Stahlhelm angehörte. Seit Juli 1937 war der aus der katholischen Kirche ausgetretene Alwens Mitglied der NSDAP. Die Angaben finden sich im von Alwens ausgefüllten Fragebogen vom 20. Juli 1937 sowie

Er und Weintz sollten sich nach dem Krieg noch mehrfach wiederbegegnen.[203] Trotz der nur kurzen Tätigkeit als Gaunachrichtendienstleiter sollte diese mitentscheidend für die weitere berufliche Tätigkeit von Karl Richard Weintz im „Dritten Reich" sein. In seinem umfangreichen Rechtfertigungsschreiben vom 10. Oktober 1933 hatte er unter anderem geäußert, dass er „speziell für Kriminalistik sogrosses [sic!] Interesse habe, dass ich voraussichtlich meine Lebensarbeit auf diesem Gebiet zu verbringen gedenke."[204]

Mit seinem Profil als in der völkischen Jugendbewegung, in der Zeit der französischen Besetzung der Pfalz und im NSDStB sozialisierter Jungakademiker der Kriegsjugendgeneration passte er in das Schema jener Männer, die „als Angehörige der jungen Generation frei von allen Verbindungen zur abgestorbenen Welt der Väter, noch dazu am Anfang ihrer Karriere und somit ungebunden und ohne ernüchternde Erfahrungen mit dem Alltag in Beruf und Politik" vorzugsweise von Werner Best für den SD rekrutiert wurden, der nach der Auflösung aller anderen Nachrichtendienste – unter anderem auch des pfälzischen Gaunachrichtendienstes – die einzige entsprechende Organisation der Partei war.[205] Der elitäre Anspruch des SD, der gerade Nationalsozialisten aus der Mittelschicht anzog, dürfte auch auf Weintz anziehend gewirkt haben.[206] Er war allerdings ab 1934 zuerst nur ehrenamtlich für den SD tätig und wurde erst ein Jahr später zum 1. Oktober 1935 hauptamtlicher Mitarbeiter.[207]

---

in den Angaben der NSDAP-Kreisleitung Würzburg vom 14. Mai 1942; beide in: BA Berlin R 9361 II 11854. Die Einschätzung seiner politischen Einstellung als „von jeher rechts gerichtet" findet sich auch im Gutachten des Vorprüfungs-Ausschusses am Landgericht Würzburg vom 29. August 1946, das im Rahmen seines Spruchkammerverfahrens entstand; BayStA Würzburg, Spruchkammer Würzburg, Nr. 79, ohne Blattzählung. Bezüglich seiner Mitgliedschaft im Freikorps Epp behauptete Alwens im Zuge des Verfahrens, diesem nur zwei Monate angehört zu haben sowie erst nach dem Ende der Kämpfe nach München gekommen zu sein; ebd., Bl. 26, 38f. Hierbei dürfte es sich allerdings eher um Schutzbehauptungen handeln, war Alwens doch im Rahmen seines Spruchkammerverfahrens besonders darum bemüht, seine ihm zur Last gelegte Tätigkeit als wenig bedeutend darzustellen; vgl. die ausführliche Rechtfertigung mit einer Vielzahl von Zitaten aus Zeitungen und amtlichen Verlautbarungen des Jahres 1919 ebd., Bl. 33–45. Zur Rolle des Freikorps Epp bei der Niederschlagung der Münchener Räterepublik vgl. Hagen Schulze, Freikorps und Republik 1918–1920 (Militärgeschichtliche Studien 8), Boppard am Rhein 1969, S. 93–100; umfassend zu den Ereignissen: Heinrich Hillmayr, Roter und Weißer Terror in Bayern nach 1918. Ursachen, Erscheinungsformen und Folgen der Gewalttätigkeiten im Verlauf der revolutionären Ereignisse nach dem Ende des Ersten Weltkriegs (Moderne Geschichte 2), München 1974.

203 Zu den Beziehungen von Wilhelm Alwens und Karl Richard Weintz nach dem Zweiten Weltkrieg vgl. die Ausführungen im Kapitel zum Zeitraum 1952–1979.
204 BA Berlin, R 9361 I 41650, Bl. 34.
205 Zur Rekrutierung des SD-Personals Herbert, Best, S. 204f., das Zitat S. 205; siehe zur Rolle von Best und zur primären Rekrutierung von Angehörigen der Kriegsjugendgeneration auch Browder, Hitler's Enforcers, S. 135, 142, 144. Zur Auflösung aller übrigen Nachrichtendienste der NSDAP und ihrer Gliederungen zugunsten des SD vgl. Shlomo Aronson, Reinhard Heydrich und die Frühgeschichte von Gestapo und SD (Studien zur Zeitgeschichte), Stuttgart 1971, S. 195–198; Browder, Foundations, S. 97, 133f., 145.
206 Zur Anziehungskraft des SD auf diese Gruppe vgl. George C. Browder, Die frühe Entwicklung des SD. Das Entstehen multipler institutioneller Identitäten, in: Michael Wildt (Hg.), Nachrichtendienst, politische Elite, Mordeinheit. Der Sicherheitsdienst des Reichsführers SS, Hamburg 2003, S. 38–56, hier S. 52f.
207 Vgl. die Eintragung in seiner SS-Stammkartenabschrift in: BA Berlin, R 9361 III 562723. Zur Unterscheidung zwischen haupt- und nebenamtlichen Mitarbeitern des SD vgl. Browder, Hitler's Enforcers, S. 131.

1934–1938: Erste Jahre in SD und Gestapo. München, Berlin, Darmstadt

In München setzte Weintz vom September 1934 bis Ende Februar 1935 sein Referendariat bei den Rechtsanwälten Rudolf Bechert und Adolf Schneller fort. Bechert, ein Teilnehmer des Hitlerputsches 1923, der im „Dritten Reich" mit verschiedenen regimenahen juristischen Veröffentlichungen hervortrat, hob in seinem Zeugnis hervor, der Referendar sei ein „alter nationalsozialistischer Kämpfer, zielsicher, zuverlässig."[208] Dass er mittlerweile bei diesem bekannten nationalsozialistischen Juristen, „dem Leiter der Abteilung Rechtspolitik der Reichsleitung", tätig war, ließ Weintz auch gleich in sein Schreiben vom 4. September 1934 an das Gaugericht Rheinpfalz einfließen.[209] Auch die Beurteilung Schnellers war für den gerade erst mit Mühe einer Verurteilung im Parteigerichtsverfahren Entgangenen positiv: „gewandter, zielsicherer nationalsozialistischer Politiker."[210]

Auf welchen Feldern sich Weintz neben seinem Referendariat in München anfangs für den SD betätigte, geht aus den Dokumenten in seiner SS-Offiziersakte nicht hervor. Wohl da Konrad Beyerle schon 1933 verstarb, gab er sein Ziel auf, eine Dissertation zu den pfälzischen Stadtrechten zu verfassen.[211] Laut der Angaben in dem während seiner Internierung 1945 verfassten Lebenslauf hatte er über mehrere Jahre während seiner juristischen Ausbildung in Münchener Archiven Material für die Arbeit zusammengetragen, jedoch nach dem Tod seines Betreuers niemand anderen gefunden, der an dem Thema Interesse hatte.[212] Wie so häufig bei Weintz ist allerdings unklar, wie viel Wahrheit tatsächlich in dieser Aussage steckt und wie viel der ihm vielfach eigenen Übertreibungen und dem Hang, die Schuld bei anderen zu suchen, geschuldet war.

Zumindest einige Zeit nach dem Tod Beyerles zumindest scheint er sein Dissertationsthema noch weiterverfolgt zu haben. So hielt er am 16. Mai 1934 bei der Münchener Arbeitsstelle

---

208 Abschrift des Zeugnisses vom 21. Januar 1935 in: LA Speyer, R 18, Nr. 27524, Bl. 20. Zu Bechert vgl. Joachim Rückert, Der Rechtsbegriff der Deutschen Rechtsgeschichte in der NS-Zeit: der Sieg des „Lebens" und des konkreten Ordnungsdenkens, seine Vorgeschichte und Nachwirkungen, in: ders./Dietmar Willoweit (Hgg.), Die Deutsche Rechtsgeschichte in der NS-Zeit. Ihre Vorgeschichte und ihre Nachwirkungen (Beiträge zur Rechtsgeschichte des 20. Jahrhunderts 12), Tübingen 1995, S. 177–240, hier S. 183f. Zu seiner Biographie Andrea Nunweiler, Das Bild der deutschen Rechtsvergangenheit und seine Aktualisierung im „Dritten Reich" (Fundamenta Juridica 31), Baden-Baden 1996, S. 407; Hermann A. L. Degener (Hg.), Degeners Wer ist's, 10. Ausgabe, Berlin 1935, S. 77. Bechert hatte wie Weintz Interesse an der Rechtsgeschichte. So veröffentlichte er ein während des „Dritten Reichs" mehrfach aufgelegtes kurzes Überblickswerk: Rudolf Bechert, Rechtsgeschichte der Neuzeit (Schaeffers Grundriß des Rechts und der Wirtschaft 23,2), 7.–10. Auflage Leipzig 1944.
209 Schreiben vom 4. September 1934 in: BA Berlin, R 9361 I 41650, ohne Blattzählung.
210 Abschrift des Zeugnisses vom 28. Februar 1935; LA Speyer, R 18, Nr. 27524., Bl. 21.
211 Spieß, Nachruf, S. 8.
212 Lebenslauf vom 29. November 1945; US NACP, DE 082264. Möglich wäre, dass er bei dem als Nachfolger Beyerles nach München berufenen Rechtshistoriker Heinrich Mitteis anfragte, der allerdings nach Auseinandersetzungen mit dem NSDStB die Universität bereits 1935 wieder verließ; vgl. zu seiner Münchener Zeit Georg Brun, Leben und Werk des Rechtshistorikers Heinrich Mitteis unter besonderer Berücksichtigung seines Verhältnisses zum Nationalsozialismus (Rechtshistorische Reihe 83), Frankfurt u.a. 1991, S. 110–112.

für bayerische Rechtsgeschichte einen Vortrag zu den pfälzischen Stadtrechten des Mittelalters. Nach den einleitenden Worten des Rechtshistorikers Heinrich Mitteis sowie des Arbeitsstellenleiters Karl Bourier machte Weintz in seinem Vortrag deutlich, dass er, nachdem seine kurzen Veröffentlichungen zu Neustadt aus dem Jahr 1932 sich weitestgehend auf die Wiedergabe von Daten und Fakten beschränkt hatten, sein Thema nach völkischen Vorstellungen zu gestalten gedachte. In einem Rundschreiben der Arbeitsstelle werden die zentralen Punkte seiner Darstellungen ausführlich wiedergegeben. So gab er an, sein Thema „in den grossen Rahmen der werdenden Reichsidee" einfügen sowie dieses mit Blick auf die „enge Volksverbundenheit der südwestdeutschen Stadtrechte" behandeln zu wollen. Hierbei dürfe „der neue Forscher" nicht Dynastiegeschichtsschreibung betreiben, sondern müsse „von einer Weltanschauung erfüllt sein." Entsprechend sah Weintz auch einen Gegenwartsbezug der pfälzischen Stadtrechte des Mittelalters. Im Kontext der Diskussion um die Neugliederung der Länder sei den Pfälzern daran gelegen, aus den durch die Pfalzgrafen bei Rhein geschaffenen territorialen Verbindungen herausgelöst zu werden und sich wieder mit den Rheinfranken zu vereinen, wobei sich diese ursprüngliche Zusammengehörigkeit nicht zuletzt aus den Volksrechten ergäbe. Nach einem umfassenden zweiten Teil zur Entwicklung des Stadtrechts in einzelnen Regionen des deutschen Südwestens schloss Weintz mit einer Betrachtung der Entwicklungen in Neustadt sowie mit dem Appell, ein umfassendes Urkundenbuch zu erstellen.[213]

Wie schon in seinem antisemitischen Artikel in der *Kunkelstube* vom März 1933 griff Weintz in seinem Vortrag verschiedene Versatzstücke völkischer Geschichtsbilder auf. Bemerkenswert ist dabei, dass die im Vortrag 1934 formulierten Vorstellungen, wie eine angebliche Stammeszugehörigkeit der Pfälzer zu den rechtsrheinischen Franken und die Forderung nach dem Erstellen eines pfälzischen Urkundenbuchs nach dem Krieg von Weintz wieder aufgegriffen wurden und schlussendlich auch im Kontext der von ihm 1979 initiierten Stiftung zur Förderung der pfälzischen Geschichtsforschung verfolgt wurden.[214] Das von Weintz vorangetriebene Dissertationsprojekt verlief jedoch schlussendlich im Sande.

Seine vorerst letzte Veröffentlichung zum Thema wurde ein einschlägiger Beitrag samt einer Karte im 1935 gedruckten Pfälzischen Geschichtsatlas.[215] Das bereits länger von der Pfälzischen Gesellschaft zur Förderung der Wissenschaften unterstützte Kartenwerk zeigte die Pfalz in ihren Grenzen vor 1919, also mit den nach dem Ersten Weltkrieg an das Saargebiet abgetretenen Gebieten, und enthielt zudem „Rassekarten" zur Pfalz und Baden.[216] Verstanden wurde die Publikation laut des Geleitworts von Hermann Emrich, dem Vorsitzenden der Ge-

---

213 Rundschreiben der Arbeitsstelle für bayerische Rechtsgeschichte am Institut für bayerische und deutsche Rechtsgeschichte der Universität München vom 8. Juni 1934; LA Speyer, Registraturakt, Nr. 3455. Vgl. zu den Diskussionen um die Neugliederung der deutschen Länder während der Zeit der Weimarer Republik und der ersten Jahre des „Dritten Reichs" Klaus Jürgen Matz, Länderneugliederung. Zur Genese einer deutschen Obsession seit dem Ausgang des Alten Reiches (Historisches Seminar NF 9), Idstein 1997, S. 53–70.
214 Vgl. hierzu die Kapitel zu den Zeiträumen 1946–1952 sowie 1979–2010.
215 Karl Richard Weintz, Karte Pfälzische Stadtrechtsfamilien um 1400, in: Wilhelm Winkler (Hg.), Pfälzischer Geschichtsatlas, Neustadt 1935, Karte 23, Textbeilage S. 12f.
216 Zur Darstellung in den Grenzen vor 1919 vgl. exemplarisch die Karte Die Herrschaftsgebiete der Pfalz im Jahre 1789, in: ebd., Karte 8; die „Karten zur pfälzischen und nordbadischen Rassenkunde" ebd., Karte 39, Textbeilage S. 17f. Zur Konzeption des Atlas Freund, Volk, Reich und Westgrenze, S. 201.

sellschaft, als Ansatz für weitere Forschungen zur „Westmark", „der dem völkisch-ganzheitlich ausgerichteten Geiste der jungen Wissenschaftsgeneration entsprechend fortgebildet und weiterentwickelt werden muß."[217] Karl Richard Weintz war ein durchaus passender Beiträger.

Neben seinen Aktivitäten in der pfälzischen Geschichtsforschung deuten die wenigen Informationen zu der Zeit, die er seit 1934 in München verbrachte, darauf hin, dass Weintz sich mit seinem Verhalten, zumindest außerhalb des SD, nach wie vor Feinde machte. Er gab 1939 an, seit Juni 1933 nicht mehr Mitglied der SA gewesen zu sein, wobei unklar ist, warum er austrat.[218] Möglicherweise schönte er mit Blick auf seine spätere Aufnahme in die SS und die abnehmende Bedeutung der Sturmabteilung nach der Ermordung von Röhm und weiteren SA-Führern seinen Lebenslauf an dieser Stelle, eventuell aber – dies wäre bei Weintz durchaus naheliegend – war er im Streit aus der Sturmabteilung geschieden.[219]

Schon im Dezember 1934 gab es zudem noch einmal Pläne, ein Parteigerichtsverfahren wegen parteischädigenden Verhaltens gegen ihn einzuleiten, dieses Mal ausgehend vom Stab des Stellvertreters des Führers.[220] Erneut äußerte sich Weintz offensichtlich detailliert in der Sache, wobei diese Ausführungen nicht erhalten sind.[221] Das Verfahren, das aufgrund seiner Vorgeschichte möglicherweise zum Parteiausschluss geführt hätte, kam allerdings schlussendlich nicht zustande.

Im Rahmen seines Referendariats absolvierte Weintz schließlich seit Juli 1935 seine letzte Station am Oberlandesgericht München.[222] Die große Staatsprüfung am 13. März 1936 bestand er schließlich mit der Note „ausreichend".[223] Bereits 1935 war er hauptamtlicher Mitarbeiter des SD geworden und in die SS eingetreten, wobei er bereits zum 9. November den Rang eines Scharführers erreichte.[224] Sein Vater Jakob wurde, wohl nach dem Eintritt Karl Richards, Förderndes Mitglied der SS.[225]

---

217 Hermann Emrich, Geleitwort, in: Wilhelm Winkler (Hg.), Pfälzischer Geschichtsatlas, Neustadt 1935, o. S.
218 Vgl. die Personalangaben vom 29. März 1939 in: BA Berlin, R 9361 III 562723.
219 Zur Ermordung Röhms und anderer SA-Führer sowie zur darauf folgenden abnehmenden Bedeutung der SA vgl. Daniel Siemens, Stormtroopers. A New History of Hitler's Brownshirts, New Haven/London 2017, S. 157–216.
220 Im Schreiben an die Gauleitung Rheinpfalz vom 22. Februar 1935 wurde mitgeteilt, man habe am 20. Dezember 1934 ein Verfahren beim Obersten Parteigericht beantragt; BA Berlin, R 9361 I 41650, ohne Blattzählung. Emil Gauer schrieb als Vorsitzender des Gaugerichts am 25. Februar an die zweite Kammer des Obersten Parteigerichts und übersandte den Akt aus den Jahren 1933/1934 mit dem Hinweis, dieser dürfte „[ü]ber die Persönlichkeit und den Charakter des Pg. Weintz genügend Aufschluss geben"; ebd., ohne Blattzählung.
221 Erwähnt wird ein Schreiben von Weintz mit vier Anlagen in einer Eingangsbestätigung des Obersten Parteigerichts vom 23. Januar 1935; ebd., ohne Blattzählung.
222 Vgl. die Abschrift der Ernennung zum Beamten auf Widerruf vom 11. Juli 1935 in: LA Speyer, R 18, Nr. 27524, Bl. 23.
223 Abschrift des Zeugnisses vom 23. März 1936 ebd., Bl. 24.
224 Er wurde laut der Angaben in seiner SS-Stammkartenabschrift 1935 direkt vom einfachen SS-Mann vier Dienstgrade zum Scharführer befördert. Das genaue Datum seines Eintritts in die SS und hauptamtlich in den SD im Jahr 1935 findet sich weder in seinem Lebenslauf von 1939 noch in anderen Unterlagen seiner SS-Offizierakte vermerkt; BA Berlin, R 9361 III 562723.
225 Vermerkt in einem Personalbogen vom 22. Mai 1936 in: LA Speyer, J 6, Nr. 38036. Zur Bedeutung Fördernder Mitglieder für die SS und zu den ambivalenten Motiven für einen Beitritt vgl. Bastian Hein, Elite für Volk und Führer? Die Allgemeine SS und ihre Mitglieder 1925–1945 (Quellen und Darstellungen zur Zeitgeschichte 92), München 1992, S. 166–170.

In seinem Lebenslauf von 1939 gab sein Sohn an, er sei „auf Weisung des SD hauptamtlicher Mitarbeiter des Amtes Information der DAF" geworden.[226] Diesem gehörte er vom 1. Oktober 1935 bis zum 1. September 1936 an.[227] Bei dieser Organisation handelte es sich um einen bis 1938 bestehenden eigenständigen Geheimdienst der Deutschen Arbeitsfront (DAF), der eng mit SD und Gestapo zusammenarbeitete, unter anderem Betriebsbelegschaften überwachte, gegen politische Gegner ermittelte und die erbeuteten Akten der freien Gewerkschaften für nachrichtendienstliche Belange auswertete.[228] Die schlechte Überlieferungslage zum Amt Information generell führt dazu, dass über die konkreten Tätigkeiten von Weintz in diesem Kontext 1935/1936 keine Angaben zu ermitteln sind.[229]

Wie er zu Werner Best stand, der ihn nach eigener Aussage für den SD angeworben hatte, bleibt unklar. Er scheint sich jedoch in seinem ersten Jahr, das er hauptamtlich für den Geheimdienst tätig war, in den Augen seiner Vorgesetzten bewährt zu haben. Nach dem Staatsexamen im März 1936 wurde er nach eigener Darstellung einige Monate später als Assessor bei der Geheimen Staatspolizei in Berlin eingestellt, wo er bis Oktober 1937 erst als Dezernent für Wirtschafts- und Sozialpolitik und dann als Disziplinarreferent tätig war.[230] Möglicherweise stand dieser Wechsel damit in Zusammenhang, dass Werner Best mittlerweile zum Teil im Geheimen Staatspolizeiamt in der Reichshauptstadt tätig war.[231]

Nach dem Zweiten Weltkrieg bemühte Weintz sich, den Eintritt in den Dienst der Gestapo zu verheimlichen bzw. dessen Bedeutung herunterzuspielen. Übergangen wurde er in seinem 1945 während der US-Internierung verfassten Lebenslauf, in dem er angab, nach dem Zweiten Staatsexamen gegen den Willen seiner Eltern den Justizdienst verlassen und „in die allgemeine innere Verwaltung" gewechselt zu sein.[232] Wohl ebenso eine Schutzbehauptung waren die Ausführungen von Weintz im Rahmen seines Spruchkammerverfahrens 1951, er habe 1936 eigentlich geplant, Landrat in einer südbayerischen Stadt zu werden, sich jedoch mangels freier Stellen für eine entsprechende Tätigkeit im preußischen Staatsdienst beworben. Da er allerdings nach Allenstein in Ostpreußen hätte gehen müssen, habe er gegen die Entscheidung Einspruch eingelegt, sei stattdessen ans Polizeipräsidium in Berlin gekommen und dort wegen seiner Parteimitgliedschaft zur Mitarbeit in der Sicherheitspolizei bewogen worden.[233]

Bei der Befragung im Jahr 1951 gab er weiter an, im Rahmen seiner Tätigkeit als Disziplinarreferent aufgrund seiner Unnachgiebigkeit gegenüber Parteimitgliedern Probleme mit Parteidienststellen gehabt zu haben und aufgrund dessen „abgeschoben" worden zu

---

226 BA Berlin, R 9361 III 562723.
227 Vgl. die Angabe in der SS-Stammkartenabschrift ebd.
228 Karl Heinz Roth, Facetten des Terrors. Der Geheimdienst der Deutschen Arbeitsfront und die Zerstörung der Arbeiterbewegung 1933 bis 1938, Bremen 2000, S. 9–44.
229 Zur Quellenlage ebd., S. 7f.
230 Angabe im Lebenslauf von 1939; BA Berlin, R 9361 III 562723. Auf der Stammkartenabschrift ist als Beginn der Tätigkeit bei der Polizei, also der Gestapo, der 5. September 1936 vermerkt; ebd.
231 Zu seinem Wechsel nach Berlin Herbert, Best, S. 163.
232 Dabei bleiben die Angaben, welcher Tätigkeit er von 1936 bis 1939 nachging, wohl bewusst vage; Lebenslauf vom 29. November 1945; US NACP, DE 082264.
233 Vernehmungsniederschrift vom 21. Januar 1951; LA Speyer, R 18, Nr. 27524, Bl. 35f.

sein.²³⁴ Diese Darstellung passt in das Bild, das sich von Weintz auch sonst ergibt. Allerdings sind die Ausführungen doch insofern wenig glaubwürdig, als er in diesem Kontext auch wahrheitswidrig angab, er sei im Anschluss an diese Tätigkeit ins Reichsinnenministerium versetzt worden.²³⁵ Tatsächlich nämlich wurde er im Oktober 1937 nach seiner Ernennung zum Regierungsassessor stellvertretender Leiter der Staatspolizeistelle in Darmstadt.²³⁶ Noch am 20. April, am Geburtstag Hitlers, war er zum SS-Oberscharführer ernannt worden.²³⁷

Die verschiedenen Beförderungen machen deutlich, dass Weintz zu diesem Zeitpunkt noch keinesfalls am Ende seiner Karriere angekommen war. Mit seinem Lebenslauf als Jurist und frühes Mitglied der NSDAP bestand Aussicht, dass er, der zu diesem Zeitpunkt gerade einmal 29 Jahre alt war, noch eine Laufbahn innerhalb des nationalsozialistischen Unterdrückungs- und Polizeiapparats vor sich hatte, die ihn perspektivisch noch in weitere Leitungspositionen führen würde.²³⁸ Die insgesamt schlechte Überlieferung zur Gestapo Darmstadt führt allerdings dazu, dass über die konkreten Tätigkeiten von Weintz, wie auch bei seinen vorherigen Stationen beim Amt Information und bei der Staatspolizei in Berlin, wenig bekannt ist.²³⁹

Die vergleichsweise harmlos klingenden Bezeichnungen der Tätigkeitsbereiche in den ersten Jahren nach seinem Assessorexamen dürfen allerdings nicht den Blick dafür verstellen, dass Karl Richard Weintz seit 1936 mit der Gestapo einer Behörde angehörte, deren primäre Aufgabe es war, die völkischen, rassischen, politischen und sozialen Vorstellungen und Gesetze des nationalsozialistischen Staats gegenüber den verschiedenen als Feinden wahrgenommenen Gruppen durchzusetzen, wobei sie hierfür über ein kaum begrenztes Reservoir an Möglichkeiten und Instrumenten verfügte.²⁴⁰ An der Umsetzung der auf die

---

234 Ebd., Bl. 36.
235 Ebd.
236 Angabe im Lebenslauf von 1939; BA Berlin, R 9361 III 562723; die Abschrift der Ernennungsurkunde zum Regierungsassessor vom 14. August 1937 in: LA Speyer, R 18, 27524, Bl. 25.
237 Abschrift der SS-Stammkarte BA Berlin, R 9361 III 562723.
238 Zu Herkunft und Studium der Leiter der Staatspolizeiämter im Deutschen Reich vgl. Gerhard Paul, Ganz normale Akademiker. Eine Fallstudie zur regionalen staatspolizeilichen Funktionselite, in: ders./Klaus-Michael Mallmann (Hgg.), Die Gestapo – Mythos und Realität, Darmstadt 1995, S. 236–254, insbesondere S. 239–241, der zudem hervorhebt, dass ein Großteil von ihnen Juristen waren und ihr Abitur an Humanistischen Gymnasien absolviert hatten, während nur eine Minderheit der NSDAP bereits vor 1933 angehört hatte.
239 Zur Überlieferung der Akten der Gestapo Darmstadt vgl. Ferdinand Koob/Eckhart G. Franz/Eva Haberkorn (Bearb.), Repertorien des Hessischen Staatsarchivs Darmstadt, Bestand G 12 B. Geheime Staatspolizei (Gestapo), Sicherheitsdienst der SS (SD), Darmstadt 2000, aktualisierte Internetversion 2006 (https://digitalisate-he.arcinsys.de/hstad/g_12_b/findbuch.pdf), S. V–VIII (7. Oktober 2022).
240 Dabei ist allerdings die in der älteren Forschung noch vielfach zu findende Vorstellung von Allmacht und Allwissenheit der Gestapo, die von dieser selbst propagiert worden war, mittlerweile, bei aller real vorhandenen Macht, weitestgehend als Mythos entlarvt worden. Zur differenzierten Darstellung der Handlungsmöglichkeiten der Gestapo trugen besonders Lokal- und Regionalstudien bei; vgl. aus der großen Zahl entsprechender Arbeiten exemplarisch Robert Gellately, The Gestapo and German Society. Enforcing Racial Policy 1933–1945, Oxford 1990; Thomas Gebauer, Das KPD-Dezernat der Gestapo Düsseldorf, Hamburg 2011; Holger Berschel, Bürokratie und Terror. Das Judenreferat der Gestapo Düsseldorf 1935–1945 (Düsseldorfer Schriften zur Neueren Landesgeschichte und zur Geschichte Nordrhein-Westfalens 58), Essen 2001; sowie die Beiträge in: Gerhard Paul/Klaus-Michael Mallmann (Hgg.), Die Gestapo – Mythos und Realität, Darmstadt 1995. Zentral zur veränderten Bewertung der Gestapo mit weiterer Literatur: Klaus Michael Mallmann/Gerhard Paul, Allwissend, allmächtig, allgegenwärtig? Gestapo, Gesellschaft und Widerstand, in: ZfG 41

Entrechtung und Drangsalierung verschiedener Bevölkerungsteile sowie auf die Vorbereitung des Kriegs zielenden Handlungen des Polizei- und Sicherheitsapparats war Weintz an exponierter Stelle beteiligt. Dabei handelte es sich bei seinen Tätigkeiten nicht um unpolitisches Verwaltungshandeln, sondern um die Stützung und Durchsetzung einer völkischer Staatsdoktrin.[241]

In diesem Kontext steht die seit seiner Tätigkeit in Darmstadt nachweisbare Beteiligung an verschiedenen Ausbürgerungen meist jüdischer Deutscher. Hatte es bis 1936 vor allem gegen prominente Exilanten gerichtete Akte gegeben, wurden seit 1937 in großem Umfang, in der Regel in Absprache mit dem Auswärtigen Amt und den deutschen diplomatischen Vertretungen in den jeweiligen Ländern, in denen die entsprechenden Personen mittlerweile lebten, der Entzug der Staatsbürgerschaft vorangetrieben.[242]

Auch an seiner späteren Station bei der Gestapo in München war er 1939/1940 wiederholt an entsprechenden Akten beteiligt, die vor allem auf Grundlage des *Gesetzes über den Widerruf von Einbürgerungen und die Aberkennung der deutschen Staatsangehörigkeit* von 1933 unter anderem die Einziehung des Vermögens sowie auf einer symbolischen Ebene auch die „Ächtung" der Ausgebürgerten und ihren Ausschluss aus dem von den Nationalsozialisten angestrebten, auf völkischer Basis stehenden Staat vollzog.[243] Dabei wurden in den entsprechenden Schreiben meist Wort- und Textbausteine benutzt, die dem völkisch-antisemitischen Repertoire entstammten, etwa der Topos des „typisch jüdischen Rechtsanwalts" oder des „typisch jüdischen Delikts", aber auch die Behauptung, die Ausgebürgerten würden, auch wenn keine konkreten Anhaltspunkte hierfür vorlagen, im Exil gegen das nationalsozialistische Deutschland „hetzen".[244]

Weintz konnte beim Verfassen entsprechender Schriftsätze seinen völkischen und antisemitischen Ressentiments freien Lauf lassen. Immer wieder wird in den jeweiligen Dokumenten, die sich in den Akten des Auswärtigen Amts erhalten haben, sein Hass gegen Juden und politische Gegner fassbar. So gab er in einem Schreiben vom 29. November 1937 an, der jüdische Gießener Anwalt Albert Aaron, der Angehörige des sozialdemokratischen Reichsbanners vor Gericht vertreten hatte, habe „hierbei in seinen Plaidoyers [sic!] seinen jüdisch-marxistischen Anschauungen unumwunden Ausdruck" gegeben.[245] Zudem zeichnete Weintz in einem

---

(1993), S. 984–999. Zusammenfassend zur Rolle der Gestapo auch Gerhard Paul, Die Gestapo, in: Deutsche Hochschule der Polizei u.a. (Hgg.), Ordnung und Vernichtung. Die Polizei im NS-Staat. Eine Ausstellung der Deutschen Hochschule der Polizei, Münster, und des Deutschen Historischen Museums, Berlin. 1. April bis 31. Juli 2011, Dresden 2011, S. 55–65.

241 Vgl. hierzu allgemein am Beispiel der Verwaltung während der NS-Zeit Hans-Christian Jasch, Staat und Verwaltung im „Dritten Reich". Der mordende Staat, seine Form und Entwicklung, in: Thomas Sandkühler (Koord.), Der Nationalsozialismus. Herrschaft und Gewalt, Bd. 2: Gesellschaft, Staat und Verbrechen, München 2022, S. 92–131, hier S. 101–103.

242 Martin Schumacher, Ausgebürgert unter dem Hakenkreuz. Rassisch und politisch verfolgte Rechtsanwälte. Biographische Dokumentationen einer Spurensuche zur deutschen Emigration nach 1933, Münster 2021, 55*f., 65*.

243 Umfassend zur Ausbürgerung im Nationalsozialismus Dieter Gosewinkel, Einbürgern und Ausschließen. Die Nationalisierung der Staatsangehörigkeit vom Deutschen Bund bis zur Bundesrepublik (Kritische Studien zur Geschichtswissenschaft 150), Göttingen 2001, S. 369–420.

244 Schumacher, Ausgebürgert, S. 61*–65*.

245 Das Schreiben ist abgedruckt in: Schumacher, Ausgebürgert, Nr. 1, S. 1.

Schreiben an die Geheime Staatspolizei in Berlin vom 23. März 1938 dafür verantwortlich, namens der Staatspolizeistelle Darmstadt die Aberkennung der Staatsbürgerschaft für ein nach Argentinien emigriertes jüdisches Ehepaar und ihre in die USA ausgewanderte Tochter zu beantragen.[246] Die Einschränkung der Rechte jüdischer Deutscher bzw. ihre vollkommene Negierung forderte Weintz nun nicht mehr nur als Schreiber antisemitischer Artikel. Er gestaltete sie mit. In noch stärkerem Maße konnte er dies bei seinen nachfolgenden Stationen bei der Gestapo in München, Wien und im sogenannten Protektorat Böhmen und Mähren tun.

---

246 PA AA, RZ 214/99722, ohne Blattzählung.

1938–1940: „In allem Aktivist". Gestapo in München, Wien und im Protektorat Böhmen und Mähren

In seinem Lebenslauf vom Januar 1939 äußerte sich Karl Richard Weintz knapp zu seinen Stationen in den vorangehenden Monaten: „Im Mai 1938 wurde ich auf Antrag zur Staatspolizeileitstelle München versetzt, als Verbindungsführer der Staatspolizei zum Leiter der Polizeiabteilung des Bayr. Innenministeriums, SS-Obergruppenführer Frh. v. Eberstein, verwendet und im Juli 1938 zur Staatspolizeileitstelle Wien abgeordnet. Hier bin ich ununterbrochen im Referat II B tätig und habe an den juden- und kirchenpolitischen Maßnahmen sowie der Liquidation der VF [Vaterländischen Front, B.M.] allerregsten Anteil."[247]

Nach gerade einmal sieben Monaten verließ er, glaubt man seinen Angaben, auf eigenen Wunsch seinen Posten in Darmstadt. Warum er nur so kurz in der ehemaligen hessischen Residenzstadt blieb, wird aus der erhaltenen Überlieferung nicht deutlich. Möglich wäre, dass Weintz erneut einen Streit eskalieren ließ. Es könnte jedoch auch sein, dass es ihn an seine langjährige Wirkungsstätte nach München zurückzog. Insgesamt fällt auf, dass er generell während seiner Tätigkeit bei SD, Gestapo und RSHA kaum einmal länger als ein Jahr auf einer Stelle blieb. Einerseits könnte dies seinem ausweislich der verschiedenen bereits aufgeführten Quellen schwierigen Charakter geschuldet gewesen sein. Andererseits zeichneten sich Gestapo und RSHA generell durch eine hohe Personalfluktuation aus.[248]

Schon 1962 wurde bei der Anlage einer Akte zu Weintz bei der Zentralen Stelle der Landesjustizverwaltungen in Ludwigsburg vermerkt, für einen „alten Kämpfer" seien seine Beförderungsdaten „recht mager".[249] Auch Jens Banach griff in seiner Studie zum Führerkorps von SD und Sicherheitspolizei Karl Richard Weintz als Beispiel einer insgesamt erfolglosen Karriere heraus, die ihn auf keine Leitungsposition führte.[250] Was waren die Gründe? Lag es daran, dass, wie Banach vermutet, Weintz nicht verheiratet war, entsprechend keine Kinder hatte oder fachlich nicht ausreichend qualifiziert war?[251]

Um diese Fragen zu beantworten, hilft es, einen Blick in seine Beurteilungen während seiner Tätigkeit für die Gestapo zu werfen. Im Sommer 1938 wurden wegen seiner geplanten Ernennung zum Regierungsrat verschiedene Stellen bezüglich einer Einschätzung seiner Person und seiner Tätigkeit kontaktiert. Die Gauleitung München-Oberbayern bescheinigte ihm in diesem

---

247 BA Berlin, R 9361 III 562723.
248 Zur personellen Ausstattung der verschiedenen Staatspolizeistellen vgl. Mallmann/Paul, Allmächtig, S. 989f.; zum RSHA Wildt, Generation des Unbedingten, S. 23f.
249 BA Ludwigsburg, B 162/26655, Bl. 14, Vermerk vom 14. März 1962. Zu den Ermittlungen gegen Weintz in den 1960er Jahren vgl. das Kapitel zum Zeitraum 1952–1979.
250 Banach, Heydrichs Elite, S. 310.
251 Ebd.

Kontext, „ein in jeder Hinsicht vertrauenswürdiger Parteigenosse" zu sein, der „rückhaltlos für Bewegung und Staat eintritt".[252] Auch weitere Einschätzungen waren für Weintz günstig.[253]

Ähnlich positiv ist eine Beurteilung vom 11. Januar 1939, die während seiner Tätigkeit in Wien verfasst wurde. Insbesondere wurde seine Eignung für höhere Aufgaben hervorgehoben: „Weintz ist in allem Aktivist. Sein umfassendes Allgemeinwissen und seine Spezialkenntnisse, verbunden mit der positiven Einstellung zur nat. soz. Weltanschauung (alter Kämpfer) befähigen ihn zur Berufung an höhere Dienststellen."[254]

Sichtbar wird, dass Karl Richard Weintz Anfang 1939 als potenzielle nationalsozialistische Führungspersönlichkeit eingeschätzt wurde. Dies zeigte sich neben seiner Beurteilung und seinem beruflichen Aufstieg auch an anderen Merkmalen. Er war mittlerweile aus der evangelischen Kirche ausgetreten.[255] Zudem wurde ihm zu einem unbekannten Zeitpunkt der Julleuchter verliehen.[256]

Weintz wurde bis zum Kriegsende zwar nicht Leiter einer Staatspolizeistelle oder auf einen äquivalenten Posten befördert, war jedoch ein durchaus gefragter „Spezialist", worauf im Folgenden noch näher einzugehen ist. So dürfte eher sein Hang zur Querulanz, der sich nach seinem Parteigerichtsverfahren jedoch in überlieferten Quellen bis 1945 nicht mehr niederschlug, als die von Banach erwähnte Kinder- und Ehelosigkeit oder seine geringe Körpergröße von gerade einmal 172 cm, der Grund gewesen sein, die ihm bis Kriegsende den Aufstieg in höhere Positionen verbaute.[257] Weintz scheint zudem insgesamt von eher schwacher körperlicher Konstitution gewesen zu sein. Im Rahmen einer Vernehmung 1951 gab er an, aufgrund eines Magen- und Gallenleidens nicht für den Frontdienst tauglich gewesen zu sein.[258] Für eine körperliche Einschränkung spricht auch, dass er auf einem Personalbogen Anfang 1939 angab, sich mehrfach freiwillig zur Flak gemeldet zu haben, jedoch aus dienstlichen Gründen nicht eingezogen worden zu sein.[259]

In München war Weintz 1938, wie an seinen vorherigen Stationen, wiederum nur kurz tätig. Allerdings hatte dies damit zu tun, dass er im Zuge des „Anschlusses" Österreichs im März schon am 10. Juli des Jahres zur Gestapo nach Wien versetzt wurde.[260] Er scheint jedoch schon vor

---

252 Schreiben an die Kanzlei des Stellvertreters des Führers vom 15. Juli 1938 in: BA R 9361 II 1035000.
253 Vgl. die entsprechenden Schreiben ebd.
254 BA Berlin, R 9361 III 562723.
255 Vermerkt in der SS-Stammkartenabschrift ebd. Er begann allerdings nach Kriegsende, sich wieder als evangelisch zu bezeichnen; vgl. etwa den während seiner US-Internierung am 29. November 1945 ausgefüllten Fragebogen; US NACP, DE 082264.
256 Die entsprechende Spalte ist angekreuzt in der Übersicht in seiner SS-Personalakte, BA Berlin R 9361 III 562723.
257 Die Körpergröße ist erwähnt in der Abschrift der SS-Stammkarte in: BA Berlin, R 9361 III 562723. Abweichend ist im während seiner US-Internierung ausgefüllten Fragebogen vom 29. November 1945 die Größe von 1,74 m angegeben; US NACP, DE 082264.
258 Vernehmungsniederschrift vom 22. Januar 1951 in: LA Speyer R 18, Nr. 27524, Bl. 36. Im Fragebogen, den er 1950 im Rahmen seines Spruchkammerverfahrens ausfüllte, gab Weintz an, er sei 1940 wegen Krankheit vom Militärdienst zurückgestellt worden; ebd., Bl. 1.
259 Personalangaben vom 9. Januar 1939 in: BA Berlin, R 9361 III 562723.
260 Die Versetzung und die damit zusammenhängende nur kurze Tätigkeit in München ist erwähnt in einem Schreiben des Gauamts für Beamte an die Gauleitung München-Oberbayern vom 31. August 1938; BA R 9361 II 1035000.

seinem offiziellen Wechsel vor Ort tätig gewesen zu sein, denn in einem undatierten Schreiben an das SS-Hauptpersonalamt gab er an, er habe sich seit Mai 1938 in Österreich aufgehalten.[261]

Erstmals war Weintz hier durch die im Lebenslauf genannte Tätigkeit für das Referat II B im Rahmen der „juden- und kirchenpolitischen Maßnahmen sowie der Liquidation der VF" auch an Verfolgungsmaßnahmen außerhalb des „Altreichs" beteiligt.[262] Dabei war er nach 1945 darum bemüht, seine konkreten Tätigkeitsfelder in Wien möglichst zu verschleiern. Da sowohl im Rahmen seines Spruchkammerverfahren 1950/1951 als auch bei den Vorbereitungen eines Verfahrens gegen die Führungsebene des RSHA 1964 den entsprechenden Stellen der handschriftliche Lebenslauf von 1939 mitsamt seinen eindeutigen Ausführungen vorlag, war er darum bemüht, die Relevanz seiner Aktivitäten kleinzureden.

So behauptete er 1951, er sei „als Sachbearbeiter im Verwaltungsdienst mit Bergen von Akten bedacht" worden, habe Berichte verfasst, auf Maßnahmen gegen die Kirche, Juden oder die Vaterländische Front keinen Einfluss gehabt und sei mit der Außenwelt nicht in Kontakt gekommen. Allerdings räumte er ein, „auf Grund der Ermittlungsarbeit von Vollzugsbeamten" Berichte verfasst zu haben.[263] Im Zuge von Vorermittlungen gegen ehemalige Angehörige des RSHA äußerte er sich 1964 schriftlich zwar ausführlich zu seiner Tätigkeit in dieser Institution, machte jedoch keine Angaben zu seiner Zeit in Wien. Er bot allerdings auf telefonische Nachfrage der Polizeidirektion Neustadt an, Angaben hierzu bei Bedarf nachzureichen.[264]

Im Zuge seiner Bemühungen, seine Rolle bei der Gestapo herunterzuspielen, machte es besonderen Sinn für Weintz, gerade die Tätigkeiten in Österreich zu verheimlichen. Aus den überlieferten Quellen nämlich wird deutlich, dass er, wie auch im Lebenslauf angegeben, an Maßnahmen gegen verschiedene von den Nationalsozialisten als Feinde angesehene Gruppen beteiligt war.

Herbert Rosenkranz führte 1978 in einer umfangreichen Studie zur Verfolgung der österreichischen Juden an, dass Rudolf Lange, Leiter des Referats II B 2 bei der Gestapo Wien, das für weltanschauliche Gegner des Nationalsozialismus zuständig war, gemeinsam mit seinem Stellvertreter Karl Richard Weintz die Zentralstelle für jüdische Auswanderung aufgebaut habe.[265] Grundlage dieser Angabe war die Aussage des ehemaligen Judenreferenten der Gestapo Wien, Karl Ebner, die dieser in einer Vernehmung 1947 tätigte.[266] Allerdings ist es unwahrscheinlich, dass Weintz und Lange tatsächlich in führender Funktion an der Einrichtung der Zentralstelle

---

261 BA Berlin, R 9361 III 562723.
262 Ebd.
263 Vernehmungsniederschrift vom 22. Januar 1951 in: LA Speyer R 18, Nr. 27524, Bl. 38.
264 Der Sachverhalt ist geschildert in einem Vermerk der Polizeidirektion Neustadt vom 4. November 1964, wonach Weintz zudem angegeben hatte, der ihm vorgelegte Fragebogen zu seiner Tätigkeit im RSHA, den er schriftlich beantwortet hatte, habe seine Zeit in Wien nicht betroffen; LA Berlin, B Rep. 57-01, Nr. 3222, Bl. 23. Das entsprechende Formular enthält tatsächlich keine entsprechenden Fragen; ebd., Bl. 16.
265 Herbert Rosenkranz, Verfolgung und Selbstbehauptung. Die Juden in Österreich 1938–1945, Wien 1978, S. 123, 327.
266 Vgl. das Protokoll der Befragung Ebners am 5. Juli 1947 in: WStLA, LG Wien, Vg 4c Vr 1223/47, Bl. 31c: „Die Gründung der Zentralstelle erfolgte etwa im Sommer 1938, und wurde vom damaligen Referatsleiter Dr. Lange und seinem Stellvertreter Weinz [sic!] durchgeführt."

beteiligt waren, deren Entstehungsgeschichte weitestgehend im Dunkeln liegt.[267] Die zum 20. August 1938 offiziell ins Leben gerufene Zentralstelle erzwang die Auswanderung von mehreren zehntausend jüdischen Österreichern und koordinierte ab 1939 die Deportationen in die unterschiedlichen Lager im deutschen Machtbereich.[268] Faktisch geleitet wurde diese Institution von Adolf Eichmann.[269]

Karl Ebner, der die angeblich herausgehobene Rolle von Lange und Weintz im Rahmen seines Nachkriegsprozesses erwähnte, hatten ein deutliches Interesse daran, die eigene Bedeutung bei den Aktionen gegen die österreichischen Juden kleinzureden.[270] Der bereits verstorbene Lange sowie Weintz, von dessen weiterem Verbleib Ebner keine Kenntnis gehabt haben dürfte, boten sich als Sündenböcke an. Allerdings ist es durchaus möglich, dass beide tatsächlich in irgendeiner Funktion am Aufbau der Zentralstelle beteiligt waren. Zumindest belegt die Nennung, dass Weintz bei Ebner einen entsprechenden Eindruck hinterlassen haben muss, um ihn nach 1945 glaubhaft beschuldigen zu können.

Seinen Vorgesetzten bei der Wiener Gestapo, Rudolf Lange, dürfte Weintz bereits schon länger gekannt haben. Dieser studierte unter anderem in München Rechtswissenschaften und hatte ebenfalls 1936 seine Tätigkeit beim Gestapa in Berlin begonnen. Am Beispiel von Lange zeigen sich insgesamt mögliche Faktoren, die Weintz gegenüber Altersgenossen beim Aufstieg in den Institutionen des nationalsozialistischen Sicherheitsapparats das Nachsehen haben ließen. So war sein Wiener Vorgesetzter, der zwei Jahre jünger war als er, promoviert und hatte unter anderem nach seinem Eintritt in die NSDAP 1933 ein Arbeitsdienstlager und 1937 auch einen zweimonatigen Wehrdienst absolviert.[271] Während des Zweiten Weltkriegs war Lange 1942 Teilnehmer der Wannseekonferenz und in verschiedenen Funktionen am nationalsozialistischen Massenmord in Osteuropa und im Baltikum beteiligt, unter anderem als Kommandeur der Sicherheitspolizei in Lettland und später in Posen, wo er 1945 Suizid beging.[272]

---

267 Zur Quellenlage für die Frühgeschichte der Zentralstelle Gabriele Anderl/Dirk Rupnow, Die Zentralstelle für jüdische Auswanderung als Beraubungsinstitution (Veröffentlichungen der Österreichischen Historikerkommission. Vermögensentzug während der NS-Zeit sowie Rückstellungen und Entschädigungen seit 1945 in Österreich 20/1), München 2004, S. 109f.; David Caesarini, Eichmann. His Life and Crimes, London 2004, S. 62–65.
268 Ausführlich hierzu Anderl/Rupnow, Die Zentralstelle für jüdische Auswanderung; Hans Safrian, Eichmann und seine Gehilfen, Frankfurt 1995, S. 36–46.
269 Anderl/Rupnow, Die Zentralstelle für jüdische Auswanderung, S. 114f.; Safrian, Eichmann und seine Gehilfen, S. 41.
270 Zum Prozess gegen Karl Ebner 1948 ausführlich Thomas Mang, Die Unperson. Karl Ebner. Judenreferent der Gestapo Wien. Eine Täterbiographie, Bozen 2013, S. 181–225. In seiner Befragung 1947 bemühte sich Ebner darum, einen eigenen Anteil am Aufbau der Zentralstelle zu leugnen: „Ich selbst hatte damals hierauf keinen Einfluss und nähere Einzelheiten hierüber entziehen sich meiner Kenntnis"; WStLA, LG Wien, Vg 4c Vr 1223/47, Bl. 31c–31d. Vgl. insgesamt zu seinen Versuchen, nach 1945 seine Rolle bei der Ermordung der österreichischen Juden zu leugnen Elisabeth Boeckl-Klamper/Thomas Mang/Wolfgang Neugebauer, Gestapo-Leitstelle Wien 1938–1945, Wien 2018, S. 252.
271 Peter Klein, Rudolf Lange, Reichssicherheitshauptamt. Prototyp des Schreibtischtäters, in: Hans Christian Jasch/Christoph Kreutzmüller (Hgg.), Die Teilnehmer. Die Männer der Wannsee-Konferenz, Berlin 2017, S. 97–109, hier S. 98f.
272 Ebd., S. 101–109; Boeckl-Klamper/Mang/Neugebauer, Gestapo-Leitstelle Wien, S. 234f.

In Wien wohnten Lange und Weintz ausweislich der nach dem Krieg durch den ebenfalls im Judenreferat tätigen Johann Rixinger gemachten Aussage gemeinsam im selben Haus.[273] Lange war führend an verschiedenen Maßnahmen gegen die jüdische Bevölkerung beteiligt. So verantwortete er am 24. Mai 1938 die Festnahme von über 1.200 Juden, die ins Konzentrationslager Dachau verbracht wurden.[274] Einen ersten „illegalen" Transport von Juden nach Palästina organisierte er zusammen mit Eichmann im Juni.[275] Darüber hinaus war er wesentlich an der Organisation der Ausschreitungen gegen Juden im Zuge des Pogroms am 9. November 1938 sowie an unterschiedlichen Maßnahmen, ihr Vermögen zu beschlagnahmen, beteiligt.[276]

An den Aktionen im Umfeld der sogenannten „Reichskristallnacht", etwa dem Zusammentreiben der jüdischen Bevölkerung und der Einlieferung in Konzentrationslager nahmen laut einer Befragung von Karl Ebners Sekretärin Hildegard Rock im Januar 1946 alle Beamten des Referats II B teil, also mit Sicherheit auch Weintz.[277] Offiziell war er nach den Angaben in seinem Lebenslauf seit Juli 1938 im von Lange geleiteten Referat tätig. Für seine gesamte Tätigkeit in Österreich gab er später aber die Zeit von Mai 1938 bis März 1939 an.[278] Da Rudolf Lange ebenfalls bereits schon vor dem Antritt seiner Stelle als Referatsleiter, nämlich schon seit Anfang April, vor Ort war, ist es wahrscheinlich, dass auch Weintz sich bereits vor seinem offiziellen Dienstantritt dort aufhielt.[279] Er dürfte in diesem Zeitraum zumindest an einigen der Aktivitäten von Lange beteiligt gewesen sein.

Dazu gehörte auch die Verteilung jüdischen Eigentums an verschiedene Institutionen. Aus Lackenbach im Burgenland, dessen jüdische Einwohner weitestgehend nach Wien zwangsumgesiedelt worden waren, war das Silbergeschirr der Synagoge in die Wiener Staatspolizeistelle

---

273 Auszug aus dem Polizeiprotokoll vom 19. Juli 1945 in: WStLA, LG Wien, Vg 4c Vr 1223/47, ohne Blattzählung: „Beide Reichsdeutsche haben in einem Heim im 19. [Bezirk, B. M.] gewohnt […]." Zur Rolle Rixingers im Judenreferat der Wiener Gestapo vgl. Boeckl-Klamper/Mang/Neugebauer, Gestapo-Leitstelle Wien, S. 251f., 256–259.
274 Ebd., S. 236.
275 Ebd., S. 242.
276 Klein, Rudolf Lange, S. 99f.; Boeckl-Klamper/Mang/Neugebauer, Gestapo-Leitstelle Wien, S. 236.
277 Protokoll der Befragung von Hildegard Rock in der Polizeidirektion Wien am 29. Januar 1946; WStLA, LG Wien, Vg 4c Vr 1223/47, Bl. 107: „Im November 1938 wurde die Judenaktion angeordnet. Von der Waffen SS wurden die Tempel in Brand gesteckt, die Juden wurden zusammengetrieben und in Schulen und Klöstern untergebracht. Von dort wurden sie in die einzelnen KZ-Lager eingewiesen. An diesen Aktionen waren sämtliche Beamte des Referates II B und auch einzelne Beamte der Kriminalpolizeileitstelle Wien beteiligt." Vgl. zu Hildegard Rock Boeckl-Klamper/Mang/Neugebauer, Gestapo-Leitstelle Wien, S. 129f.
278 Undatiertes Schreiben von Karl Richard Weintz an das SS-Hauptpersonalamt; BA Berlin, R 9361 III 562723. Karl Ebner gab bei seiner Befragung 1947 an, Lange habe im Mai 1938 die Stelle als Referent für die Abteilung II B angetreten und Weintz sei sein Stellvertreter gewesen; WStLA, LG Wien, Vg 4c Vr 1223/47, Bl. 31c. Vertreter Langes („Leitervertreter") sei es allerdings nur von Sommer 1938 bis März 1939 gewesen; vgl. auch die auf Grundlage von Ebners Aussagen vom 12. Juli 1947 erstellte Übersicht der Beamten der Staatspolizeistelle Wien ebd., Bl. 31f. Entsprechend falsch ist die Angabe bei Franz Weisz, Die personelle Zusammensetzung der Wiener Gestapo 1938–1945, o. O. 2019, Beilage A, S. 227, Weintz – fälschlicherweise mit dem Vornamen Karl Hermann angegeben – sei von Juni bis Oktober 1938 Sachgebietsleiter von Referat II B 1 gewesen. Ebenfalls falsch ist die Angabe, Weintz – hier mit dem Vornamen Karl Heinrich bezeichnet – sei von April bis Juni 1939 im Judensachgebiet II B 4 J tätig gewesen; Franz Weisz, Das Judensachgebiet/-referat der Gestapoleitstelle Wien. Organisation, Personalstruktur, Arbeitsweise 1938 bis 1945, Bd. 2, o. O. 2021, Tabelle 8a, S. 609.
279 Zu Langes Aufenthalt in Wien seit Anfang April 1938 vgl. Boeckl-Klamper/Mang/Neugebauer, Gestapo-Leitstelle Wien, S. 234.

gebracht worden. Weintz teilte im Januar 1939 dem Landesrat der Regierung Niederdonau, Leopold Pindur, auf dessen Anfrage unter dem Betreff „Jüdische beschlagnahmte Objekte des Burgenlands" brieflich mit, dass diese in Wien abgeholt werden könnten.[280] Sie gelangten schlussendlich in die Sammlung des Burgenländischen Landesmuseums.[281] Dass Weintz über die Maßnahmen gegen österreichische Juden gut informiert war, wird darüber hinaus daran deutlich, dass er im Februar 1939 die Adjutantur des Reichskommissars – seines alten Gegners aus den Jahren 1933/1934 Josef Bürckel – informierte, dass im Dezember 1938 und im Januar 1939 insgesamt 167 jüdische Frontkämpfer des Ersten Weltkriegs aus dem Konzentrationslager Dachau entlassen worden waren.[282]

Ein Beispiel für seine Beteiligung am Vorgehen der Gestapo gegen kirchliche Institutionen, wie es im Lebenslauf beschrieben ist, ist ein von Weintz im Auftrag unterzeichnetes Schreiben vom 17. August 1938, mit dem er das Postscheckamt München anwies, auf Grundlage der vom Reichspräsidenten 1933 erlassenen *Verordnung zum Schutz von Volk und Staat* das Postscheckkonto für das *Heilig-Geist-Blatt* des Stifts Stams in Tirol zu sperren.[283] Dabei geben die beiden genannten Schreiben zur Verteilung jüdischen Eigentums und zu Maßnahmen gegen Institutionen der katholischen Kirche nur einen kleinen Einblick in die Tätigkeitsbereiche von Karl Richard Weintz während seiner Zeit in Wien.

Dass er, anders als in eigenen Darstellungen nach 1945, durchaus ein wichtiger Akteur der Wiener Gestapo war, zeigt die Tatsache, dass er als eine von drei Personen mit der Überwachung des inhaftierten ehemaligen österreichischen Kanzlers Kurt Schuschnigg beauftragt wurde. Die Führungsfigur des österreichischen Ständestaates befand sich seit dem „Anschluss" im Wiener Gestapogebäude in der Morzinstraße 5, dem ehemaligen Hotel Metropol, in Haft, wo er bis zu seiner Überführung nach München Ende Oktober 1939 verblieb.[284]

Die Aufsicht über den ehemaligen Kanzler oblag dort dem Referat II B.[285] In der Wachvorschrift vom 8. September 1938 war vermerkt, dass die Ehefrau Schuschniggs, Vera, ihren Mann nur in Begleitung von Rudolf Lange, Humbert Achamer-Pifrader oder Weintz besuchen sollte und dem Gefangenen auch nur von einem der drei Briefe ausgehändigt werden durften.[286] Die

---

280 Schreiben von Karl Richard Weintz (Gestapo Wien) an Leopold Pindur, 11. Januar 1939; BLA Eisenstadt, Museumsakte 1938–1945, Heft 14; das Schreiben auch erwähnt und zum Teil abgedruckt bei Ina Friedmann, Der Prähistoriker Richard Pittioni (1906–1985) zwischen 1938 und 1945 unter Einbeziehung der Jahre des Austrofaschismus und der beginnenden Zweiten Republik, in: Archaeologia Austriaca 95 (2011), S. 7–99, hier S. 48f.
281 Hierzu und zur Überführung weiterer geraubter Güter in die Sammlung des Landesmuseums Friedmann, Prähistoriker, insbesondere S. 48–53.
282 Rosenkranz, Verfolgung, S. 163f. Das ebd., S. 333 mit der Signatur Archiv des Reichskommissars für die Wiedervereinigung Österreichs mit dem Deutschen Reiche, Gauleiter Bürckel 105 (2034) angegebene Schreiben war im Allgemeinen Verwaltungsarchiv des Österreichischen Staatsarchivs in Wien nicht mehr auffindbar; schriftliche Mitteilung von Stefan Mach (Österreichisches Staatsarchiv Wien) vom 11. November 2022.
283 IfZ München, ED 747/1. Zum Vorgehen der Wiener Gestapo gegen die katholische Kirche Boeckl-Klamper/ Mang/Neugebauer, Gestapo-Leitstelle Wien, S. 277–288.
284 Zur Gestapohaft Schuschniggs in Wien vgl. ebd., S. 74–79, 82f.; Anton Hopfgartner, Kurt Schuschnigg. Ein Mann gegen Hitler, Graz/Wien/Köln 1989, S. 231–240.
285 Erwähnt in der Befragung von Karl Ebners Sekretärin Hildegard Rock vom 29. Januar 1946; WStLA, LG Wien, Vg 4c Vr 1223/47, Bl. 107.
286 Die Wachvorschriften in: BA Berlin, R 58/403, Bl. 22–26, die Erwähnung von Weintz ebd., Bl. 24, 26. Ausschnittsweise mit dem Abschnitt zu den Besuchen Vera von Schuschniggs abgedruckt in: Kurt Schuschnigg,

besondere Stellung von Karl Richard Weintz bei der Bewachung des „Staatsgefangenen" Kurt Schuschnigg wird darüber hinaus daran deutlich, dass ihm den ehemaligen Kanzler betreffende Schreiben teilweise zur Kenntnisnahme bzw. zur Wiedervorlage zugestellt wurden.[287] Der ehemalige österreichische Kanzler selbst äußerte sich zu Weintz in seinem 1969 veröffentlichten Buch *Im Kampf gegen Hitler. Die Überwindung der Anschlussidee* nur kurz. Dieser sei wie Achamer-Pifrader und Karl Ebner „Fanatiker, nicht ohne menschliche Haltung" gewesen.[288]

Dabei zeigen seine Aktivitäten während der Wiener Zeit, dass er mit Aufgaben betraut wurde, die für die Durchsetzung der nationalsozialistischen Ziele von großer Wichtigkeit waren. Maßnahmen gegen die jüdische Bevölkerung, die katholische Kirche und die Vaterländische Front, nicht zuletzt die wichtige Stellung, die er mit Blick auf die Haft Schuschniggs einnahm, machen deutlich, dass Weintz, obwohl es durchaus Altersgenossen wie Lange gab, die ihn auf der Karriereleiter innerhalb des Sicherheits- und Unterdrückungsapparats überholt hatten, beruflich fest etabliert war.[289] Wohl keinen Kontakt hatte er vor Ort allerdings zu seinem ehemaligen Gegenspieler Josef Bürckel, der direkt nach dem „Anschluss" nach Österreich wechselte und 1939 bis 1940 zudem Gauleiter von Wien wurde.[290]

Nach eigener Aussage war Weintz im Anschluss an seine Wiener Tätigkeit im März 1939, mittlerweile zum Obersturmführer befördert, beim Einmarsch in das zukünftige Protektorat Böhmen und Mähren beteiligt und kehrte von dort aus im Sommer wieder nach München zurück.[291] Seine Tätigkeit dort lässt sich vor allem aus der Zeugenaussage Johann Rixingers von 1946 rekonstruieren. Dieser gab zu Protokoll, Weintz habe eines der Einsatzkommandos geleitet, das seinen Sitz im südmährischen Göding (Hodonín) hatte. Aufgabe sei es vor allem gewesen, Kommunisten festzunehmen, die in ein Lager nach Brünn (Brno) gebracht werden sollten. Rixinger selbst, der mit sechs anderen Kriminalbeamten diese Aufgabe außerhalb

---

Im Kampf gegen Hitler. Die Überwindung der Anschlussidee, Wien/München/Zürich 1969, S. 386. Zu Achamer-Pifrader, dem stellvertretenden Leiter der Gestapoleitstelle Wien, vgl. Helmut Krausnick/Hans-Heinrich Wilhelm, Die Truppe des Weltanschauungskrieges. Die Einsatzgruppen der Sicherheitspolizei und des SD 1938–1942 (Quellen und Darstellungen zur Zeitgeschichte 22), Stuttgart 1981, S. 639; Matthias Gafke, Heydrichs „Ostmärker". Das österreichische Führungspersonal von Sicherheitspolizei und SD (Veröffentlichungen der Forschungsstelle Ludwigsburg der Universität Stuttgart 27), Darmstadt 2015, S. 269f.

287 So erhielt er die Regelungen zu den Besuchszeiten Vera von Schuschniggs vom 21. Februar 1939 zur Kenntnisnahme; BA Berlin R 58/403, Bl. 86. Einen Auszug aus einem Gutachten über Schuschniggs Gesundheitszustand vom 14. Januar 1939 sollte Weintz zur Wiedervorlage erhalten; ebd. Bl. 186.

288 Schuschnigg, Im Kampf gegen Hitler, S. 466, Anm. 47.

289 Allerdings kann Weintz nicht, wie im Schlussbericht der Polizeidirektion Wien vom 21. Februar 1946 zu den Ermittlungen gegen Rixinger formuliert, als einer der Verantwortlichen „die Judenverschickung nach Theresienstadt und Auschwitz veranlasst und angeordnet […] haben"; Ausschnitt in: WStLA, LG Wien, Vg 4c Vr 1223/47, ohne Blattzählung. Die Deportationen nämlich begannen erst nach seiner Zeit in Wien.

290 Oliver Rathkolb, „Bierleiter Gaukel": Josef Bürckel als „Reichskommissar für die Wiedervereinigung Österreichs mit dem Reich", Gauleiter und Reichsleiter von Wien, in: Pia Nordblom/Walter Rummel/Barbara Schuttpelz (Hgg.), Josef Bürckel. Nationalsozialistische Herrschaft und Gefolgschaft in der Pfalz (Beiträge zur pfälzischen Geschichte 30), Kaiserslautern ²2020, S. 191–202.

291 Zur Beförderung zum Obersturmführer vgl. Schreiben des SD-Führers des SS-Oberabschnitts Süd an den Chef des Sicherheitshauptamts, 24. Februar 1939; BA Berlin, R 9361 III 562723. Zur Teilnahme am Einmarsch: Undatiertes Schreiben von Karl Richard Weintz an das SS-Hauptpersonalamt ebd.

der Stadt erfüllen sollte, habe aufgrund seiner angeblichen Nachsicht bei den Verhaftungen das Missfallen von Weintz erregt.[292]

Den beiden seit Beginn des Einmarschs agierenden Einsatzgruppen I Dresden und II Wien waren jeweils mehrere Einsatzkommandos zugewiesen. Ihnen oblag die Beschlagnahmung von Schriftgut zum Zwecke des Ausfindigmachens und der späteren Liquidierung von Gegnern des Nationalsozialismus. Im Kontext der Aktion „Gitter" erfolgten bis Mai 1939 insgesamt 4.376 Verhaftungen. Weintz war im Rahmen der Einsatzgruppe II Wien dem Einsatzkommando 6 Brünn zugeteilt.[293]

Es ist unklar, ob die Darstellung Rixingers zu seinem Konflikt mit Weintz der Wahrheit entspricht. Dass der seit mittlerweile fünf Jahren im Dienst von SD und Gestapo tätige Regierungsassessor mit einer nach seiner Auffassung zu laschen Vorgehensweise gegen tschechische Kommunisten unzufrieden war, ist aber durchaus naheliegend. Nach der Aktion „Gitter" verbrachte Weintz wohl noch einige Monate in Hodonín.[294]

Kaum war er im Sommer 1939 nach München zurückgekehrt, wurde er zum Regierungsrat befördert.[295] Dieser Titel sollte für ihn und in der Wahrnehmung seiner Umwelt gerade nach dem Zweiten Weltkrieg eine besondere Rolle bekommen. Als Regierungsrat hatte er, zumindest formell, eine herausgehobene Position bürgerlicher Respektabilität erreicht, die wohl auch nicht zuletzt im Sinne seines auf den eigenen gesellschaftlichen Aufstieg und jenen des Sohns zielenden Vaters Jakob gewesen sein dürfte. Waren Karl Richards Großväter noch Schuhmacher und Lokomotivführer gewesen, hatte er zumindest oberflächlich betrachtet eine prestigeträchtige gesellschaftliche Stellung inne. Der Titel des Regierungsrats war ein Beweis des Aufstiegs in der bürgerlichen Gesellschaft, der auch in einem Unrechtsstaat Respektabilität vortäuschte. Als eine Art Schutzschild bemühten Weintz und andere nach 1945 den Titel, dann mittlerweile a. D., um ihm ein bürgerliches Antlitz zu verleihen, hinter dem der antisemitisch-völkische Aktivist der nationalsozialistischen Unterdrückungs- und Vernichtungspolitik zurücktreten konnte oder zumindest in der öffentlichen Wahrnehmung ganz verschwand.[296]

Nach München zurückgekehrt, lassen sich vor allem drei Tätigkeitsfelder von Weintz fassen. Das erste war das gleiche wie in Wien. Nach der Überstellung Kurt von Schuschniggs nach München am 29. Oktober 1939 war er nach wie vor mit für die Aufsicht über den prominenten

---

292 Protokoll der Befragung von Rixinger am 25. April 1946 in: WStLA, LG Wien, Vg 4c Vr 1223/47, ohne Blattzählung. Auch Karl Ebner gab an, Weintz sei im Frühjahr 1939 im Zuge der „Tschechenkrise" zu einem Einsatzkommando abkommandiert worden; ebd., Bl. 31c.
293 Vgl. zu Aufbau und Tätigkeitsbereichen von Einsatzgruppen und Einsatzkommandos auf tschechischem Gebiet 1939 Krausnick/Wilhelm, Truppe des Weltanschauungskrieges, S. 20–25; Oldřich Sládek, Standrecht und Standgericht. Die Gestapo in Böhmen und Mähren: in: Gerhard Paul/Klaus-Michael Mallmann (Hgg.), Die Gestapo im Zweiten Weltkrieg. ‚Heimatfront' und besetztes Europa, Darmstadt 2000, S. 317–339, hier S. 324f.
294 Die Anwesenheit von Weintz ist erwähnt bei Oldřich Sládek, Zločinná role gestapa. Nacistická bezpečnostní policie v českých zemích 1938–1945 [Die verbrecherische Rolle der Gestapo. Die NS-Sicherheitspolizei in den tschechischen Ländern 1938–1945], Prag 1986, S. 76. Bei Banach, Heydrichs Elite, S. 310, ist ohne Nennung einer Quelle angegeben, Weintz sei im März 1939 in Prag tätig gewesen.
295 Die Abschrift der Urkunde findet sich in: LA Speyer, R 18, Nr. 27524, Bl. 26.
296 Vgl. hierzu die Ausführungen zu den Aktivitäten von Karl Richard Weintz nach 1945 in den nachfolgenden Kapiteln.

Gefangenen des Regimes zuständig.[297] Aus dieser Zeit sind zwei Beglaubigungen von Aussagen Schuschniggs in den Akten der Gestapo München überliefert, die Weintz anfertigte.[298] Dessen Ehefrau Vera adressierte noch am 5. Dezember 1940, als er schon längst beim RSHA in Berlin tätig war, ein Schreiben an die Gestapo München „z. H. Herrn Reg. Rat Weintz" mit der Bitte, mit ihrem Mann gemeinsam an seinem Aufenthaltsort wohnen zu dürfen.[299]

Neben seiner Zuständigkeit für Schuschnigg war Weintz, wie in Darmstadt, in München an der Ausbürgerung von deutschen Staatsbürgern beteiligt.[300] Dabei zeigt sich im Fall des mit seiner Ehefrau nach Shanghai emigrierten Rechtsanwalts Alfred Jacoby, wegen dem er am 1. November 1939 an das Amt IV des RSHA in Berlin schrieb, deutlich, dass Weintz breite Kenntnis von den Aktionen der nationalsozialistischen Institutionen und Organe hatte. So habe Jacoby, der bereits 1934 in „Schutzhaft" genommen worden war, „[n]ach der Judenaktion im November 1938" verbreitet, „dass die anlässlich dieser Aktion untergebracht gewesenen Juden im Konzentrationslager Dachau zum Teil ‚umgelegt' (erschossen) worden seien".[301] Wie in entsprechenden Anträgen auf die Ausbürgerung von Emigranten üblich, schloss Weintz damit, es sei „im Hinblick auf das Verhalten des Jacoby im Inland, seine Rassezugehörigkeit und die Einstellung des Gesamtjudentums ohne weiteres anzunehmen, dass sie [Jacoby und seine Ehefrau, B. M.] bei jeder sich bietenden Gelegenheit in Wort und Schrift gegen Deutschland hetzen werden."[302]

Die von Weintz herangezogenen Versatzstücke aus dem antisemitisch-völkischen Repertoire ähneln sich in den verschiedenen Fällen bei jüdischen Emigranten immer wieder.[303] Allerdings wurde, je nach Hintergrund, auch durchaus variiert. So gab Weintz im Fall eines nach London emigrierten Mannes an, dieser sei 1932 wegen unlauteren Wettbewerbs zu einer Geldstrafe verurteilt worden, wobei es sich, „um ein typisch jüdisches Delikt" gehandelt habe.[304] Einen nach Rotterdam emigrierten Juden bezeichnete er als „Volksschädling"[305], einen nach Brüssel geflüchteten als „Wirtschaftsschädling".[306] Besondere antisemitische Klischees bediente er, wie schon an einem Fall aus seiner Zeit in Darmstadt aufgezeigt, bei Rechtsanwälten. So gab er im Schreiben zum Ausbürgerungsantrag für Otto Samuel Feldheim an, dieser habe bei Verhandlun-

---

297 Zur Überführung vgl. Hopfgartner, Kurt Schuschnigg, S. 238; Boeckl-Klamper/Mang/Neugebauer, Gestapo-Leitstelle Wien, S. 84.
298 Es handelt sich um Aussagen Kurz Schuschniggs in der Strafsache gegen Alfred Linhard vom 11. Dezember 1939 und vom 9. Januar 1940; BA Berlin R 58/402, Bl. 2f., 4-9.
299 Ebd., Bl. 46. Auch dieses Schreiben ist von Weintz selbst beglaubigt. Es ist erwähnt in: Dietrich A. Binder/Heinrich Schuschnigg, „Sofort vernichten". Die vertraulichen Briefe Kurt und Vera von Schuschniggs 1938–1945, München/Wien 1997, S. 127.
300 Vgl. hierzu allgemein die Ausführungen im Kapitel zum Zeitraum 1934–1938.
301 Das Schreiben ist abgedruckt in: Schumacher, Ausgebürgert, Nr. 36, S. 55f., das Zitat S. 55.
302 Ebd., S. 56.
303 Exemplarisch etwa im Fall des Münchener Rechtsanwalts Otto Berlin; vgl. das Schreiben Karl Richard Weintz (Gestapo München) an RSHA, Amt IV, 8. Januar 1940; PA AA RZ 214/99856, Bl. 45f.; Schumacher, Ausgebürgert, Nr. 146, S. 176.
304 Karl Richard Weintz (Gestapo München) an RSHA, Amt IV, 24. November 1939; PA AA, RZ 214/99860, Bl. 189f., das Zitat Bl. 190.
305 Karl Richard Weintz (Gestapo München) an Gestapa Berlin, 13. Juli 1939, PA AA RZ 214/99820, Bl. 263f., das Zitat Bl. 264.
306 Karl Richard Weintz (Gestapo München) an Gestapa Berlin, 20. Juli 1939, PA AA RZ 214/99818, Bl. 159-161, das Zitat Bl. 160.

gen vor Gericht „mit echt jüdischer Manier die Hauptbelastungszeugen in jeder erdenklichen Weise in den Schmutz" gezogen.[307] In einem anderen Fall schrieb er, der Rechtsanwalt habe mit „echter jüdischer Gerissenheit durch Prozessverzögerungen Volksgenossen um bedeutende Vermögenswerte gebracht."[308]

Bei Alfred Bacharach, einem ehemaligen Mitglied des jüdischen Ordens B'nai Brith, schlug er weitere Töne auf der Klaviatur des Antisemitismus an.[309] Der Orden stelle „die geistige Zentrale des Weltjudentums in politischer und wirtschaftlicher Hinsicht dar", wobei Bacharach „teilweise Mitschuld an der Greuelpropaganda des Weltjudentums" trage.[310]

Bei nicht-jüdischen Emigranten war die Sprache immer noch mit völkischem Jargon durchsetzt. Für einen Angehörigen der Handelsmarine, der nach dem Landgang im chilenischen Valparaiso 1938 nicht mehr auf sein Schiff zurückgekommen war und sich so der Wehrpflicht entzogen hatte, beantragte er die Entziehung der Staatsbürgerschaft mit dem Verweis, er habe „gegen die Pflicht zur Treue gegen Reich und Volk verstossen."[311] Bei dem frühen NSDAP-Mitglied Ludwig Ferdinand Ruez, der bereits 1921 nach Argentinien ausgewandert war und eine Schrift mit dem Titel *Du kannst als Katholik nicht Nationalsozialist sein!* verfasst hatte, urteilte Weintz, dieser habe „sich dadurch selbst außerhalb der deutschen Volksgemeinschaft gestellt und ist daher nicht mehr würdig, sich weiterhin Deutscher nennen zu dürfen."[312]

Unklar ist, ob Weintz einige der Ausgebürgerten, gerade diejenigen, die in München als Rechtsanwälte tätig gewesen waren, aus seiner Studien- oder Referendarszeit kannte. Die teils langen Schilderungen zu den Tätigkeiten der von den Maßnahmen Betroffenen beruhten jedoch wahrscheinlich weitestgehend auf Informationen, die durch die jeweiligen Staatspolizeiämter zusammengetragen worden waren.[313]

Neben der Mitwirkung an Ausbürgerungsprozessen, bei denen Weintz eine gewisse Routine entwickelt haben dürfte, konnte er in einem anderen Fall noch weitergehend seine Rolle als völkischer Beamter ausfüllen: bei den Ermittlungen gegen den sogenannten Harnier-Kreis. Seit 1933 hatten sich vor allem in München verschiedene Anhänger der bayerischen Monarchie in verschiedenen Konstellationen getroffen. Seit 1936 erhielt diese Gruppe durch den Rechtsanwalt Adolf von Harnier, der vor Gericht vielfach Gegner und Verfolgte des Nationalsozialismus vertrat, stärker Strukturen. Die später als Harnier-Kreis bezeichnete Gruppe war vor allem

---

307 Karl Richard Weintz (Gestapo München) an Gestapa Berlin, 3. Juli 1939, PA AA RZ/99836, Bl. 116–118, das Zitat Bl. 117; zu diesem Fall auch Schumacher, Ausgebürgert, Nr. 230, S. 201.
308 Es handelt sich um den Ausbürgerungsantrag für Kurt Mosbacher; Karl Richard Weintz (Gestapo München) an Gestapa Berlin, 20. Juli 1939, PA AA RZ 214/99819, Bl. 281–285, das Zitat Bl. 281f.; Schumacher, Ausgebürgert, Nr. 477, S. 278.
309 Zur Mitgliedschaft von Ausgebürgerten in diesem Orden Schumacher, Ausgebürgert, S. 63*.
310 Karl Richard Weintz (Gestapo München) an RSHA, Amt IV, 1. März 1940, PA AA RZ 214/99859, Bl. 22–24, die Zitate Bl. 22f.; zu diesem Fall auch Schumacher, Ausgebürgert, Nr. 122, S. 168; mit gleichen Versatzstücken auch schon das Schreiben Karl Richard Weintz (Gestapo München) an Gestapa Berlin, 7. Juli 1939, PA AA RZ/214/99835, Bl. 51–53, hier Bl. 51f.: Schumacher, Ausgebürgert, Nr. 249, S. 209.
311 Karl Richard Weintz (Gestapo München) an RSHA, Amt IV, PA AA RZ 214/99876, Bl. 180f., das Zitat Bl. 181.
312 Karl Richard Weintz (Gestapo München) an Gestapa Berlin, 7. Juli 1939, PA AA RZ 214/99831, Bl. 431–433, das Zitat Bl. 433.
313 Schumacher, Ausgebürgert, S. 61*.

durch die monarchistische und katholische Orientierung ihrer Mitglieder geprägt. Dabei wurden keine konkreten Umsturzpläne ausformuliert, allerdings Ideen für die Zeit nach dem Nationalsozialismus entworfen. Nach längeren Ermittlungen der Gestapo wurden am 4. August 1939 mehr als 150 Personen festgenommen, die im Verdacht standen, mit dem Harnier-Kreis in Verbindung zu stehen.[314]

Es ist unklar, welche Funktion Weintz im Rahmen der frühen Ermittlungs- und Verhaftungsaktionen hatte. Da er erst zu einem unbekannten Zeitpunkt im Laufe des Sommers aus dem sogenannten Protektorat Böhmen und Mähren nach München zurückkehrte, ist es eher unwahrscheinlich, dass er hierbei schon eine führende Position einnahm. Allerdings war er nach mittlerweile drei Jahren bei der Gestapo, wahrscheinlich nicht zuletzt durch seine Aktivitäten bei der Verfolgung politischer Gegner in Wien, als politisch zuverlässig eingestufter und ideologisch gefestigter Nationalsozialist für die Beteiligung an weiteren Ermittlungen gegen die Gruppe um Harnier prädestiniert. Weintz, der in München die Abteilung II der Gestapo leitete, wurde am 4. August zum Leiter der Sonderkommission bestellt und es wurden ihm hierfür fünf Mitarbeiter des SD unterstellt.[315] Wenige Tage nach ihrer Verhaftung erließ er gegen die Inhaftierten Schutzhaftbefehle.[316]

Zentrale Quelle zu den Aktivitäten des Harnier-Kreises ist ein von Weintz auf Grundlage der mehreren tausend Seiten Akten zu dem Fall im Oktober 1939 verfasster mehr als 200-seitiger Bericht mit dem Titel *Die illegale monarchistische Bewegung in Bayern*.[317] Dieser sollte als Grundlage für die weitere Strafverfolgung dienen, wobei Weintz deutlich darum bemüht war, die besondere Schwere der den Verhafteten zur Last gelegten Anschuldigungen herauszustreichen. Ziel war es, Hoch- und Landesverrat nachzuweisen.[318]

Dabei ist der sogenannte Weintz-Bericht in der Forschung ausführlich hinsichtlich des Aufbaus der Widerstandsgruppe und der Ermittlungstaktiken der Gestapo untersucht worden.[319] Bisher in diesem Kontext nicht in den Blick genommen wurde allerdings der Verfasser selbst, auch wenn die Argumentationsstruktur seines Berichts von Christina Förster in ihrer grundlegenden Arbeit zum Harnier-Kreis bereits einer eingehenden Analyse unterzogen wurde.[320]

---

314 Vgl. als Überblick Dieter J. Weiß, Art. Harnier-Kreis, in: Historisches Lexikon Bayerns (https://www.historisches-lexikon-bayerns.de/Lexikon/Harnier-Kreis) (10. Oktober 2022); umfassend Förster, Widerstand; siehe als ältere Studie auch James Donohoe, Hitler's Conservative Opponents in Bavaria 1930–1945. A Study of Catholic, Monarchist, and Separatist anti-Nazi Activities, Leiden 1961.
315 Die Tätigkeit als Leiter der Abteilung II wird erwähnt im Schreiben des Kriminalsekretärs Franz Blümelhuber vom 4. September 1939, in dem er das Vorgehen der Gestapo nach dem Selbstmordversuch der Hitler-Verehrerin Unity Mitford in München schildert; Anton Joachimsthaler, Hitlers Liste. Ein Dokument persönlicher Beziehungen, München 2003, S. 536. Zur Einsetzung von Weintz als Leiter der Sonderkommission vgl. Förster, Widerstand, S. 454.
316 Ebd., S. 455. Eine zweieinhalbstündige Befragung Ruprechts von Bayern durch Weintz am 4. Oktober 1939 ist erwähnt bei Dieter J. Weiß, Kronprinz Rupprecht von Bayern (1869–1955). Eine politische Biografie, Regensburg 2007, S. 303. An der hierfür angegebenen Belegstelle Kurt Sendtner, Rupprecht von Wittelsbach. Kronprinz von Bayern, München 1954, S. 649f. ist allerdings nur vermerkt, dass der Kronprinz von zwei Gestapobeamten aufgesucht und befragt wurde, von denen einer der Regierungsrat Schimmel gewesen sei.
317 BayStA München, Gestapo 56, Bl. 1–227. Die Blattzählung folgt nicht der Paginierung der Akte, sondern der in der Forschung etablierten Blattzählung des Berichts.
318 Förster, Widerstand, S. 19f.
319 Die bisherige Forschung ist zusammengefasst ebd.; Weiß, Art. Harnier-Kreis.
320 Förster, Widerstand, insbesondere S. 457–467.

Insgesamt ist der Text eine herausragende Quelle zur ideologischen Haltung von Weintz in den Monaten um den Ausbruch des Zweiten Weltkriegs herum. Darüber hinaus ist der detaillierte Bericht, dem die Lektüre der noch weit umfangreicheren Ermittlungsakten durch den Verfasser vorausging, ein erneuter Beweis für die Akribie, vielfach Pedanterie, die er im Dienst des nationalsozialistischen Überwachungs- und Unterdrückungsapparats an den Tag legte.[321]

Zwar gab er an, er wolle durch seinen Bericht der Urteilsfindung gegen die Angehörigen des Kreises nicht vorgreifen, aber faktisch tat er genau dies.[322] Natürlich hatte er beim Verfassen seiner Ausführungen eine potenziell ideologisch ebenfalls gefestigte Leserschaft im Blick, wobei seine Vorstellungen zu und das Wissen um strafrechtliche Maßnahmen im „Dritten Reich" deutlich sichtbar werden. So gab Weintz an, verschiedene Beschuldigte hätten darum gebeten, nach einer Zuchthausstrafe nicht auch noch im Anschluss in ein Konzentrationslager überstellt zu werden.[323] Wie auch beim Verfassen von Gutachten zur Ausbürgerung oder im Rahmen anderer Tätigkeiten für die Gestapo konnte er auch im Bericht seine ideologischen Prämissen in die Rechtspraxis umsetzen. Dabei stellte er deutliche Forderungen, die er durch Argumente aus dem völkischen Arsenal zu untermauern suchte. So führte er in Erwiderung auf verschiedene Darstellungen von Angehörigen des Widerstandskreises in ihren Beratungen und Vernehmungen aus, „dass das Dritte Reich so fest und gesichert dasteht, dass sich Revolten wie 1918/19 nie mehr wiederholen können" und es zudem „keinen besseren Garanten gegen die kommunistische Gefahr gegeben hat, gibt und geben wird als die nationalsozialistische Bewegung."[324] Von einer Kriegsgefahr habe 1937 zudem nicht ausgegangen werden können.[325]

Darüber hinaus forderte Weintz „die politische Auswertung des gewonnenen Tatsachenmaterials." Es müssten mehr Beweise gegen die „reaktionären Kräfte in Bayern" zusammengetragen werden, um diese in zukünftigen Ermittlungsverfahren verwenden zu können. Darüber hinaus empfahl er, eine große Bandbreite an katholischen Vereinen und Organisationen aufzulösen, denen mehrere Verhaftete angehört hatten. Da sich unter den Festgenommenen auch Geistliche befanden, regte Weintz an, „[v]om Ordinariat der Erzdiözeses [sic!] München-Freising […] nicht nur die sofortige Dienstentlassung der belasteten Pfarrer, sondern auch d[en] Nachweis eingehendster Belehrung der gesamten Geistlichkeit über das Verbot politischer Betätigung zu fordern."[326] Die deutliche Abneigung, die Weintz, der wenige Monate zuvor von Wien aus noch entsprechende Maßnahmen mitkoordiniert hatte, hier der katholischen Kirche entgegenbringt, spiegelt entsprechende Ressentiments des Nationalsozialismus.[327]

---

321 Zur Arbeitstechnik des „eifrigen Regierungsrats" ebd., S. 458.
322 Ebd., S. 463.
323 BaySta München, Gestapo 56, Bl. 193.
324 Ebd., Bl. 90; hierzu Förster, Widerstand, S. 461.
325 BaySA München, Gestapo 56, Bl. 90; hierzu Förster, Widerstand, S. 461.
326 BaySA München, Gestapo 56, Bl. 196f.; Förster, Widerstand, S. 464f.
327 Ebd., S. 465; zu antikirchlichen Einstellungen von Angehörigen der Gestapo und des SD differenziert Klaus-Michael Mallmann, Die unübersichtliche Konfrontation. Geheime Staatspolizei, Sicherheitsdienst und christliche Kirchen 1934–1939/40, in: Gerhard Besier (Hg.), Zwischen „nationaler Revolution" und militärischer Aggression. Transformationen in Kirche und Gesellschaft während der konsolidierten NS-Gewaltherrschaft (1934–1939) (Schriften des Historischen Kollegs. Kolloquien 48), München 2001, S. 121–136.

Er führte weiter aus, die Gerichtsverhandlungen gegen Angehörige der Widerstandsgruppe sollten durch einschlägige Berichterstattung begleitet werden, um den „reaktionären und klerikalen Hintermännern" den Widerstandswillen des nationalsozialistischen Staats vor Augen zu führen. Den Urteilen sei dann in der Presse „ein hervorragender Platz einzuräumen, auf dass die gesamte nationalsozialistische Volksgemeinschaft mit Befriedigung zur Kenntnis nehmen kann, dass Volksschädlinge im Dritten Reich ihrer wohlverdienten Strafe zugeführt werden."[328]

In einer weiteren Stellungnahme vom 30. April 1940 machte Weintz deutlich, wie bei der Strafverfolgung der Festgenommenen seiner Meinung nach weiter verfahren werden müsste. Er versuchte, den Angeklagten Hochverrat nachzuweisen, der mit der Todesstrafe zu ahnden gewesen wäre. Dabei bemühte er sich akribisch darum herauszustellen, dass die durch die Gesetzesnovelle von 1934 verschärften Regelungen zu diesem Tatbestand auf die Angehörigen des Harnier-Kreises anzuwenden seien. In diesem Kontext argumentierte er, dass bereits der Versuch eines entsprechenden Unternehmens und nicht erst die Durchführung schon als Hochverrat zu bewerten sei.[329]

Trotz des Einsatzes von Weintz und auch weiterer Akteure wurde der Ablauf der Verfahren deutlich verzögert. Der Großteil der Angeklagten wurde im Laufe der nächsten Jahre entlassen. Von den schlussendlich vor Gericht gestellten Mitgliedern des Harnier-Kreises wurden die meisten dann jedoch zu langen Zuchthausstrafen verurteilt. Einer wurde, nicht zuletzt auf Grundlage des Weintz-Berichts, 1944 vom Volksgerichtshof zum Tode verurteilt und hingerichtet. Adolf von Harnier selbst starb kurz nach Kriegsende an den Folgen seiner Haft.[330] Karl Richard Weintz hatte so, wenn auch über Umwege, zumindest in Teilen noch das erreicht, was er in seinen Ausführungen 1939 gefordert hatte. Erneut hatte er sich durch seine intensive Mitarbeit bei der Verfolgung von dem Regime unliebsamen Gruppen hervorgetan. Wohl nicht zuletzt aufgrund dieser Bewährung in den Augen seiner Vorgesetzten wurde er am 9. November 1939, dem Jahrestag des Hitlerputsches, zum Hauptsturmführer befördert.[331] Zumindest in einem weiteren Fall war er in München an Maßnahmen gegen einen katholischen Geistlichen beteiligt. So führte Weintz am 6. April 1940 die Vernehmung des in Schutzhaft genommenen Pfarrers der katholischen Kirche St. Andreas in München, Emil Muhler, durch.[332]

Mit seinem Lebenslauf und seiner mehrfach unter Beweis gestellten uneingeschränkten Bejahung und aktiven Mitgestaltung des nationalsozialistischen Staats und seiner Sicherheits- und Überwachungsorgane war seine nächste berufliche Station folgerichtig: das RSHA in Berlin.

---

328 BayStA München, Gestapo 56, Bl. 201; Förster, Widerstand, S. 467.
329 BayStA München, Gestapo 57, Bl. 372–395; ausführlich wiedergegeben und eingeordnet von Förster, Widerstand, S. 480–488.
330 Weiß, Art. Harnier-Kreis.
331 Vgl. die Übersicht zu den Beförderungen seit 1939 in seiner SS-Offizierakte; BA Berlin, R 9361 III 562723.
332 BayStA München, Staatsanwaltschaften 5860, Bl. 6–15; zu diesem Fall ausführlich Johann Pörnbacher, Stadtpfarrer Dr. Emil Muhler in der Auseinandersetzung mit dem Nationalsozialismus, in: Beiträge zur altbayerischen Kirchengeschichte 41 (1994), S. 113–147, zur Vernehmung durch Weintz S. 136.

1940–1945: Aktivist der Vernichtung. Reichssicherheitshauptamt

Im November 1964 beantwortete Karl Richard Weintz schriftlich einen vom Generalstaatsanwalt beim Berliner Kammergericht an verschiedene Polizeidienststellen in der Bundesrepublik versandten Fragebogen für ehemalige Angehörige des RSHA.[333] Er gab an, im Frühjahr 1940 nicht freiwillig nach Berlin gewechselt zu sein, da er lieber in Süddeutschland geblieben wäre.[334] Inwiefern diese Angabe der Wahrheit entspricht, ist unklar. Deutlich ist allerdings, dass Weintz wie geschaffen war für die im September 1939 neu errichtete Brücke zwischen SD und Sicherheitspolizei, eine „spezifisch nationalsozialistische Institution neuen Typs".[335] Für diese wurden keine reinen Befehlsempfänger gesucht, sondern Männer, die bereit waren, die Vernichtungs- und Unterdrückungspolitik aktiv mitzugestalten.[336]

Unter den Angehörigen des RSHA-Führungskorps ist der Lebenslauf von Weintz durchaus typisch: Angehöriger der Kriegsjugendgeneration, Sozialisation in der Bündischen Bewegung der Weimarer Republik, Ablehnung separatistischer Bewegungen, Abitur und Jurastudium mit Tätigkeit im NSDStB sowie sozialer Aufstieg im Vergleich mit der gesellschaftlichen Position der Herkunftsfamilie.[337] Er war im Frühjahr 1940 in einer der Schaltstellen der nationalsozialistischen Vernichtungs-, Unterdrückungs- und Ausbeutungspolitik angekommen, die seit Ausbruch des Zweiten Weltkriegs bald große Teile Europas erfasste. Dabei ist die Quellenlage zu seinen Tätigkeiten während der Zeit im RSHA allerdings weit weniger gut als zu den vorangehenden Jahren. Die ihm zugewiesenen Referate und Dienststellen sind zwar durchaus bekannt, jedoch ist sein jeweiliger Handlungsradius in aller Regel nur punktuell erschließbar.[338]

Tätig war Weintz 1940 zuerst im Amt I Verwaltung und Recht als Leiter des Referats 6 Passwesen, wobei er im Zuge einer Umstrukturierung 1941 mit derselben Aufgabe ins neugeschaffene Amt II als Referent der Abteilung II B 2 versetzt wurde.[339] Wie er selbst 1964 angab, wurde er im Laufe des Kriegs mehrfach zu verschiedenen Verwendungen abgeordnet.[340]

Eine in der Nachkriegszeit vom Ministerium für Staatssicherheit (MfS) der DDR erstellte Übersicht führt ihn für 1942 als Angehörigen der Einsatzgruppe B und vermerkt für 1943

---

333 Zu den Ermittlungen gegen Weintz in den 1960er Jahren vgl. das Kapitel zum Zeitraum 1952–1979.
334 Schriftliche Stellungnahme von Karl Richard Weintz vom 2. November 1964; LA Berlin, B Rep. 57-01, Nr. 3222, Bl. 19.
335 Wildt, Generation des Unbedingten, S. 13.
336 Ebd., S. 14.
337 Vgl. hierzu ebd., S. 24, 57–63, 74–78, 86–88.
338 Zur Überlieferung der RSHA-Bestände vgl. Boberach (Bearb.), Bestand R 58. Reichssicherheitshauptamt (Findbücher zu den Beständen des Bundesarchivs 22), Koblenz 1982, S. XXXVII–IL.
339 Zu den strukturellen Veränderungen im RSHA seit Ende 1940 ebd., S. XXII; Wildt, Generation des Unbedingten, S. 295f.; Friedrich Wilhelm, Die Polizei im NS-Staat. Die Geschichte ihrer Organisation im Überblick, Paderborn u.a. 1997, S. 121. Der Wechsel von Weintz aus dem Amt I ins neue Amt II ist erwähnt in der schriftlichen Stellungnahme aus dem Jahr 1964; LA Berlin, B Rep. 57-01, Nr. 3222, Bl. 19f.
340 Ebd.

eine Abordnung zum Inspekteur der Sicherheitspolizei (IdS) nach Wiesbaden sowie 1944 zum Höheren SS- und Polizeiführer (HSSPF) nach Posen.[341] Die letzteren beiden Stationen sind auch in Unterlagen der Zentralen Stelle der Landesjustizverwaltungen in Ludwigsburg vermerkt, wobei hier die Aufhebung der Abordnung an die Einsatzgruppe B im April 1943 erwähnt wird.[342] In einer undatierten maschinenschriftlichen Übersicht in einer der beiden vom CIC über Weintz geführten Akten findet sich die spezifischere Angabe, dass er bis 17. April 1943 der Einsatzgruppe zugeordnet war.[343] In allen drei Fällen lässt sich allerdings nicht mehr rekonstruieren, auf Grundlage welcher Dokumente diese Angaben ursprünglich zusammengetragen wurden.[344]

Im November 1943 erfolgte schließlich seine Überweisung vom Amt II Organisation und Verwaltung zum Amt IV, das neben verschiedenen Formen der Gegnerbekämpfung unter anderem mit der Umsetzung der nationalsozialistischen Herrschaft in den besetzten Gebieten Europas befasst war, nicht zuletzt mit der „Endlösung der Judenfrage".[345] Weintz dürfte hier in der Abteilung IV F Passwesen tätig gewesen sein.[346]

Selbst erwähnte er in seiner schriftlichen Stellungnahme 1964 nur die Tätigkeiten in den Ämtern I und II sowie in Posen und führte darüber hinaus an, er sei am 23. Juli 1944 nach Neustadt zurückgekehrt und habe dort auf eine neue Verwendung gewartet, sei dann aufgrund einer schweren Erkrankung jedoch nicht mehr seiner Einberufung zur Waffen-SS gefolgt.[347]

Dabei lassen sich seine verschiedenen Stationen in unterschiedlicher Tiefenschärfe rekonstruieren. Seine Tätigkeiten im Referat Passwesen nutzte er in Darstellungen nach 1945 als Mittel, um seiner Zeit beim RSHA einen bürgerlich-legitimen Anstrich zu geben. So führte er in einer Vernehmung im Rahmen seines Spruchkammerverfahrens 1951 aus, die Oberste Passbehörde habe bereits unter Bismarck bestanden, zudem sei das Pass- und Ausweiswesen

---

341 BA Berlin, R 58/11116, Bl. 11. Nur Geburtsdatum, Mitgliedsnummer und Eintrittsdatum in die NSDAP sowie fälschlicherweise eine Tätigkeit im Rasse- und Siedlungsamt sind genannt in der SD-Kartei des MfS; BA Berlin, MfS, HA IX-11, ZR 918, A. 1, Bl. 94.
342 Die Aufhebung der Abordnung an den IdS Wiesbaden und die Abordnung zum HSSPF Warthe ist vermerkt in: BA Ludwigsburg, B 162/30171, Bl. 198. Der Eintrag zum Ende der Abordnung an die Einsatzgruppe B findet sich auf der Karteikarte zu Karl Richard Weintz in den Beständen des BA Ludwigsburg; schriftliche Mitteilung von Nadine Massag (Bundesarchiv Ludwigsburg) vom 20. April 2022.
343 Die maschinenschriftliche Angabe „prior to May 1943" ist durchgestrichen und durch „17 Apr. 1943" ersetzt; US NACP, XE 082264.
344 Schriftliche Mitteilung von Torsten Zarwel (Bundesarchiv Berlin) vom 5. Mai 2022 und schriftliche Mitteilung von Nadine Massag (Bundesarchiv Ludwigsburg) vom 20. April 2022. Es liegt nahe, dass diese Informationen aus Dokumenten aus dem bis 1994 unter US-Leitung stehenden Berlin Document Center stammten, die heute allerdings nicht mehr auffindbar sind. Möglicherweise handelt es sich um Unterlagen, die im Zuge verschiedener Diebstähle aus der Einrichtung entwendet wurden; hierzu Heinz Fehlauer, Deutsch-Amerikanische Archivgeschichte. Die Bestände des Berlin Document Centers: Kriegsbeute im Bundesarchiv, in: Sabine Weißler/Wolfgang Schäche (Hgg.), Daten Reich im Verborgenen. Das Berlin Document Center in Berlin-Zehlendorf, Marburg 2010, S. 27–40, hier S. 36.
345 Zwei Veränderungsmeldungen vom 2. bzw. 11. November 1943 in: BA Berlin, R 9361 III 562723. Zur Rolle des Amts IV innerhalb des RSHA Gerhard Paul, „Kämpfende Verwaltung". Das Amt IV des Reichssicherheitshauptamtes als Führungsinstanz der Gestapo, in: ders./Klaus-Michael Mallmann (Hgg.), Die Gestapo im Zweiten Weltkrieg. ‚Heimatfront' und besetztes Europa, Darmstadt 2000, S. 42–81.
346 Dies ergibt sich daraus, dass er 1964 angab, sein Büro im RSHA nicht in der Prinz-Albrecht-Straße, sondern in der Hermann-Göring-Straße gehabt zu haben; LA Berlin, B Rep. 57-01, Nr. 3222, Bl. 19f. In der Hermann-Göring-Straße 8 war 1943 das Referat IV F untergebracht; hierzu Paul, „Kämpfende Verwaltung", S. 52, 56.
347 LA Berlin, B Rep. 57-01, Nr. 3222, Bl. 19f.

stets ein Teil der inneren Verwaltung gewesen und er selbst, fast ausschließlich unter dem Briefkopf des Innenministeriums, hauptsächlich mit Grundsatzfragen befasst gewesen.[348]

Noch weit ausführlicher äußerte er sich 1964 zu seinen Tätigkeiten. Erneut gab er hierbei an, seine Referate im Amt I und II seien das Äquivalent der alten Oberen Passbehörde gewesen. Nachdem ihm anfangs die Materie seiner Tätigkeit wenig ansprechend erschienen sei, habe er mit der Zeit Freude an dieser gefunden. Stolz führte er an, durch seine auch im Druck erschienenen Runderlasse an verschiedene staatliche Stellen über neue Regelungen informiert zu haben und ohne sich „rühmen zu wollen, darf ich hier erstmalig bekanntgeben, dass ich durch planmäßigen Einbau von kleinsten Druckfehlern das amtliche Formular des deutschen Reisepasses fälschungssicherer gestaltete." Darüber hinaus habe er sich um Regelungen zwischen den Gebieten des Deutschen Reichs und den besetzten Ländern Europas gekümmert. Aufgrund der Probleme mit den Vertretern der Zivilverwaltungen sei es dabei mehrfach notwendig gewesen, diese vor Ort aufzusuchen.[349]

Zu seinem Vorgesetzten Johannes Krause hatte Weintz nach eigener Ausssage ein schlechtes Verhältnis, wobei er den Verdacht äußerte, von diesem bei dienstlichen Beurteilungen schlecht bewertet worden zu sein. Einen engeren Kontakt zu den Leitern der verschiedenen Ämter innerhalb des RSHA habe er nicht gehabt.[350] Insgesamt war er darum bemüht, seine tatsächlichen Aktivitäten ab 1940, wie auch bei seinen vorherigen Gestapo-Stationen, nach 1945 zu verschleiern bzw. kleinzureden. Dabei wird allerdings durch die wenigen überlieferten bzw. bisher bekannt gewordenen zeitgenössischen Quellen zu seinen Tätigkeiten überdeutlich, dass er direkt in die nationalsozialistische Vernichtungs- und Ausbeutungspolitik, vor allem in den besetzten Gebieten, involviert war. Um hiervon abzulenken, nutzte er nach dem Zweiten Weltkrieg die Tatsache, dass ein Referent im RSHA je nach Erfordernis als Angehöriger dieser Institution oder unter dem Briefkopf des Chefs der Sicherheitspolizei und des SD, des Reichsführers SS und Chefs der Deutschen Polizei, des Geheimen Staatspolizeiamts oder des Reichsinnenministeriums aktiv werden konnte, als Mittel, um sich als harmlosen Verwaltungsbeamten darzustellen.[351]

Tatsächlich hatte Weintz durch seine Referentenstelle im RSHA zu Beginn der 1940er Jahre direkten Einblick in die Planungen zur Ermordung verschiedener Gruppen im Reich sowie im besetzten Europa. Besonders deutlich wird dies in einem Schreiben, das er 1940 an das Auswärtige Amt verschickte. Hintergrund war eine Bitte der päpstlichen Nuntiatur in Deutschland an das Auswärtige Amt, eine zum Katholizismus übergetretene Jüdin aus Krakau aus dem Generalgouvernement ausreisen zu lassen.[352] Unter dem Briefkopf des Reichsführers SS und des Chefs der deutschen Polizei im Reichsministerium des Innern schrieb Weintz am 25. September 1940 an den Gesandten Hans Luther: „Die Auswanderung von Juden aus dem Generalgouvernement würde die Möglichkeiten der Auswanderung von Juden aus dem

---

348 LA Speyer, R 18, Nr. 27524, Bl. 37f.
349 LA Berlin, B Rep. 57-01, Nr. 3222, Bl. 20f.
350 Ebd., Bl. 21f.
351 Vgl. hierzu Hans Buchheim, Die SS – das Herrschaftsinstrument (Anatomie des SS-Staates 1), Olten/Freiburg im Breisgau 1965, S. 79.
352 Das Schreiben vom 16. August 1940 in: PA AA, RZ 214/99367.

Altreich, der Ostmark und dem Protektorat Böhmen und Mähren nachteilig beeinflussen. Unter diesem Gesichtspunkt und in Anbetracht der zweifellos kommenden Endlösung der Judenfrage vermag ich dem Antrag der Obengenannten zur Zeit nicht zu entsprechen."[353] Sichtbar wird, dass Weintz zu diesem Zeitpunkt Wissen um die verschiedenen Planungen zur „Endlösung" hatte und über die sich nach wie vor im Fluss befindlichen Überlegungen in dieser Sache informiert war.[354]

Zu Beginn des Jahres 1941 wurde er wahrscheinlich gemeinsam mit anderen Gruppen- und Referatsleitern der Ämter I und II über Planungen zu einem umfassenden Einsatz in weiten Räumen informiert: dem geplanten Krieg des Deutschen Reichs gegen die Sowjetunion und die damit in Zusammenhang stehenden Vernichtungspläne.[355] Mit dem Beginn des Unternehmens Barbarossa im Juni 1941 begann die Phase des Kriegs, in der offen die Ermordung der europäischen Juden und weiterer Gruppen unter deutscher Besatzung geplant und durchgeführt wurde.[356]

Karl Richard Weintz war hieran in unterschiedlicher Funktion beteiligt. So nahm er am 11. September 1941 als einer von drei Vertretern des RSHA an einer Besprechung im Reichsverkehrsministerium teil, dessen Gegenstand vordergründig war, Volksdeutsche ausfindig zu machen, die in der Lage waren, Schiffe auf den Wasserwegen in den eroberten Gebieten der Sowjetunion zu navigieren.[357] Die Anwesenheit von Angehörigen des RSHA deutet jedoch darauf hin, dass es primär um Planungen ging, polnische und sowjetische Juden über Flüsse und Kanäle nach Osten zu deportieren.[358] Insgesamt war die Tätigkeit von Weintz in den Ämtern I und II des RSHA keine unpolitische Verwaltungstätigkeit, wie er es nach 1945 darstellte. Beide Ämter waren aktiv an der Planung und Durchführung des Holocaust sowie anderer nationalsozialistischer Verbrechen beteiligt.[359]

In die besetzten Gebiete der UdSSR kam Weintz selbst dann zu einem nicht näher bezeichneten Zeitpunkt im Jahr 1942 als Angehöriger der Einsatzgruppe B. Bereits seit Beginn des Kriegs gegen die Sowjetunion waren Amtschefs und Referenten des RSHA als Leiter und Angehörige entsprechender Formationen rekrutiert worden, die hinter der Front führend an

---

353 Ebd. Das Schreiben ist bereits erwähnt bei Christopher R. Browning, The Origins of the Final Solution. The Evolution of the Nazi Jewish Policy, September 1939 – March 1942, Lincoln/Jerusalem 2005, S. 196.
354 Zu den Überlegungen sowie bereits durchgeführten und laufenden Aktionen der verschiedenen Akteure und Institutionen gegen die europäischen Juden bis zum September 1940, die neben anderen Ermordungsaktionen bereits durchgeführte Deportationen und Einweisungen in Konzentrationslager sowie Abschiebungen in und Bildungen von Ghettos im besetzten polnischen Gebiet auch noch den eher utopischen Plan einer Umsiedlung der jüdischen Bevölkerung aus dem deutschen Herrschaftsbereich nach Madagaskar umfassten, ausführlich Browning, Origins of the Final Solution, S. 1–243; weiterhin: Hans Mommsen, Das NS-Regime und die Auslöschung des Judentums in Europa, Göttingen ²2014, S. 107–127; Dieter Pohl, Nationalsozialistische Verbrechen 1939–1945 (Gebhardt Handbuch der deutschen Geschichte. Zehnte, völlig neu bearbeitete Auflage 20), Stuttgart 2022, S. 119–134.
355 Zu diesen Planungen Wildt, Generation des Unbedingten, S. 546f.
356 Ausführlich hierzu Browning, Origins of the Final Solution, S. 244–423; Pohl, Nationalsozialistische Verbrechen, S. 134–352; Mommsen, NS-Regime, S. 131–212.
357 BA Berlin, R 6/425, Bl. 10–12.
358 Christian Gerlach, Kalkulierte Morde. Die deutsche Wirtschafts- und Vernichtungspolitik in Weißrußland 1941 bis 1944, Hamburg 1999, S. 653f.
359 Boberach (Bearb.), Bestand R 58, S. XXXIVf.

der Ermordung von Juden und anderen Personen beteiligt waren.[360] Dabei bestanden diese Formationen aus unterschiedlichen Abteilungen, die ähnlich dem RSHA in die Bereiche Personal und Verwaltung (I), Haushalt und Wirtschaft (II), SD (III), Gestapo (IV) und Kripo (V) aufgeteilt waren.[361]

Möglicherweise lässt sich der Beginn der Abordnung von Weintz zur Einsatzgruppe auf Ende April 1942 datieren. Hierauf könnte hindeuten, dass ihm am 25. des Monats eine Pistole samt Munition ausgehändigt wurde. Zu diesem Zeitpunkt wird er noch als dem Referat II B II zugehörig vermerkt.[362] Wie bereits ausgeführt, ist nur in nach 1945 entstandenen Quellen aus dem Kontext des MfS, der Zentralen Stelle in Ludwigsburg sowie in seiner vom amerikanischen CIC geführten Akte erwähnt, dass Weintz bis 1943 für die Einsatzgruppe B tätig war. Welchen Aufgabenbereich er hierbei ausfüllte, lässt sich nicht rekonstruieren. Seine 1942/1943 bereits mehrjährige Tätigkeit im NS-Unterdrückungs- und Verfolgungsapparat sowie seine ideologische Zuverlässigkeit ließen ihn potenziell für jede der fünf Abteilungen qualifiziert erscheinen.

Während der wahrscheinlich zu machenden Tätigkeit von Weintz bei der Einsatzgruppe B von Ende April 1942 bis April 1943 waren ihre Mitglieder vor allem in Weißrussland mit der sogenannten „Partisanenbekämpfung" und der Ermordung politischer Gegner in Städten sowie von als arbeitsunfähig eingestuften Personen aus verschiedenen Gefängnissen und Haftlagern beschäftigt.[363] Allein in der Zeit von Ende Februar 1942 bis Ende März 1943 töteten ihre Angehörigen nach eigenen Angaben mehr als 50.000 Menschen.[364] Auch Karl Richard Weintz war hieran – in unbekannter Funktion – beteiligt.

Aus nicht rekonstruierbaren Gründen wurde im April 1943 die Abordnung an die Einsatzgruppe aufgehoben und Weintz wurde dem IdS in Wiesbaden zugeteilt.[365] Dabei ist unklar, wie lange er in dieser Funktion verblieb. In den Unterlagen der Zentralen Stelle in Ludwigsburg ist die Abordnung zum HSSPF nach Posen für 1944 vermerkt.[366] Dies deckt sich auch mit der Übersicht in den Beständen des MfS.[367]

Über die Ausgestaltung seiner Wiesbadener Tätigkeit finden sich keine näheren Informationen. Der IdS Wiesbaden war 1943/1944 Otto Somann. Sein Zuständigkeitsbereich umfasste unter anderem auch Neustadt an der Weinstraße.[368] Möglicherweise hatte Weintz

---

360 Zur Rekrutierung der Angehörigen der Einsatzgruppen aus dem Personal des RSHA Wildt, Generation des Unbedingten, S. 547–553.
361 Vgl. das Beispiel der Einsatzgruppe B: Christian Gerlach, Die Einsatzgruppe B, in: Peter Klein (Hg.), Die Einsatzgruppen in der besetzten Sowjetunion 1941/42. Die Tätigkeits- und Lageberichte des Chefs der Sicherheitspolizei und des SD (Publikationen der Gedenk- und Bildungsstätte Haus der Wannsee-Konferenz 6), Berlin 1997, S. 52–70, hier S. 63.
362 Vermerkt in: BA Berlin, R 58/1152.
363 Gerlach, Die Einsatzgruppe B, S. 60f.; vgl. für die Aktivitäten der Einsatzgruppe B von 1941 bis 1943 auch Krausnick/Wilhelm, Truppe des Weltanschauungskrieges, S. 179–186.
364 Gerlach, Die Einsatzgruppe B, S. 62.
365 Erwähnt in der Übersicht des MfS; BA Berlin R 58/11116, Bl. 11.
366 BA Ludwigsburg, B 162/30171, Bl. 198.
367 BA Berlin, R 58/11116, Bl. 11.
368 Carsten Schreiber, Elite im Verborgenen. Ideologie und regionale Herrschaftspraxis des Sicherheitsdienstes der SS und seines Netzwerks am Beispiel Sachsen (Studien zur Zeitgeschichte 77), München 2008, S. 52. Vgl.

darum gebeten, in die Nähe seiner Eltern versetzt zu werden. Seine konkrete Tätigkeit beim IdS, der laut der gerade in Kriegsjahren wiederholt wechselnden und erweiterten Befugnisse unter anderem für die einheitliche Zusammenarbeit von Gestapo, Kriminalpolizei und SD, die Inspektion und Schulung von Angehörigen der Sicherheitspolizei, die Kooperation mit anderen NS-Akteure auf regionaler Eben sowie die Errichtung von Arbeitserziehungslagern zuständig war, ist unklar.[369]

Weintz gab selbst 1964 an, Ende Oktober 1943 dem HSSPF in Posen, Theodor Berkelmann zugeordnet worden zu sein.[370] Dieser sei jedoch bereits bald darauf verstorben und dessen erst im Mai 1944 ernannter Nachfolger habe ihn nicht übernommen, woraufhin er am 18. Juli seine Dienstgeschäfte übergeben und am 23. Juli nach Neustadt zurückgekehrt sei.[371] Wie immer wieder bei Weintz vermischen sich in dieser nüchternen Darstellung, in der keine Aussagen zu seinen konkreten Tätigkeitsbereichen getroffen werden, Fakten, Fiktionen und Auslassungen. Berkelmann wurde erst am 9. November 1943 zum HSSPF Warthe ernannt und starb am 28. Dezember desselben Jahrs.[372]

Bei seinem Nachfolger handelte es sich um einen Mann, dessen Namen Weintz sicherlich bewusst nicht nannte, war dieser doch in der jungen Bundesrepublik mit gleich mehreren Skandalen verbunden: Heinz Reinefarth. Dieser war tatsächlich erst zum 20. April 1944 als neuer HSSPF ernannt worden, hatte ab bereits am 25. Januar die Ausführung der Geschäfte übernommen.[373] Reinefarth war bis zum Sommer an verschiedenen Planungen und Aktionen zur Tötung der verbliebenen Juden im Warthegau beteiligt, die unter anderem im Juni und Juli 1944 in der Ermordung von 7.000 Menschen durch das SS-Sonderkommando Kulmhof und im August des Jahres in der Liquidierung des Ghettos Litzmannstadt und der Deportation von ca. 70.000 Juden nach Auschwitz gipfelte.[374] Darüber hinaus war er von April bis November 1944 an der Vertreibung von ca. 30.000 Polen aus dem Warthegau sowie an der Ansiedlung sogenannter Volksdeutscher beteiligt.[375] Es liegt nahe, dass Weintz als mittlerweile erfahrener Aktivist der Vernichtung, der sich durch jahrelange Tätigkeit bei der Gestapo, im RSHA und in der Einsatzgruppe B im nationalsozialistischen Sinne bewährt hatte, an diesen Aktionen zumindest im Hintergrund beteiligt war.

Dabei fällt auf, dass er nach eigener Darstellung zu zwei zentralen Ereignissen des Jahrs 1944 nicht mehr in amtlicher Funktion tätig gewesen sein will, namentlich am 20. Juli, dem Tag des Attentats auf Hitler, und am 1. August, dem Beginn des Warschauer Aufstands.

---

zum IdS Wiesbaden auch Volker Rödel, Die Behörde des Reichsstatthalters in der Westmark, in: JWDLG 10 (1984), S. 287–318, hier S. 306f.
369 Zu den Tätigkeitsbereichen der IdS Banach, Heydrichs Elite, S. 182–193.
370 LA Berlin, B Rep. 57-01, Nr. 3222, Bl. 20.
371 Ebd.
372 Wolfgang Curilla, Der Judenmord in Polen und die deutsche Ordnungspolizei 1939–1945, Paderborn u.a. 2011, S. 47.
373 Philipp Marti, Der Fall Reinefarth. Eine biografische Studie zum öffentlichen und juristischen Umgang mit der NS-Vergangenheit (Beiträge zur Zeit- und Regionalgeschichte 1), Neumünster/Hamburg 2014, S. 46. Zu seiner Biographie vgl. auch Ruth Bettina Birn, Die Höheren SS- und Polizeiführer. Himmlers Vertreter im Reich und in den besetzten Gebieten, Düsseldorf 1986, S. 344.
374 Marti, Das Fall Reinefarth, S. 48f.
375 Ebd., S. 50.

Es liegt nahe, dass er Heinz Reinefarth in seinen Ausführungen nach dem Krieg nicht namentlich erwähnte, war dieser doch in zentraler Funktion an der Niederschlagung des Aufstands beteiligt gewesen und von 1951 bis 1964 Bürgermeister von Westerland auf Sylt sowie zeitweise für den Gesamtdeutschen Block/Bund der Heimatvertriebenen und Entrechteten als Abgeordneter im Landtag von Schleswig-Holstein.[376] Reinefarths Vergangenheit in der SS war zum Zeitpunkt, als Weintz die Fragen zu seiner Tätigkeit beim RSHA beantwortete, bereits seit mehreren Jahren ein medial intensiv diskutiertes Thema, das auch dem mittlerweile in Neustadt als Rechtsanwalt tätigen ehemaligen Sturmbannführer nicht entgangen sein dürfte.[377] Wie auch im Fall seiner Wiesbadener Zeit ist allerdings unklar, welche Rolle Weintz konkret in Posen spielte und welche Funktionen und Zuständigkeitsbereiche ihm zugewiesen wurden.

Auch wenn nicht konkret rekonstruierbar ist, wann genau Weintz das Generalgouvernement verließ, so ist doch belegt, dass er noch vor Kriegsende in seine Heimatstadt Neustadt zurückkehrte. Im „arrest report" der US-Armee zu seiner Festnahme am 30. März 1945 wird vermerkt, er habe angegeben, am 26. Juli 1944 aus Gesundheitsgründen zuerst für vier Wochen auf Heimaturlaub in Neustadt gewesen und dann aufgrund von Magen- und Herzproblemen nicht mehr zu seiner Arbeitsstelle zurückgekehrt zu sein.[378] Im Jahr 1964 gab er an, bei seinen Eltern auf eine neue Verwendung gewartet zu haben, zu der es aufgrund einer schweren Erkrankung nicht mehr gekommen sei. Deswegen habe er auch einer Einberufung zur Waffen-SS nicht mehr Folge leisten können.[379]

Trotz der üblichen gattungsspezifischen Probleme bieten drei eidesstattliche Erklärungen, die im Kontext seines Spruchkammerverfahrens zugunsten von Weintz abgegeben wurden – in zwei Fällen aber nicht über das Entwurfsstadium hinauskamen und nicht unterschrieben wurden –, einige Anhaltspunkte hinsichtlich seines Aufenthalts in Neustadt in den Jahren 1944 und 1945.[380] So gab das Ehepaar Wilhelm und Anna Stauth am 12. Juli 1947 an, er habe sie von Ende Juli 1944 bis zum Einmarsch der amerikanischen Truppen am 21. März 1945 regelmäßig aufgesucht, um bei ihnen Nachrichten zu hören und die Kriegslage zu besprechen.[381] Die Behauptung, Weintz habe sich mehrfach darüber ausgelassen, dass der Krieg verloren sei, mag eher fragwürdig sein, jedoch stützt die Angabe, dass er sich Ende Juli bereits wieder in Neustadt befand, seine eigene Darstellung von 1964.[382] Hierauf deutet auch die Darstellung in der nicht unterzeichneten eidesstattliche Erklärung des Gesellschafters der

---
376 Zur Nachkriegskarriere von Reinefarth ebd., S. 101–126.
377 Hierzu ebd., S. 126–152; die Beförderung zum Sturmbannführer erfolgte am 30. Januar 1942; BA Berlin, R 9361 III 562723.
378 „Arrest report" vom 30. März 1945; US NACP, DE 082264.
379 LA Berlin, B Rep. 57-01, Nr. 3222, Bl. 20.
380 Zu den eidesstattlichen Erklärungen vgl. das Kapitel zum Zeitraum 1946–1952.
381 LA Speyer, R 18, Nr. 27524, Bl. 30.
382 Ebd. Zu dem in Entnazifizierungsverfahren häufig zu findenden Angaben, es seien Feindsender abgehört und kritische Aussagen gegenüber dem Nationalsozialismus getätigt worden vgl. Jürgen W. Falter, „Wenn ich ausgetreten wäre, wäre mir der Strick sicher gewesen." Erklärungs- und Entschuldigungsversuche im Entnazifizierungsprozess, in: Jürgen W. Falter u.a., „Wie ich den Weg zum Führer fand". Beitrittsmotive und Entlastungsstrategien von NSDAP-Mitgliedern, Frankfurt/New York 2022, S. 267–310, hier S. 297.

Neustadter Nudelfabrik Mack, Heinz Henrich, hin, wonach Weintz nach dem Attentat auf Hitler keine dienstliche Tätigkeit mehr ausgeübt habe.[383]

Weintz gelang es, dem Schicksal anderer führender Akteure des RSHA zu entgehen, die kurz vor Kriegsende noch zu Wehrmacht und Waffen-SS eingezogen oder selbst noch Opfer von Standgerichten wurden.[384] Dass er die Zeit von Sommer 1944 bis Frühjahr 1945 in Neustadt verbrachte, spricht tatsächlich für eine schwere Erkrankung, die ihn davor bewahrte, noch als Teil des letzten Aufgebots an der mittlerweile bis aufs Reichsgebiet vorgerückten Ost- oder Westfront eingesetzt zu werden. Der Krieg endete für ihn schließlich mit der Gefangennahme durch Angehörige des CIC der US Army in Neustadt am 30. März 1945 um 10 Uhr vormittags.[385]

---

383 Eidesstattliche Erklärung vom 12. Juli 1947 in: LA Speyer, R 18, Nr. 27524, Bl. 29. Weintz gab in einer Vernehmung vom 22. Januar 1951 an, Henrich habe die Erklärung nicht unterschrieben, da er Angst gehabt habe, ihm könnten hieraus Probleme erwachsen; ebd., Bl. 38.

384 Hierzu Michael Wildt, Götzendämmerung. Das Reichssicherheitshauptamt im letzten Kriegsjahr, in: Sozialwissenschaftliche Informationen 24 (1995), S. 101-108, hier S. 102.

385 Datum und Uhrzeit sind angegeben im „arrest report" vom selben Tag; US NACP, DE 082264. Weintz gab hingegen in seinen Ausführungen im Jahr 1964 an, er sei bereits am 21. März verhaftet worden: LA Berlin, B Rep. 57-01, Nr. 3222, Bl. 20.

1945/1946: Am Ende? Amerikanische Internierung

Karl Richard Weintz wusste um seine Verstrickung in die Verbrechen des Nationalsozialismus. Er war seit der sogenannten „Machtergreifung" 1933 fast ununterbrochen für die verschiedene Dienste des Sicherheits- und Unterdrückungsapparats tätig gewesen und hatte seine völkische Überzeugung in den Dienst des Regimes gestellt. Bei der Verfolgung verschiedener von den Nationalsozialisten als Gegner definierter Gruppen tat er sich seit 1934 beim SD und seit 1936 bei der Gestapo hervor. Beginnend mit seiner Tätigkeit in Wien 1938 erweiterte er seinen Handlungsradius dabei sukzessive neben dem „Altreich" auf verschiedene Teile des besetzten Europas, so 1939 im sogenannten Protektorat Böhmen und Mähren, 1942/1943 als Angehöriger der Einsatzgruppe B in der Sowjetunion und 1943/1944 im sogenannten Generalgouvernement. Weintz war, anders als er dies nach 1945 wiederholt darstellte, kein unpolitischer Verwaltungsbeamter. Er gestaltete die Verfolgung politischer Gegner des Nationalsozialismus in Gestapo und RSHA in leitender Position entscheidend mit und war ein Täter des Holocaust.

Die Gefangennahme durch US-Truppen in Neustadt am 30. März 1945 bedeutete für ihn wohl nicht zuletzt aber wohl erst einmal das Ende seines beruflichen Aufstiegs. Als Enkel eines Schuhmachers und eines Lokomotivführers sowie Sohn eines mittleren Justizbeamten war er in seiner Familie bis dato nicht offenstehende gesellschaftliche Sphären vorgestoßen, deren Chiffre der Titel des Regierungsrats war. Als Angehöriger der Gestapo und der SS fiel Weintz unter den „automatic arrest" der US-Besatzungsmacht.[386] Mit der Internierung gingen er und auch der Großteil der anderen Angehörigen des RSHA und der Gestapo einer ungewissen Zukunft entgegen. Die Gefangenschaft war für Männer wie Weintz eine Zeit großer Unsicherheit, da die Ahndung ihrer Verbrechen und ihre Bestrafung – potenziell auch die in mehreren Fällen in der Verhängung der Todesstrafe resultierende Auslieferung an osteuropäische Staaten – eine reale Bedrohung war.[387]

Dabei begann er schon direkt nach seiner Gefangennahme an einer Legende zu stricken, die ihn in günstigem Lichte erscheinen lassen sollte. Der „arrest report" vom 30. März vermerkt, dass Weintz angegeben hatte, 1929 der NSDAP beigetreten zu sein, jedoch behauptet hatte, 1933 ausgeschlossen worden zu sein „because he was considered friendly with Roehm". Er sei der Partei jedoch 1935 wieder beigetreten, um in der Passbehörde im Reichsinnenministerium arbeiten zu können. Mitgliedsbeiträge für die NSDAP habe er seit 1943 nicht mehr entrichtet, wodurch seine Mitgliedschaft erloschen sei. Mitglied in der SS sei er erst dadurch geworden, dass Himmler 1942 – richtig 1943 – zum Innenminister ernannt wurde. Seine SS-Uniform habe er laut des Berichts bei seiner Festnahme noch bei sich gehabt. Im Zuge seiner Tätigkeiten sei Weintz nach eigenen Angaben in Berlin, Wien und Posen eingesetzt

---
386 Erwähnt im „arrest report" vom 30. März 1945; US NACP, DE 082264. Vgl. zu dieser Praxis Ullrich, „Ich fühl' mich nicht als Mörder", S. 35.
387 Vgl. für die Angehörigen des RSHA Wildt, Generation des Unbedingten, S. 737–745.

gewesen.[388] Bereits in dieser durch einen US-Nachrichtenoffizier wiedergegebenen Aussage finden sich verschiedene Bausteine des Narrativs, das Karl Richard Weintz in den nächsten Jahren weiter schärfte, um seine Tätigkeiten während der Zeit des Nationalsozialismus zu verschleiern oder umzudeuten. Die angeblich unpolitische Tätigkeit im Reichsinnenministerium war Teil davon.

Im Nachruf von 2010 wird, wohl auf Grundlage der von ihm gemachten Angaben, ausgeführt, Weintz sei in verschiedenen amerikanischen Kriegsgefangenenlagern in Frankreich interniert gewesen.[389] In einem „detention report" vom 28. Juli 1945 wird angegeben, dass er in Romilly-sur-Seine (Département Aube) südöstlich von Paris interniert war.[390] Er selbst behauptete 1964, während der Internierung „unmenschlich behandelt" und mit einer schweren Erwachsenendiphterie und einem dauernden Herzmuskelschaden im Sommer 1946 wieder entlassen worden zu sein.[391] Im „detention report" vom 28. Juli 1945 wird die Lähmung beider Beine auch vermerkt.[392] Über den konkreten Verlauf seiner Gefangenschaft finden sich in seinen späteren Ausführungen sonst jedoch kaum Anhaltspunkte. In einer Vernehmung im Januar 1951 in Neustadt gab er an, sich im Sommer 1945 in Nancy aufgehalten zu haben und dort von einem amerikanischen Offizier zu seinem Werdegang befragt worden zu sein.[393] Aufgrund seines Gesundheitszustands wurde Weintz schon bald in ein Krankenhaus verlegt. Spätestens am 22. September 1945 befand er sich im POW Hospital der 63. US-Infanteriedivision in Bad Mergentheim.[394]

Dort füllte er am 29. November desselben Jahrs einen Fragebogen aus und verfasste einen maschinenschriftlichen Lebenslauf, in dem er die bereits nach seiner Festnahme Ende März 1945 erfundene Legende vom weitestgehend unpolitischen Verwaltungsbeamten ohne Verbindung zu den Verbrechen des Nationalsozialismus weiter verfeinerte. Er gab zwar an, während seiner Münchener Studienzeit in NSDAP und NSDStB eingetreten zu sein, hob jedoch hervor, nie ein Amt bekleidet zu haben. Im Folgenden ging er auf die Partei, wie auch auf seine Rolle in SS, Gestapo und RSHA, überhaupt nicht ein, sondern schilderte recht ausführlich sein gescheitertes Promotionsprojekt und die Münchener Stationen seines Referendariats. Er gab weiter an, gegen den Willen seiner Eltern aus dem Justizdienst ausgeschieden zu sein, dann in die allgemeine innere Verwaltung gewechselt zu sein und nach der Zeit als Assessor schließlich 1939 ins Reichsministerium des Innern eingetreten zu sein. Die Jahre bis zu seiner Erkrankung im Jahr 1944 und die Rückkehr nach Neustadt thematisierte er nicht.[395] In einem weiteren Fragebogen gab er, leicht abweichend von den Angaben bei

---

388 „Arrest report" vom 30. März 1945 in: US NACP, DE 082264.
389 Spieß, Nachruf, S. 9.
390 US NACP, DE 082264.
391 LA Berlin, B Rep. 57-01, Nr. 3222, Bl. 20.
392 US NACP, DE 082264.
393 LA Speyer, R 18, Nr. 27524, Bl. 37; der "detention report" in: US NACP, DE 082264.
394 Erwähnt in der „P.O.W. form" vom 22. September 1945; ebd.
395 Ebd.

seiner Befragung Ende März 1945, an, er sei von 1929 bis 1933 und dann wieder von 1936 bis 1944 NSDAP-Mitglied gewesen.[396]

Aufseiten des CIC glaubte man Weintz seine Angaben und hielt ihn wahrscheinlich tatsächlich für einen Zivilisten. Im „Report of preliminary interrogation" vom 18. Mai 1946 wurde er als Angehöriger des höheren Diensts kategorisiert und seine Entlassung empfohlen.[397] Diese wurde von der Militärregierung des Landes Württemberg-Baden am 24. Mai angeordnet.[398] Der Entlassungsschein ist auf den 28. des Monats datiert.[399]

Die engültige Entlassung aus der Internierung erfolgte schließlich am 30. Mai 1946.[400] Laut des Eintrags in der städtischen Meldekartei war er seit 1. Juni in Speyer gemeldet.[401] Karl Richard Weintz war, wie viele andere seiner ehemaligen Kollegen aus Gestapo und RSHA, die aus Internierung oder Kriegsgefangenschaft entlassen wurden, zurückgekehrt und wie diese darum bemüht, seine Vergangenheit umzudeuten.

---

396 Ebd.
397 Ebd.
398 Ebd.
399 Ebd.
400 Eintrag in die Kriegsgefangenkartei in: LA BW, StA Ludwigsburg, EL 904-2, Nr. 74356. Falsch ist entsprechend die Angabe bei Spieß, Nachruf, S. 9, Weintz sei erst 1947 entlassen worden.
401 StdA Speyer, Meldekartei.

1946–1952: Aktivist in eigener Sache. Entnazifizierung und Streit mit dem Historischen Verein der Pfalz

Anders als vielleicht zu erwarten gewesen wäre, begab sich Weintz nach seiner Entlassung aus der Internierung nicht zurück nach Neustadt an der Weinstraße, sondern nach Speyer, wo er bereits 1933 während seines Referendariats und seines kurzen Intermezzos als Kreis- bzw. Gaunachrichtendienstleiter gewohnt hatte. Es liegt nahe, dass er darum bemüht war, als ehemals exponierter Angehöriger von Gestapo und RSHA, der auch in Neustadt durchaus als engagierter Nationalsozialist bekannt gewesen sein dürfte, die Entwicklung der Dinge erst einmal abseits seiner Heimatstadt zu beobachten.

Sein Vater Jakob war dort nach seiner Pensionierung 1938 bereits 1940 als Ersatz für eingezogene Beamte wieder am Amtsgericht beschäftigt worden.[402] Nach dem Krieg erlitt er einen Beckenbruch und wurde auf eigenen Wunsch Ende August 1946 pensioniert.[403] Er kam damit einem Beschluss der Zentralen Säuberungskommission beim Oberregierungspräsidium Hessen-Pfalz in Neustadt zuvor, die bereits am 29. Juli entschieden hatte, dass Jakob Weintz in den Ruhestand zu versetzen sei.[404]

Jako Weintz hatte bereits am 4. September 1945 einen Fragebogen ausgefüllt, in dem er wahrheitswidrig angab, vor 1933 keiner Partei angehört zu haben und in dem er auch seine fördernde Mitgliedschaft bei der SS unterschlug. Zudem behauptete er, dass durch die Nationalsozialisten seine Beförderung zum Oberinspektor verhindert worden sei.[405] Der Fragebogen ist heute in seiner Personalakte überliefert, was dafür spricht, dass diese Unterlagen, unter anderem sein Gesuch um Ernennung zum Oberinspektor von 1933 unter Verweis auf seine Nähe zum Nationalsozialismus, auch im Rahmen seines Spruchkammerverfahrens vorlagen und ihn der Lüge zu überführen halfen.[406] Dabei fiel das Verfahren gegen Jakob Weintz 1945/1946 in eine Zeit, in der, im Kontrast mit den nachfolgenden Jahren, noch eine vergleichsweise hohe Zahl von Personen in der Pfalz aufgrund ihrer Verstrickungen mit dem Nationalsozialismus aus dem öffentlichen Dienst entlassen wurden.[407] Inwiefern Karl

---

402 Vgl. zur Pensionierung von Jakob Weintz zum 30. Juni 1938 das Schreiben des Neustadter Amtsgerichtsdirektors an den Frankenthaler Landgerichtspräsidenten vom 21. Dezember 1937 in: LA Speyer, J 6, Nr. 38036. Die Wiedereinstellung ist erwähnt im Schreiben des Zweibrücker Oberlandesgerichtspräsidenten an den Landgerichtspräsidenten in Frankenthal vom 2. August 1940 ebd.

403 Vgl. das Schreiben von Jakob Weintz an die Abteilung Justiz des Regierungspräsidiums Hessen-Pfalz vom 5. August 1946 mit der Bitte um seine Pensionierung und das befürwortende Schreiben des Neustadter Amtsgerichtsdirektors an den Landgerichtsdirektor in Frankenthal vom 7. August auf demselben Blatt; LA Speyer, J 6, Nr. 38036. Die Pensionierung erfolgte laut Schreiben des Amtsgerichts- an den Landgerichtsdirektor vom 2. September 1946 zum 31. August des Jahres; ebd.

404 Vgl. das Schreiben vom 10. August 1946 ebd.

405 Der Fragebogen ebd.

406 Ebd. Vgl. zum Verhalten von Jakob Weintz im Nationalsozialismus auch die Ausführungen in den Kapiteln zu den Zeiträumen 1933/1934 und 1934–1938.

407 Hierzu Rainer Möhler, Entnazifizierung in Rheinland-Pfalz und im Saarland unter französischer Besatzung von 1945 bis 1952 (Veröffentlichungen der Kommission des Landtages für die Geschichte des Landes Rheinland-Pfalz 17), Mainz 1992, S. 62f., 67f., 151–153.

Richard Weintz über die Entwicklungen im Neustadt der Nachkriegszeit während seiner Internierung in Frankreich informiert wurde, ist allerdings unklar.

Seine erste Anlaufstelle in Speyer war das Haus Wilhelmine Langs, der Witwe des völkischen Literaten Georg Lang, in der Alten Schwegenheimer Straße.[408] Er nahm damit Verbindungen aus den späten 1920er Jahren wieder auf, hatte er sich doch, wie er in einem Eintrag in das Gästebuch der Langs von 1947 angab, bereits „als neugebackener Student vor fast 20 Jahren" schon einmal hier aufgehalten.[409] Nach eigener Angabe weilte Weintz im Juni 1946 drei Wochen bei Wilhelmine Lang.[410] In der Meldekartei der Stadt Speyer ist sein Umzug in die Landauer Straße 43 jedoch erst für den 1. Februar 1947 vermerkt.[411]

Weintz führte in einem späteren Brief an, in den ersten Jahren nach seiner Rückkehr in bescheidenen Verhältnissen gelebt zu haben. Im Rahmen seines Streits mit dem ehemaligen Direktor des Historischen Museums der Pfalz in Speyer, Friedrich Sprater, der unten noch ausführlich geschildert wird, gab er 1950 an, seine Wohnung in Neustadt sei geplündert worden, er selbst wohne in einem kleinen möblierten Zimmer und aufgrund von ausbleibenden Gehaltszahlungen sei er finanziell von seiner Mutter abhängig.[412] Auch wenn an dieser Stelle der bei Weintz immer wieder feststellbare Hang zur Weinerlichkeit und zum Übertreiben in Rechnung gestellt werden muss, dürfte die Angabe doch nah an der Wahrheit zu verorten sein. Nach einem steilen gesellschaftlichen Aufstieg im Dienst des NS-Regimes war er nach seiner Rückkehr in die Pfalz sozial und finanziell weit zurückgeworfen.

Er bemühte sich nun um eine rasche Entnazifizierung. In Zusammenarbeit mit seinen Eltern begann er 1947 damit, entlastende Leumundszeugnisse aus ihrem Neustadter Umfeld zusammenzutragen, wobei, wie bei entsprechenden Verfahren üblich, vor allem das eigene soziale Netzwerk aktiviert wurde.[413] Dies allerdings verlief insgesamt wenig erfolgreich, wie Weintz 1951 in einer Befragung einräumen musste. So behauptete er, verschiedentlich verleugnet worden zu sein, da Zeugen Angst gehabt hätten, mit ihm assoziiert zu werden.[414] Tatsächlich dürfte seine Nähe zum Nationalsozialismus in Neustadt kurz nach Kriegsende noch wohlbekannt gewesen sein, so dass es schwierig für ihn war, Personen zu finden, die bereit waren, ihm als „altem Kämpfer" und Mitglied der Gestapo ein Leumundszeugnis auszustellen.

---

408 Weintz war laut des Eintrags in die Meldekartei der Stadt Speyer ab 1. Juni 1946 bei Lang im „Schwegenheimerweg" [sic!] gemeldet; StdA Speyer, Meldekartei. Die richtige Adresse des mittlerweile verstorbenen Georg Lang und seiner Ehefrau Wilhelmine war die Alte Schwegenheimer Straße; Adreß-Buch der Kreishauptstadt Speyer am Rhein. Ausgabe 1931, Speyer 1931, S. 123. Vgl. zum Ehepaar Lang die Ausführungen im Kapitel zum Zeitraum 1928–1932.
409 Der Eintrag ist abschriftlich überliefert in: LA Speyer, R 18, Nr. 27524, Bl. 34. Vgl. hierzu auch das Kapitel zum Zeitraum 1928–1932.
410 Ebd.
411 StdA Speyer, Meldekartei.
412 Schreiben von Karl Richard Weintz an Friedrich Sprater, 14. Dezember 1950; LA Speyer, V 52, Nr. 634. In einem Brief an Spraters Nachfolger als Direktor des Historischen Museums, Karl Schultz, führte Weintz am 27. Januar 1951 zudem an, ihm seien von 1945 bis 1951 keine Bezüge als Beamter des Reichs mehr ausgezahlt worden; ebd.
413 Hierzu Leßau, Entnazifizierungsgeschichten, S. 136.
414 Vernehmungsprotokoll vom 22. Januar 1951 in: LA Speyer, R 18, Nr. 27524, Bl. 38.

Hier halfen wahrscheinlich seine Eltern nach. So wurden die Mieter in ihrem Haus in der Sauterstraße 9 sowie mehrere Nachbarn – insgesamt 20 Parteien – dazu bewogen, eine Liste zu unterschreiben, wodurch sie angaben, Weintz habe sich zwischen 1933 und 1945 nichts zuschulden kommen lassen, sondern „sich uns und der Allgemeinheit gegenüber stets angemessen und taktvoll" verhalten, weshalb man es begrüßen würde, wenn er nach Neustadt zurückkehren könne, um sich dort seiner kranken Eltern anzunehmen.[415] Darüber hinaus sind in der Spruchkammerakte von Weintz insgesamt drei Leumundszeugnisse erhalten, die alle auf den 12. Juli 1947 datiert sind. Diese stammten von seinem ehemaligen Mitschüler Karl Friedrich Böhm, dem Ehepaar Stauth (Mietern seiner Eltern in der Sauterstraße) und dem Gesellschafter der direkt neben dem Haus seiner Eltern gelegenen Nudelfabrik Mack, Heinz Henrich. Allerdings ist von diesen nur das Zeugnis von Anna und Wilhelm Stauth auch unterschrieben, während bei den beiden anderen die Unterschrift fehlt.[416] Zumindest im Fall Henrichs räumte Weintz 1951 ein, dass es sich hierbei nur um einen Entwurf handelte, den dieser angeblich „aus reiner Angst" nicht unterzeichnet hätte.[417]

Der stark begrenzte Quellenwert eidesstattlicher Erklärungen Dritter und der eigenen Darstellungen der Angeklagten für die Rekonstruktion tatsächlichen Handelns während des Nationalsozialismus ist in der Forschung wiederholt betont worden.[418] Allerdings lassen sich anhand der drei Leumundszeugnisse deutlich zwei verbreitete Topoi nachvollziehen, die in Entnazifizierungsverfahren bemüht wurden: vorgebliche Kritik des Angeklagten am Nationalsozialismus und seinen Vertretern sowie angebliche Konflikte mit der Partei oder anderen Institutionen.[419] Die wahrscheinlich in enger Abstimmung mit Weintz entstandenen Darstellungen geben dabei einen Einblick in seine Argumentationsweise nach 1945. So wurde in den Stellungnahmen Böhms und Henrichs das Parteigerichtsverfahren 1933/1934, das sich neben dem Konflikt mit Gauleiter Bürckel ja ursprünglich an dem übermäßigen Engagement von Weintz bei der Bekämpfung von Gegnern des Nationalsozialismus entzündet hatte, zum Ausgangspunkt einer Entfremdung von der Partei und ihren Zielen.[420]

Dass Henrich wohl unwillens war, dieses Verbiegen der Wahrheit mitzutragen, lässt sich daran nachvollziehen, dass die Angabe im maschinenschriftlichen Entwurf, Weintz habe durch das Verfahren „ausser schwersten inneren Erschütterungen auch Nachteile in seinem beruflichen Fortkommen" erfahren und dies habe bei ihm zu einer kritischen Einstellung und schlussendlich dazu geführt, dass er dem Nationalsozialismus ganz abgeschworen habe, durch

---

415 LA Speyer, R 18, Nr. 27524, Bl. 31. Zu dem in Entnazifizierungsverfahren vielfach bemühten Narrativ, der Beklagte sei als Nationalsozialist „anständig" geblieben, vgl. Falter, „Wenn ich ausgetreten wäre, wäre mir der Strick sicher gewesen", S. 298.
416 LA Speyer, R 18, Nr. 27524, Bl. 28–31.
417 Ebd., Bl. 38.
418 Zu den sogenannten „Persilscheinen" exemplarisch Leßau, Entnatzifizierungsgeschichten, S. 191–198; Lutz Niethammer, Entnazifizierung in Bayern. Säuberungen und Rehabilitierung unter amerikanischer Besatzung, Frankfurt 1972, S. 613–617; zur Pfalz Walter Rummel, Nationalsozialismus im Alltag. Einsichten, Probleme und Quellen im Kontext der Pfalz, in: Gerhard Nestler/Roland Paul/Hannes Ziegler (Hgg.), Braune Jahre in der Pfalz. Neue Beiträge zur Geschichte einer deutschen Region in der NS-Zeit (Beiträge zur pfälzischen Geschichte 29), Kaiserslautern 2016, S. 9–61, hier S. 56.
419 Hierzu Leßau, Entnazifizierungsgeschichten, S. 235.
420 LA Speyer, R 18, Nr. 27524, Bl. 28f.

den handschriftlichen Einschub „nach seinen Angaben" entschärft wurde. Angegeben wird weiterhin, Weintz habe Henrich nach dem Brand der von ihm als Gesellschafter betriebenen Nudelfabrik 1942 tatkräftig unterstützt. Als Beamter habe sich dieser zudem mit Sicherheit keiner Grenzüberschreitung schuldig gemacht und zudem 1944 das Weiterführen des Kriegs als Verbrechen bezeichnet.[421]

Ähnlich gehalten ist die Argumentation im ebenfalls nicht unterschriebenen Leumundszeugnis von Karl Friedrich Böhm. Hier ist angegeben, Weintz habe seit 1934 eine kritische Einstellung zur Partei gehabt, sich hierüber ausführlich mit Böhm ausgetauscht, feindliche Rundfunksender gehört und nach dem Attentat auf Hitler gesagt, dieser und sein Umfeld müssten beseitigt werden. Auf einen Austritt aus der NSDAP habe er nur verzichtet, da ihm sonst die Einweisung in ein Konzentrationslager gedroht hätte. Weintz, der „sehnsuchtsvoll den Einmarsch der Amerikaner erwartete, um von der nationalsozialistischen Gewaltherrschaft befreit zu werden", habe als Verwaltungsjurist nach Einschätzung von Böhm mit Sicherheit seine Amtspflichten nicht überschritten und sei zudem jeglicher Radikalität unverdächtig.[422] In der Erklärung des Ehepaars Stauth ist ausgeführt, Weintz sei ihnen während seines Aufenthalts in Neustadt 1944/1945, bei dem er sich offen gegen den Nationalsozialismus geäußert habe, als politisch geläutert begegnet und es sei für sie nicht vorstellbar, dass er als Verwaltungsjurist „gar ein brutales oder verwerfliches Verhalten an den Tag legte."[423]

Die eidesstattlichen Erklärungen, an deren Formulierung Weintz mit Sicherheit entscheidend beteiligt war, zeichnen bereits das Bild, das er von sich selbst im Spruchkammerverfahren sowie auch in den folgenden Jahrzehnten entwarf; jenes eines Verwaltungsbeamten, der sich nach seinem frühen Eintritt in die NSDAP mit der Zeit entschieden von der Bewegung abwandte. Dabei ist es bezeichnend, dass zwar das Ehepaar Stauth, die Mieter im Haus seiner Eltern, seine eidesstattliche Erklärung unterschrieb, die zur Neustadter Führungsschicht gehörenden Geschäftsführer der Nudelfabrik Mack, Heinz Henrich, sowie Dr. Karl Friedrich Böhm, Sohn eines wohlhabenden lokalen Weinhändlers und Kommerzienrats, seit 1937 Mitglied der NSDAP, sich am Ende weigerten, die für sie wohl im Wesentlichen vorformulierten „Persilscheine" abzuzeichnen.[424]

Obwohl nur mit einem entsprechenden Leumundszeugnis ausgestattet, gab Weintz am 27. Januar 1948 einen „Meldebogen" beim Kreisuntersuchungsausschuss in Speyer ab, der

---

[421] Ebd., Bl. 29.
[422] Ebd., Bl. 28.
[423] Ebd., Bl. 30.
[424] Vgl. zu Heinz Henrich Hilde Momsen, Goldgelbes Band im goldenen Weinland 1758–1958. Herausgegeben aus Anlaß des 200-jährigen Jubiläums der Jakob Mack KG Neustadt an der Weinstraße, Darmstadt 1958, S. 23f. Vgl. zu Karl Friedrich Böhm den handschriftlichen Lebenslauf vom 2. Juni 1930, den er an der Universität Freiburg für die Zulassung zur Diplomprüfung einreichte; UA Freiburg, B 9/332. Promoviert wurde er in Freiburg 1932: Karl Friedrich Böhm, Der deutsche Weinumsatz. Ware, Organisation und Absatzproblem, Diss. Freiburg 1932. Zu seinem Vater Georg Böhm und dessen unternehmerischen Tätigkeiten vgl. Marita Krauss (Hg.), Die bayerischen Kommerzienräte. Eine deutsche Wirtschaftselite von 1880 bis 1928, München 2018, S. 414. Die Mitgliedschaft Karl Friedrich Böhms in der NSDAP seit 1937 sowie in der SA-Reserve ist vermerkt in: LA Speyer, R 18, Karteikarte Karl Friedrich Böhm.

allerdings in seiner Spruchkammerakte nicht erhalten ist.[425] Mit Schreiben vom 6. März 1948 reichte er, nach eigener Aussage „auf polizeiliches Anraten", einen ausgefüllten Fragebogen nach, der ebenfalls nicht überliefert ist, und führte zudem aus, er sei als Anwärter in die SS überführt worden.[426]

Allerdings dauerte es aus nicht nachvollziehbaren Gründen weitere zwei Jahre bis zur Eröffnung des Verfahrens. In der Akte zum Spruchkammerverfahren ist eine Postkarte von Weintz an den Landeskommissar für politische Säuberung in Neustadt vom 22. Juli 1950 überliefert, mit der er um Antwort auf ein Schreiben vom 5. April des Jahres bat.[427] Mit Brief vom 1. August erhielt er allerdings Mitteilung, man habe ein solches Schreiben nie erhalten.[428] Nach eigener Aussage teilte man ihm auf der Geschäftsstelle der Spruchkammer mit, dass seine Unterlagen nicht auffindbar seien, woraufhin er am 7. August einen neuen Fragebogen ausfüllte.[429]

In seinen hier gemachten Angaben folgte er dem bereits in den eidesstattlichen Erklärungen feststellbaren Muster, sich als harmloser Verwaltungsjurist darzustellen. So behauptete er, zwischen Ende 1929 und Anfang 1930 in die NSDAP eingetreten zu sein, unterschlug seine Mitgliedschaft in der SS und gab für die Zeit von 1936 bis 1945 als Tätigkeitsbereich „Allgemeine innere Verwaltung" an.[430] Unklar ist, ob er nur das unterschriebene Leumundszeugnis der Familie Stauth oder auch die Stellungnahmen von Böhm und Henrich mit einreichte. Wohl mit dabei befand sich die bereits erwähnte Abschrift eines längeren Eintrags im Gästebuch Wilhelmine Langs vom 10. Mai 1947.[431] Weintz stellt sich hierin als geläuterter Mann dar. Er gab an, erkannt zu haben, dass sich seine völkischen Ideale, anders als dies für ihn zuerst den Anschein gehabt habe, nicht ohne Blutvergießen realisieren ließen. Bereits während des Kriegs sei ihm das Versagen führender deutscher Persönlichkeiten wie auch ausländischer Staatslenker bewusst geworden und er habe sich, vom Nationalismus geläutert, „zu einer kosmopolitischen Deutung der Dinge durchgerungen". In einer Zeit von Überschallflugzeugen, Raketen und Atombomben müsse nun ein allumfassender Staatenbund geschlossen werden, der sich von den Vereinten Nationen unterscheide. Zentrales Ziel müsse es sein, das Streben einzelner Staaten zu unterbinden, andere beherrschen zu wollen. Im Folgenden formulierte er eine Utopie, die unter anderem den gemeinsamen Abbau von Rohstoffen durch alle Staaten, das Aufheben von Grenzen, den Respekt vor dem Selbstbestimmungsrecht der Völker, Förderung der Demokratie und eine einheitliche Besteuerung in allen Staaten sowie die Erziehung im Sinne des Weltfriedens umfassen sollte. Weintz gab weiter an, sich der Verwirklichung dieser Ziele verschreiben zu wollen. Deutlich hob er heraus, dass er keinesfalls in den Verdacht geraten wolle, zum

---

425 Erwähnt im Schreiben von Karl Richard Weintz an den Kreisuntersuchungsausschuss Speyer vom 6. März 1948; LA Speyer, R 18, Nr. 27524, Bl. 27.
426 Ebd.
427 Ebd., ohne Blattzählung.
428 Ebd., Bl. 3.
429 Das Ausfüllen des neuen Fragebogens auf der Geschäftsstelle erwähnte Weintz in der Vernehmung am 22. Januar 1951; ebd., Bl. 36.
430 Ebd., ohne Blatttzählung.
431 Die Abschrift ist auf den 11. Februar 1949 datiert; ebd., Bl. 34.

Kommunisten geworden zu sein. Er sehe sich vielmehr als „als einfachen Weltbürger, dem ein guter und anständiger Franzose lieber ist als ein schlechter und unanständiger Deutscher".[432]

Mit Blick darauf, dass Weintz über mehr als ein Jahrzehnt den Großteil der von ihm in der Utopie formulierten Ziele und Entwicklungen bekämpft und durch die aktive Beteiligung am Holocaust und andere Maßnahmen gegen von den Nationalsozialisten als Gegner definierte Gruppen für einen völkischen Staat gewirkt hatte, klingen seine Ausführungen wie Hohn. Es ist unwahrscheinlich, dass sie tatsächlich Teil einer echten Läuterung waren, worauf auch nachfolgende Entwicklungen und Handlungen hindeuten. An den wohl wesentlich von ihm mitformulierten Leumundszeugnissen und auch an späteren Stellungnahmen von Weintz wird deutlich, dass er sich, wie es Ulrich Herbert pointiert ausdrückt, für seine Person am „Prozeß der Abstraktion und Entsinnlichung der NS-Vergangenheit, der die Geschichte gewissermaßen ihres Personals und ihrer Orte beraubte", beteiligte.[433] Der als Mitarbeiter der Gestapo und des RSHA sowie Angehöriger der Einsatzgruppe B unter anderem an der Verfolgung und Ermordung von Juden, Widerstandskämpfern und katholischen Geistlichen beteiligte SS-Sturmbannführer deutete seine Tätigkeiten zu denen eines enttäuschten Idealisten und Verwaltungsjuristen um, der schlussendlich sogar im Widerstand zum Nationalsozialismus gestanden haben wollte.

Tatsächlich schien Karl Richard Weintz mit der von ihm und seinem sozialen Netzwerk erfundenen Legende vom sauberen Regierungsrat Erfolg zu haben. Am 7. August 1950 erhielt er den Säuberungsbescheid, der ihm bescheinigte, seine politischen und bürgerlichen Rechte ausüben zu dürfen und sich um sämtliche privaten und öffentlichen Posten bewerben zu dürfen.[434] Wesentlich hing diese Beurteilung damit zusammen, dass zu einem Zeitpunkt über Weintz geurteilt wurde, als das Interesse an der Verfolgung von nationalsozialistischen Tätern und an der Ahndung ihrer Taten in Westdeutschland allgemein sowie auch im 1946 neugeschaffenen Bundesland Rheinland-Pfalz weitestgehend erlahmt war.[435]

Mit diesem faktischen Freispruch war es Weintz nun möglich, sich nach mehr als fünf Jahren sozialer und beruflicher Unsicherheit wieder neu zu orientieren. Es ist dabei unklar, warum er im August 1950 nicht direkt nach Neustadt zurückzog. Sein Vater, der über die Jahre zu einigem Wohlstand gekommen war, war bereits im Januar 1948 verstorben und seine Mutter wohl schon schwer erkrankt.[436] Selbst gab er im Fragebogen zu seinem Spruchkammerverfahren 1950 an, keiner Tätigkeit nachzugehen.[437]

---

432 Ebd.
433 Herbert, NS-Eliten, S. 110; hierzu auch Herbert, Wer waren die Nationalsozialisten?, S. 20.
434 LA Speyer, R 18, Nr. 27524, Bl. 4.
435 Zur Lage in der Bundesrepublik Herbert, NS-Eliten, S. 102–104. In Rheinland-Pfalz war durch das sogenannte Abschlussgesetz geregelt worden, dass ab 1. April 1950 nur noch gegen Personen aus der Kategorie der Hauptschuldigen und Belasteten Verfahren durchgeführt werden sollten; Möhler, Entnazifizierung, S. 340f.
436 Jakob Weintz verstarb am 7. Januar 1948; LA Speyer, J 3, Nr. 170, Bl. 23. Der Karl Richard Weintz wenig gewogene Friedrich Sprater gab in seiner Vernehmung am 23. April 1951 an, Jakob Weintz sei wohlhabend verstorben und seine Ehefrau leide an Schizophrenie; LA Speyer, V 52, Nr. 634. Der schlechte Gesundheitszustand beider Eltern wird auch erwähnt auf der Unterschriftenliste verschiedener Nachbarn aus Neustadt; LA Speyer, R 18, Nr. 27524, Bl. 31.
437 Ebd., ohne Blattzählung.

Was also tat Karl Richard Weintz neben den Bemühungen um seine Entnazifizierung zwischen 1946 und 1950? Wohl zumindest weitestgehend abgesichert durch das Geld seiner Eltern widmete er sich ab spätestens 1949 einem Themenfeld, dem er sich zuletzt in der ersten Hälfte der 1930er Jahre zugewandt hatte: der pfälzischen Geschichtsforschung.

Über seine entsprechenden Tätigkeiten trafen Weintz und andere vor allem im Rahmen seines Streits mit verschiedenen Akteuren des Historischen Vereins der Pfalz in den Jahren 1950 und 1951 Aussagen.[438] Die aus der Auseinandersetzung resultierende umfangreiche Überlieferung hat sich vor allem im heute im Landesarchiv Speyer verwahrten Nachlass Franz Böglers, bis 1949 Oberregierungspräsident und seit 1950 Vorsitzender des Bezirkstages, erhalten.[439]

Auslöser des Konflikts war, dass Weintz spätestens 1949 begann, sich im Umfeld verschiedener Institutionen und Akteure der pfälzischen Geschichtsforschung zu bewegen und hierbei seine Vorstellungen und nicht zuletzt seine Abneigung gegen einzelne Personen deutlich zum Ausdruck brachte. Zentraler Angelpunkt und gleichzeitig Objekt der Streitigkeiten war der Historische Verein der Pfalz. Dieser 1869 wiedergegründete Geschichtsverein war ursprünglich im Wesentlichen eine Honoratiorenvereinigung gewesen, deren Vertreter sich, wie auch bei anderen entsprechende Korporationen in anderen Teilen Deutschlands, der Erforschung der lokalen und regionalen Geschichte und der Bewahrung der entsprechenden Überlieferung widmeten.[440] Personell und institutionell überschnitt sich der Geschichtsverein vielfach mit der vor allem mit landesgeschichtlicher Grundlagenarbeit wie der Pfälzischen Bibliographie, dem Pfälzischen Geschichtsatlas, dem Pfälzischen Wörterbuch und einem einschlägigen biographischen Lexikon befassten 1925 begründeten Pfälzischen Gesellschaft zur Förderung der Wissenschaften, die mit dem Ziel errichtet worden war, die führenden wissenschaftliche Kreise der zu diesem Zeitpunkt französisch besetzten Pfalz an Bayern zu binden.[441] Teils unabhängig von Gesellschaft und Historischem Verein, teils in Verbindung mit diesen, gab es zudem eine Vielzahl von historischen Laien, die auf heimatgeschichtlichem Gebiet arbeiteten.[442] Schlüsselort der pfälzischen Geschichtsforschung vor wie nach 1945 war, nicht zuletzt wegen des Fehlens einer Universität in der Pfalz, Speyer.[443] Hier befanden sich mit dem Staatsarchiv, dem Historischen Museum und der 1921 errichteten Landesbibliothek die zentralen Institutionen.

---

438 Der Streit ist kurz erwähnt bei Schlechter, Pfälzische Gesellschaft, S. 251f.
439 LA Speyer, V 52, Nr. 634; zu den Tätigkeiten von Bögler vgl. Josef Kaiser, Franz Bögler (1902–1976). Der „rote Kurfürst" von der Pfalz, in: Manfred Geis/Gerhard Nestler (Hgg.), Die pfälzische Sozialdemokratie. Beiträge zu ihrer Geschichte von den Anfängen bis 1948/49, Edenkoben 1999, S. 677–686, hier S. 682f.
440 Applegate, Nation, S. 44–52. Vgl. zur ersten Gründung des Vereins 1830 Volker Rödel, Die Anfänge des Landesarchivs Speyer, in: AZ 78 (1993), S. 191–278, hier S. 237–239; allgemein zu Charakter und Zusammensetzung deutscher Geschichtsvereine im 19. Jahrhundert Gabriele B. Clemens, *Sanctus amor patriae*. Eine vergleichende Studie zu deutschen und italienischen Geschichtsvereinen im 19. Jahrhundert (Bibliothek des Deutschen Historischen Instituts in Rom 106), Tübingen 2004, S. 43–53.
441 Schlechter, Pfälzische Gesellschaft, S. 235–237; Freund, Volk, Reich und Westgrenze, S. 173–181.
442 Umfassend hierzu für die Zeit vom 19. Jahrhundert bis zur frühen Zeit nach dem Zweiten Weltkrieg Applegate, Nation.
443 Zur Bedeutung des Fehlens einer qua Standort für die Erforschung der pfälzischen Geschichte zuständigen Universität Freund, Volk, Reich und Westgrenze, S. 175.

Bereits vor 1933 waren in der vielgestaltigen historischen Publikationslandschaft der Pfalz von mal mehr, mal minder geschichtswissenschaftlich ausgebildeten Autoren Beiträge – vielfach in heimatgeschichtlichen Kontexten – mit immer wieder auch völkischer Ausrichtung veröffentlicht worden.[444] Insbesondere nach der sogenannten „Machtergreifung" entstanden verschiedentlich Publikationen, die in vielen Punkten Vorstellungen einer rassistisch und völkisch geprägten Volksgeschichte zu Grunde legten, etwa aus der Feder des langjährigen Leiters des Historischen Museums der Pfalz Friedrich Sprater, des Germanisten und Volkskundlers Ernst Christmann und des Lehrers Kurt Baumann.[445]

Karl Richard Weintz hatte nach der Veröffentlichung zu Stadtrechtsfamilien im pfälzischen Geschichtsatlas 1935 keine weiteren einschlägigen Publikationen mehr vorgelegt. Aufgrund seiner Karriere in Gestapo und RSHA in verschiedenen Regionen Deutschlands und im besetzten Europa sowie wahrscheinlich auch wegen seines gerade noch glimpflich ausgegangenen Parteigerichtsverfahrens 1933/1934 hatte er sich bis 1944 wahrscheinlich nur selten länger in Neustadt aufgehalten. Er war mit seinen wenigen Veröffentlichungen bis 1932, die in Beilagen von Tageszeitungen erschienen waren, einer von vielen historisch interessierten Laien in der Pfalz, der zudem weder dem Historischen Verein geschweige denn der Pfälzischen Gesellschaft zur Förderung der Wissenschaften angehörte.

Weintz nutzte seine Speyerer Zeit nach der Internierung nun dafür, nach mehr als einem Jahrzehnt erneut in die pfälzische Geschichte einzutauchen. Friedrich Sprater, mit dem sich Weintz 1950/1951 in einem längeren Rechtsstreit befand, der im Folgenden noch genauer darzustellen ist, erklärte 1951 in einer Vernehmung, Weintz sei ihm häufiger als Nutzer der Pfälzischen Landesbibliothek begegnet.[446] In den Historischen Verein eingetreten sei er im November 1950.[447]

Zentrales Interessengebiet von Weintz war, anknüpfend an seine früheren Betätigungen, die mittelalterliche Geschichte der Pfalz. So bat er mit Schreiben vom 7. Juni 1949 an das Staatsarchiv Speyer darum, dort die in der Landesbibliothek nicht verfügbaren Urkundenbücher, Regestenwerke und Zeitschriften sowie auch die Repertorienbände für eine Studie zu verfassungsrechtlichen Problemen der Pfalz von 1100 bis 1400 einsehen zu dürfen.[448] Seine in einem Brief gegenüber dem neuen Direktor des Historischen Museums Karl Schultz im Januar 1951 gemachte Angabe, er habe „seit über 20 Jahren ein ungeheures Urkundenmaterial" zu diesem Thema gesammelt, dürfte hinsichtlich Bedeutung und Zeitrahmen dem ihm eigenen Hang zu Übertreibungen und Wichtigtuerei geschuldet sein, umreißt jedoch wesentlich die Themen seiner früheren Veröffentlichungen sowie auch seine späteren Interessenfelder.[449]

---

444 Ausführlich hierzu Applegate, Nation, S. 120-196.
445 Schlechter, Pfälzische Gesellschaft, S. 240-244; Freund, Volk, Reich und Westgrenze, S. 195-230. Zu Baumanns Forschungen auch Kurt Andermann, Kurt Baumann gestorben, in: Pfälzer Heimat 34 (1983), S. 179-181.
446 Vernehmungsniederschrift vom 23. April 1951 in: LA Speyer V 52, Nr. 634.
447 Ebd.
448 LA Speyer, Registraturakt, Nr. 3455.
449 Karl Richard Weintz an Karl Schultz, 27. Januar 1951, LA Speyer V 52, Nr. 634.

Ähnlich äußerte er sich in einem Schreiben an die Bezirksgruppe Neustadt des Historischen Vereins im selben Monat, wobei er auch hier angab, bereits seit zwei Jahrzehnten wissenschaftlich zur pfälzischen Geschichte zu arbeiten, zuletzt zum Verhältnis von Adel und Kirche, und zudem bereits länger Mitglied des Vereins zu sein als die meisten Mitglieder der Bezirksgruppe.[450] Er führte weiter aus, dem Leiter der Bezirksgruppe mitgeteilt zu haben, aufgrund der Beschlagnahmung seiner Neustadter Wohnung nur am Wochenende in der Stadt weilen zu können, um seine kranke Mutter zu besuchen und entsprechend nur eingeschränkt am Vereinsleben vor Ort teilnehmen zu können.[451]

Was Weintz konkret erforschte, bleibt trotz seiner Angaben im Unklaren. Veröffentlichungen zu den von ihm erwähnten Themen lassen sich nach 1945 nicht nachweisen. Dass er sich in der Nachkriegszeit ausführlich mit den archivalisch überlieferten Urkunden aus der Zeit von 1100 bis 1400 auseinandersetzte, ist zudem wenig wahrscheinlich, da die entsprechenden Stücke im Zuge von Zentralisierungsbestrebungen aus dem Speyerer Staatsarchiv bereits im 19. Jahrhundert an das spätere Bayerische Hauptstaatsarchiv nach München abgegeben worden waren und dort im Bestand Rheinpfälzer Urkunden verwahrt wurden.[452] Die während des Kriegs ausgelagerten Bestände des Speyerer Staatsarchivs kehrten teils erst Ende Februar und Anfang März 1949 ins Magazin zurück.[453]

Weintz scheint tatsächlich seine publizistischen Anstrengungen in Speyer vor allem darauf verwendet zu haben, ein ca. 100 Seiten umfassendes Werk mit dem Titel *Geschichtstabellen von Rheinland-Pfalz* zu verfassen, das er als Ergänzung zum Geschichtsunterricht gedruckt sehen wollte. Sprater lehnte jedoch dieses Ansinnen ab.[454] Ein Exemplar der Schrift ist nicht erhalten, so dass unklar bleibt, welches Geschichtsbild Weintz hierin vertrat. Deutlich ist jedoch, dass er sich nicht darauf beschränken wollte, im Stillen historisch zu arbeiten, sondern in die Breite zu wirken gedachte.

Dabei sah er sich in Verkennung seines dünnen Œuvres und seiner Außenseiterstellung in der Pfalz wohl spätestens nach seiner im August 1950 erfolgten Entnazifizierung als prädestiniert dafür, eine führende Rolle in der regionalen Geschichtsforschung einzunehmen. Bereits am 12. Januar 1950 hatte er Friedrich Sprater eine Denkschrift zur Schaffung einer Historischen Kommission der Pfalz übersandt, deren Inhalt allerdings nicht überliefert ist.[455]

Erkennbar den Konflikt mit dem ehemaligen Direktor des Historischen Museums suchte er, als er am 25. November 1950 einen Brief mit schwerwiegenden Anschuldigungen an

---

450 Karl Richard Weintz an die Bezirksgruppe Neustadt des Historischen Vereins der Pfalz, 15. Januar 1951; ebd.
451 Ebd.
452 Walter Jaroschka, Das Bayerische Hauptstaatsarchiv in München. Geschichte und Struktur seiner pfälzischen Bestände, in: Karl Heinz Debus (Hg.), Das Landesarchiv Speyer. Festschrift zur Übergabe des Neubaues (Veröffentlichungen der Landesarchivverwaltung Rheinland-Pfalz 40), Koblenz 1987, S. 209-216, hier S. 212f.
453 Zu den ausgelagerten Beständen des Staatsarchivs und ihrer Rückführung Paul Warmbrunn, ... *war dieses Wiedersehen nach über 10 Jahren traurig und niederschmetternd*. Zur Kriegsauslagerung der Archivalien des Landesarchivs Speyer im Zweiten Weltkrieg, in: MHVP 103 (2005), S. 399-423.
454 Erwähnt im Schreiben von Karl Richard Weintz an Franz Bögler, 7. Dezember 1950; LA Speyer V 52, Nr. 634.
455 Die Denkschrift ist erwähnt im Schreiben von Karl Richard Weintz an Franz Bögler, 7. Dezember 1950; ebd.

Sprater und andere Vorstandsmitglieder des Historischen Vereins übersandte.[456] Erschließen lässt sich dessen Inhalt aus einem Schreiben, in dem Sprater am 5. Dezember gegenüber Franz Bögler Stellung zu den Anschuldigungen nahm. So habe Weintz angegeben, in den letzten drei Jahren sei ihm „über ein Dutzend junger Menschen begegnet", die bei ihren Forschungen zur pfälzischen Geschichte vom Verein nicht unterstützt worden seien. Zudem habe Sprater eine große Geldgier entwickelt und für Dienstreisen unnötigerweise mehrere tausend Mark ausgegeben. Angeblich als „Sprecher einer Reihe von Vereinsmitgliedern" forderte er zudem den ehemaligen Museumsdirektor auf, sich aus der organisatorischen Arbeit des Vereins zurückzuziehen.[457]

Sprater informierte darüber hinaus schon am 4. Dezember den Präsidenten der Pfälzischen Gesellschaft zur Förderung der Wissenschaften, den Weinhändler Friedrich von Bassermann-Jordan, dem er als Generalsekretär der Gesellschaft verbunden war, dass mehrere Personen, die das Schreiben von Weintz erhalten hatten, mit großer Empörung hierauf reagiert hätten und es von verschiedenen Seiten beabsichtigt sei, hiergegen entsprechende Schritte einzuleiten. Er selbst wolle Bögler bitten, Weintz aufzufordern, den Wahrheitsbeweis für seine Behauptungen zu erbringen. Sollte dies nicht erfolgen, würde er den Antrag stellen, ihn aus der Mitgliederliste des Historischen Vereins zu streichen.[458]

Weintz verfasste neben seinem Brief zudem eine Denkschrift zur Neuordnung des Historischen Vereins der Pfalz, wofür er Unterlagen etwa aus dem Vereinsregister, dem Grundbuchamt sowie aus den Beständen des Bezirksverbands gesichtet hatte.[459] Dabei positionierte er sich in seinen Ausführungen zu einer Vielzahl von Punkten, womit er implizit und explizit vor allem Sprater angriff.[460] Im Folgenden seien nur die wichtigsten Aspekte wiedergegeben: Zentral war die Behauptung, beim Zusammenschluss des Historischen Vereins der Pfalz mit dem Verein Historisches Museum der Pfalz im Jahr 1922 sei der erstere Name aus dem Vereinsregister gestrichen worden.[461] Die im Jahr 1937 erfolgte erneute Namensänderung zu Historischer Verein der Pfalz e. V. sei wiederum im Vereinsregister nicht vermerkt worden.[462] Die 1948 erfolgte Änderung der Satzung sei aufgrund der erwähnten Punkte entsprechend ungültig.[463]

---

456 Die Übersendung an verschiedene Mitglieder erwähnt im Schreiben von Friedrich Sprater an Franz Bögler, 18. Januar 1951, ebd. Ausweislich eines Schreibens von Friedrich Sprater an Friedrich von Bassermann-Jordan vom 28. Februar 1952 schrieb Weintz insgesamt zehn Personen an, unter anderem den Präsidenten der Pfälzischen Gesellschaft zur Förderung der Wissenschaften Bassermann-Jordan, den Speyerer Museumsdirektor Karl Schultz, den Staatsarchivdirektor Rudolf Schreiber, den Bistumsarchivar Karl Lutz und den Roxheimer Pfarrer Georg Biundo; Historisches Museum der Pfalz, Speyer, Akten der Pfälzischen Gesellschaft zur Förderung der Wissenschaften II.
457 Friedrich Sprater an Franz Bögler, 5. Dezember 1950; LA Speyer V 52, Nr. 634.
458 Historisches Museum der Pfalz, Speyer, Akten der Pfälzischen Gesellschaft zur Förderung der Wissenschaften I.
459 Die Übersendung an verschiedene Mitglieder erwähnt im Schreiben von Friedrich Sprater an Franz Bögler, 18. Januar 1951; LA Speyer, V 52, Nr. 634. Die Sichtung der Unterlagen erwähnt im Schreiben von Karl Richard Weintz an Franz Bögler vom 25. November 1950; ebd. In seiner Vernehmung am 23. April 1951 gab Sprater zudem an, Weintz habe Informationen in den Protokollbüchern des Vereins gefunden; ebd.
460 Die ursprüngliche Seitenzählung der Denkschrift im Bestand LA Speyer, V 52, Nr. 634 wird im Folgenden übernommen.
461 Denkschrift Weintz, in: LA Speyer, V 52, Nr. 634, S. 1.
462 Ebd., S. 2.
463 Ebd., S. 3f.

Weintz bemängelte weiterhin die seines Erachtens wenig produktive Publikationstätigkeit des Vereins unter der Führung von Sprater. So seien die *Mitteilungen des Historischen Vereins* bereits schon länger eingestellt und der ebenfalls nicht mehr veröffentlichten Zeitschrift *Pfälzisches Museum* aufgrund der zweifelhaften Qualität ihrer Beiträge „nicht nachzutrauern".[464] Er kritisierte weiterhin, dass zur neuen Zeitschrift *Pfälzer Heimat*, deren erster Band 1949 erschienen war, noch kein Beschluss der Vereinsausschusses gefasst worden sei, insbesondere darüber, ob diese als Organ des Vereins zu betrachten sei.[465] Stattdessen regte er an, entweder die *Mitteilungen* wieder aufleben zu lassen oder in begrifflicher Anlehnung an das bereits seit dem 19. Jahrhundert erscheinende *Archiv für hessische Geschichte* und das 1949 erstmals veröffentlichte *Archiv für mittelrheinische Kirchengeschichte* beginnend mit dem Jahr 1951 eine Zeitschrift mit dem Titel *Archiv für pfälzische Geschichte* herauszugeben, die jeweils 400 bis 500 Druckseiten umfassen sollte.[466]

Generell forderte Weintz eine Neuordnung des Vereins, wobei er weit ausholte und seine Vorstellungen mit Bezug auf Artikel 20 des Grundgesetzes („Alle Staatsgewalt geht vom Volke aus") zu untermauern versuchte sowie argumentierte, in seiner aktuellen Form genüge die Ordnung des Historischen Vereins demokratischen Ansprüchen nicht.[467] Nach seinen Vorstellungen sollten die Mitglieder des Vorstands zwischen 30 und 65 Jahre alt sein, sich durch eigene mehrjährige Forschungsarbeit zur pfälzischen Geschichte hervorgetan haben und „nicht lediglich als führende Vertreter von politischen oder konfessionellen Richtungen auftreten."[468] Darüber hinaus wandte er sich gegen die bisherige Praxis, dass der Regierungspräsident der Pfalz Vorsitzender des Vereins sein sollte.[469]

Hinsichtlich der Zusammensetzung des Vorstands regte Weintz weiter an, Leiter von insgesamt sechs Abteilungen (Vor- und Frühgeschichte, Frühes, Hohes und Spätes Mittelalter, Neuzeit und Neueste Zeit) zu berufen.[470] Dem Vorstand sollte ein Beirat beigeordnet werden, der aus je einem Vertreter des Regierungspräsidiums, des Bezirksverbands der Pfalz, des Staatsarchivs Speyer, der kirchlichen Archive, der Landesbibliothek und weiterer Institutionen zusammengesetzt sein sollte.[471] Aus Ortsgruppen des Vereins seien Bezirksgruppen in den jeweiligen Kreisen zu bilden.[472] Für den Gesamtverein wiederum sollte eine Hauptgeschäftsstelle mit einem haupt- oder nebenamtlichen Geschäftsführer eingerichtet werden.[473]

Deutliches Feindbild in den Ausführungen von Weintz waren das Historische Museum der Pfalz und sein ehemaliger Direktor Friedrich Sprater. So erwähnte er, dass gegen den ehemals dort tätigen Kassenverwalter Eisen aufgrund der Unterschlagung von 6.000 Mark ein

---

464 Ebd., S. 4f.
465 Ebd., S. 5.
466 Ebd., S. 12.
467 Ebd., S. 6f.
468 Ebd., S. 8.
469 Ebd., S. 8f.
470 Ebd., S. 9.
471 Ebd., S. 12.
472 Ebd., S. 9f.
473 Ebd., S. 10.

Strafverfahren anhängig sei.[474] Weiterhin forderte er, das Museum zu verkaufen, um Kosten zu sparen.[475] Insbesondere monierte er die Vielzahl von Dienstreisen und „die meist erfolglosen Ausgrabungen", die dort ihren Ursprung hätten und dem Verein angeblich den Spottnamen „Praehistorischer Verein" eingebracht hätten.[476] Weintz forderte weiterhin, zwischen dem 1. und 10. Dezember 1950 eine Mitgliederversammlung abzuhalten.[477]

Sprater korrespondierte in der Sache mit Bögler, der ihn in einem Schreiben an Weintz in Schutz nahm, und verwahrte sich gegen die Anschuldigungen.[478] Dabei wird im Anwortschreiben von Karl Richard Weintz an Bögler vom 7. Dezember der Ursprung des Konflikts fassbar. So gab ersterer an, Sprater habe seine wissenschaftlichen Pläne untergraben und die Veröffentlichung der von ihm entworfenen Geschichtstabellen abgelehnt, was in ihm die Erkenntnis habe reifen lassen, dass man mit Sprater „keine wissenschaftliche Erforschung der pfälzischen Geschichte betreiben" könne.[479]

Weintz eskalierte eine Woche nach diesem Schreiben den Streit noch weiter. In einem Brief an Sprater echauffierte er sich darüber, dass verschiedene Personen damit begonnen hätten „in meiner politischen Vergangenheit herumzuwühlen". Wie auch in den Schriftsätzen in seinem Parteigerichtsverfahren von 1933/1934 changierte Weintz in seinem Brief zwischen Selbstmitleid, Aufschneiderei und Übertreibungen. So hob er hervor, er habe als Sohn eines Justizbeamten bis dato nur eines gekannt: „jederzeitiges Eintreten für Recht, Sauberkeit und Ordnung". Sprater forderte er auf, auch anderen zu eröffnen, dass er „bereits 1929/1930 der deutschen Freiheitsbewegung", also der NSDAP, beigetreten sei und sich für Ideale eingesetzt habe, „wie sie leider erst jetzt von den Westmächten eingesehen werden." Er befinde sich, gesundheitlich durch die Kriegsgefangenschaft schwer geschädigt, aktuell in einer finanziellen Notlage und müsse sich von seiner kranken Mutter aushalten lassen, sein Vater sei aus Gram über das seinem Sohn angetane Unrecht verstorben und trotz dieser Schwierigkeiten gebe sich Weintz ohne Klage mit hohem Einsatz dem Studium der pfälzischen Geschichte hin. „Ehrabschneider und Verleumder" seien so zu behandeln wie es ihnen zustehe und er werde von seiner persönlichen Bekanntschaft mit dem französischen Hohen Kommissar nur im Ausnahmefall Gebrauch machen. Zudem behalte er es sich vor, „jedem Lumpen, der bis 1950 noch nichts von der wirklichen Not der Zeit erfahren und den letzten Rest von nationaler Würde verloren hat, öffentlich ins Gesicht zu spucken." Den Brief werde er gegebenenfalls auch „einer Reihe von charakterfesten Menschen zur Kenntnis gelangen" lassen.[480]

Das in seiner Gesamtkomposition konfus anmutende Schreiben steht exemplarisch für die recht durchschaubaren Versuche von Weintz, die sich etwa auch in der Denkschrift vom November 1950 finden, eine angebliche Unterstützung durch – nie namentlich erwähnte oder

---
474 Ebd., S. 3.
475 Ebd., S. 13f.
476 Ebd., S. 15.
477 Ebd., S. 16.
478 Friedrich Sprater an Franz Bögler, 5. Dezember 1950 sowie Franz Bögler an Karl Richard Weintz, 5. Dezember 1950; LA Speyer, V 52, Nr. 634.
479 Karl Richard Weintz an Franz Bögler, 7. Dezember 1950; ebd.
480 Die Abschrift des Schreibens von Karl Richard Weintz an Friedrich Sprater vom 14. Dezember 1950 in: ebd.

prominente – Personen zu behaupten, um seine Position zu untermauern. Auch die immer wieder in Quellen fassbare Unbeherrschtheit wird hier sichtbar. Seiner 1947 noch vollmundig behaupteten Abkehr vom Nationalsozialismus widerspricht das Schreiben zudem deutlich.

Problematisch für Weintz war, dass sein aggressives Auftreten bei seinen selbstgeschaffenen Gegnern das Interesse an seinen Tätigkeiten während des „Dritten Reichs" geweckt hatte. Am 14. Dezember 1950 versandte die Spruchkammer I Neustadt Anfragen an das Berlin Document Center der US Army sowie an das Sonderministerium für politische Befreiung in München mit der Bitte, ihnen Unterlagen zur politischen Betätigung von Weintz zukommen zu lassen.[481] Dass diese Anfragen gerade zu diesem Zeitpunkt erfolgten, unterstreicht das eher oberflächliche Interesse an der Aufarbeitung der Weintzschen Vergangenheit während des ersten Spruchkammerverfahrens im August desselben Jahrs. Die Initiative für die erneuten Nachforschungen ging, wie Friedrich Sprater in seiner Vernehmung im April 1951 angab, von Franz Bögler aus.[482]

Während aus Bayern am 28. Dezember 1950 ein negativer Bescheid kam, übersandte das Berlin Document Center am 4. Januar 1951 eine Zusammenfassung des Lebenslaufs von Karl Richard Weintz von 1939 und weiterer Angaben aus seiner SS-Offiziersakte.[483] Als Konsequenz aus diesen Entwicklungen wurde Weintz mit Schreiben vom 17. Januar für den 23. des Monats zur Befragung einbestellt und aufgefordert, hierfür auch seinen Säuberungsbescheid vom August 1950 mitzubringen.[484]

Nachdem er im Sommer noch offiziell entnazifiziert worden war, befand sich Weintz nun wenige Monate später wieder in einer existenziell bedrohlichen Situation. Seine Versuche, sich als unpolitischer Verwaltungsbeamter zu inszenieren, drohten zu scheitern. Besonders problematisch für ihn war, dass der Spruchkammer eine Zusammenfassung seines Lebenslaufs bis Januar 1939 sowie weitere Informationen vorlagen und er seine Argumentation bei der Vernehmung hieran orientieren musste. Obwohl also bekannt war, wie seine Karriere im NS-Sicherheitsapparat bis kurz vor Kriegsbeginn verlaufen war, und ihm ausweislich des über die Vernehmung ausgefertigten Protokolls hierzu auch explizit Fragen gestellt wurden, erfand Weintz nun erneut eine Lebensgeschichte, die mit der Realität nur wenig gemein hatte.

Dabei ähnelte seine Vorgehensweise, mit einer deutlich zur Schau gestellten Selbstsicherheit und einem vollkommenen Mangel an Reue die eigene Rolle im Nationalsozialismus kleinzureden und berufliche Stationen umzudeuten den Selbstdarstellungen anderer Täter in ihren Entnazifizierungsverfahren.[485] Die detaillierte Wiedergabe seiner weitestgehend unwahren Ausführungen an dieser Stelle ist jedoch notwendig, da sich hierin, wie auch in den schon vorgestellten „Persilscheinen", jene Version seiner Lebensgeschichte findet, die er einerseits

---

481 LA Speyer, R 18, Nr. 27524, Bl. 5, 6.
482 „Nun aber habe ich selbst keine Nachforschungen über die politische Vergangenheit des Herrn Weintz angestellt, dies war vielmehr Herr Oberregierungsrat Bögler"; Protokoll der Vernehmung von Friedrich Sprater, 23. April 1951, LA Speyer, V 52, Nr. 634.
483 Das abschlägige Schreiben des Ministers für politische Befreiung in Bayern in: LA Speyer, R 18, Nr. 27524, Bl. 7. Das Schreiben des Berlin Document Centers vom 5. Januar 1951 ebd., Bl. 10.
484 Ebd., Bl. 13.
485 Hierzu Ullrich, „Ich fühl' mich nicht als Mörder", S. 52f., 56f.

selbst verbreitete und die andererseits auch in spätere Darstellungen seiner Tätigkeiten durch andere in den folgenden Jahrzehnten Eingang fand.[486] Dabei handelte Weintz seine Jugend und sein Studium in wenigen Sätzen ab, wobei er auf die Tätigkeit im NSDStB nicht einging, aber insgesamt 13 Zeugnisse über juristische Prüfungen sowie die Studentenausweise und Studienbücher aus München, Kiel und Berlin vorlegte. Im Rahmen seiner Zeit an der Universität, so gab er an, habe er sich besonders für Staats- und Verwaltungsrecht, weniger aber für Zivil- und Handelsrecht interessiert.[487] Ebenfalls legte er verschiedene Zeugnisse über bestandene Prüfungen und Ernennungen in Abschrift vor, die sich in seiner Spruchkammerakte erhalten haben.[488]

Er führte weiter aus, nach seinem Referendariat ursprünglich geplant zu haben, Landrat in einer südbayerischen Stadt zu werden, sich aber mangels Stellen für eine entsprechende Position in Preußen beworben zu haben. Da ihm jedoch eine Stelle in Allenstein in Ostpreußen angeboten worden sei, habe er gegen diese Entscheidung beim Personalreferenten in Berlin Einspruch erhoben und sei dem Polizeipräsidium als Assessor zugewiesen worden, wo er in den Zweigen der Ordnungs-, Verwaltungs- und Sicherheitspolizei eingesetzt worden sei.[489]

In die Geheime Staatspolizei sei er anschließend wegen seiner alten Parteimitgliedschaft – die an dieser Stelle erstmals erwähnt wird – übernommen worden. Er hob dabei hervor, in dieser Funktion als Referent für Sozial- und Wirtschaftsfragen tätig gewesen und Verfahren gegen Parteimitglieder geführt zu haben, was er aufgrund seiner vom Vater mitgegebenen „starke[n] Neigung zur Ordnung und Klärung von strittigen Verhältnissen" voller Idealismus betrieben habe, dabei jedoch wiederholt in Konflikte geraten zu sein. Im Anschluss an die Tätigkeit bei der Gestapo sei er schließlich ins Reichsministerium des Innern versetzt worden und dort bis zum Kriegsende beschäftigt gewesen.[490]

Auf die Frage des Vernehmenden, ob er im August 1950 all seine Mitgliedschaften und Tätigkeiten im Nationalsozialismus angegeben habe, antwortete er, dies 1947 in seinem ersten ausgefüllten Fragebogen aus einer Zwangslage heraus nicht getan zu haben. Er sei nach der Ernennung Himmlers zum Reichsinnenminister Anwärter der SS geworden und ihm sei mitgeteilt worden, er könne erst nach einjähriger Frontbewährung SS-Führer werden. Aufgrund eines Magenleidens habe er jedoch nicht zur Waffen-SS eingezogen werden können. Während des Kriegs sei er im Rahmen der Dienstgradangleichung als Sturmbannführer eingestuft worden. 1948 habe er den Kreisuntersuchungsausschuss dann nach dem ersten Ausfüllen eines Fragebogens über seine Beziehungen zur SS informiert, jedoch keine Antwort auf sein Schreiben erhalten. Beim Ausfüllen des neuen Fragebogens 1950 wiederum habe der alte nicht mehr vorgelegen.[491]

---

486 LA Speyer, R 18, Nr. 27524, Bl. 35–38.
487 Ebd., Bl. 35.
488 Ebd.; die Zeugnisse ebd. Bl. 15–26.
489 Ebd., Bl. 35.
490 Ebd., Bl. 35f.
491 Ebd., Bl. 36.

Die Begründungen von Weintz dafür, warum er ursprünglich falsche Angaben gemacht bzw. einzelne Aspekte unerwähnt gelassen hatte, obwohl er, wie der ihn Vernehmende betonte, als Jurist hätte wissen müssen, dass dies strafbar war, passen in das auch in anderen Kontexten sichtbare Muster, Verfehlungen stets von sich zu weisen und die Schuld bei anderen Personen, Gruppen oder den Zeitumständen zu suchen. So behauptete er, ein amerikanischer Offizier, dem er seinen Lebenslauf während der Gefangenschaft in Nancy im Sommer 1945 geschildert habe, habe ihm geraten, darüber vorerst zu schweigen. Zudem wären seine kranken Eltern 1947/1948 ohne seine Unterstützung mit Sicherheit verhungert. Darüber hinaus sei auch auf internationalen Juristenkonferenzen diskutiert worden, dass es keinen Zwang zur Selbstbezichtigung gebe. Da er sich „innerlich nichts vorzuwerfen habe, sondern nur in den Augen der Umwelt äusserlich belastet erscheine", habe er dies auch nicht getan. Auch hätten andere in Fragebögen unwahre Aussagen gemacht und es sei zudem in der Geschichte der Menschheit einzigartig, dass so viele wegen ihrer politischen Betätigung in solch starkem Maße verfolgt würden. Er schließe sich zudem den Aussagen des Bundeskanzlers und Bundespräsidenten an, die dieses Vorgehen, eine amerikanische Erfindung, als einen weltpolitischen Fehler betrachteten.[492]

Der Vernehmende wies Weintz an dieser Stelle darauf hin, dass es sich bei der Entnazifizierung keinesfalls um eine Idee der Amerikaner handelte. Zu seinem Lebenslauf von 1939, den das Document Center in Zusammenfassung an die Spruchkammer versandt hatte, merkte Weintz zwar an, dass dieser tatsächlich von ihm stammte, jedoch folgte nun eine längere Ausführung zur Stellung des Passwesens in der inneren Verwaltung seit 1867. Er selbst sei durch die Ernennung Himmlers zum Reichsführer SS und Chef der deutschen Polizei dem Hauptamt Sicherheitspolizei zugewiesen worden. In Rahmen seiner Tätigkeit habe er sich nur mit Grundsatzfragen beschäftigt und fast durchgehend unter dem Briefkopf „Reichsminister des Innern" Schreiben an die Landesregierungen ausgefertigt. In Ausnahmefällen habe er zudem Sichtvermerke für Grenzübertritte ausgefertigt. Ehemalige Kollegen, die auch Verwaltungsjuristen gewesen seien, seien seines Wissens mittlerweile auf Bundesebene im Bereich des Passwesens tätig.[493]

Zu seiner Tätigkeit in Wien befragt, gab er an, dort nur mit dem Bearbeiten von Akten befasst gewesen und mit der Außenwelt nicht in Kontakt gekommen zu sein. Seit Herbst 1939 habe er bei der Obersten Passbehörde eine ausschließlich ministerielle Tätigkeit ausgeübt. Er habe sich zudem schon vor Kriegsende innerlich vom Nationalsozialismus distanziert und geplant, „einen dicken Schluss-Strich unter meine frühere politische Betätigung zu setzen", was aufgrund der Kriegslage jedoch nicht möglich gewesen sei.[494] Neben den verschiedenen Zeugnissen in Original und Abschrift reichte Weintz nach der Schilderung im Vernehmungsprotokoll die drei bereits erwähnten Leumundszeugnisse, seine Ausführungen aus dem Gästebuch Wilhelmine Langs von 1947, die Unterschriftenliste von Mietern und Nachbarn

---

492 Ebd., Bl. 37.
493 Ebd., Bl. 37f.
494 Ebd., Bl. 38.

seiner Eltern sowie ein Schriftstück aus dem Nachlass seines verstorbenen Vaters ein, in dem dieser das Kriegsende in Neustadt im Kreis der Familie Weintz schilderte.[495]

In den meisten Punkten sind die Ausführungen von Weintz Erfindungen und Verdrehungen von Tatsachen, wie alleine schon der Blick auf seine anderweitig belegten Tätigkeiten vor 1945 zeigt. In großen Teilen werden in seiner Vernehmung im Januar 1951 sowie auch in den wohl weitestgehend von ihm entworfenen „Persilscheinen" Muster fassbar, die sich in einer Vielzahl entsprechender Fälle nachweisen lassen.[496] So war etwa der Verweis auf die angeblichen Angleichungsdienstgrade der SS ein nach 1945 gern gebrauchtes, aber irreführendes Argument.[497] Auffällig ist zudem, dass Weintz, wie auch andere an nationalsozialistischen Verbrechen Beteiligte, im Rahmen seines Verfahrens ungeniert log und Tätigkeitsbereiche erfand, denen er entweder nie oder zum angegebenen Zeitpunkt nicht zugewiesen war.[498] Auch der weitestgehende Verzicht darauf, sich zu seiner Tätigkeit während des Zweiten Weltkriegs zu äußern – worüber der Spruchkammer allerdings aufgrund des nur bis Januar 1939 reichenden Lebenslaufs auch kaum Anhaltspunkte vorlagen – passt in entsprechende Muster.[499]

Weintz hatte trotz der ihm explizit nachweisbaren Unwahrheiten das Glück, dass nach den Bestimmungen des rheinland-pfälzischen Landesgesetzes zum Abschluss der politischen Säuberungen vom 19. Januar 1950 nur noch solche Fälle verfolgt werden sollten, die zu einer Einordnung der Beklagten in die Kategorie der Hauptschuldigen und Belasteten führten.[500] Zwar konstatierte die Spruchkammer, Weintz sei „ganz erheblich belastet" und habe sich „einer schweren Irreführung durch falsche Angaben in seinem erstellten Fragebogen schuldig gemacht", jedoch wurde eine Einstellung des Verfahrens beantragt, da er nicht als Belasteter anzusehen sei.[501] Mit Beschluss vom 22. Februar 1951 wurde das Verfahren dementsprechend eingestellt.[502]

Parallel zu seinen Bemühungen um die eigene Entnazifizierung hatte Weintz vor dem Amtsgericht in Speyer zumindest teilweise Erfolg damit, seine Argumentation gegen den Historischen Verein durchzusetzen. Bögler teilte er am 24. Januar 1951 triumphierend mit, dass sich das Amtsgericht nach seinem Antrag vom 8. Dezember 1950 seiner Rechtsauffassung angeschlossen habe und auf seinen Vorschlag hin Bögler, der Leiter der Landesbibliothek Hermann Sauter und Kurt Baumann zu Mitgliedern des Notvorstands bestellt worden seien. Da gegen ihn wegen seiner politischen Vergangenheit „hinterhältige Angriffe" unternommen worden seien, habe er selbst darum gebeten, dem Gremium nicht anzugehören.

---

495 Ebd., Bl. 38f. Der Bericht seines Vaters zum Kriegsende wurde Weintz nach Ende des Verfahrens am 5. März 1951 wieder ausgehändigt, ebd, Bl. 32.
496 Skeptisch allerdings dazu, von einer allzu starken Gleichförmigkeit von Argumentationsmustern in entsprechenden Ego-Dokumenten und Leumundszeugnissen auszugehen Leßau, Entnazifizierungsgeschichten, insbesondere S. 214-218.
497 Ullrich, „Ich fühl' mich nicht als Mörder", S. 60.
498 Ebd., S. 63; Leßau, Entnazifizierungsgeschichten, S. 214.
499 Zu dieser Praxis ebd., S. 255f.
500 Möhler, Entnazifizierung, S. 339-341. Zur Zahl der Einstufungen in die verschiedenen Kategorien in der Pfalz bis Ende 1950 vgl. ebd., S. 355.
501 LA Speyer, R 18, Nr. 27524, Bl. 39; auch erwähnt bei Maier, Staatsarchiv Speyer, S. 59.
502 Speyer, R 18, Nr. 27524, ohne Blattzählung.

Weintz übersandte Bögler zudem den Entwurf einer neuen Satzung und forderte ihn auf, eine Mitgliederversammlung in Kaiserslautern oder Neustadt abzuhalten.[503] Mit Schreiben vom 25. Januar 1951 wurde Bögler dann auch offiziell informiert, dass er gemeinsam mit Sauter und Baumann als Mitglied des Notvorstands bestellt worden war, dem zuvorderst das Abhalten einer Generalversammlung oblag.[504]

Weintz sah sich in seinen Auffassungen bestätigt und verschickte nun mehrere, in forderndem Ton gehaltene Schreiben an Mitglieder des Vereins. So verlangte er von Sprater, dieser solle, da er dem Notvorstand nicht angehöre, aufhören, sich in den Räumen des Historischen Museum aufzuhalten und drohte diesem andernfalls mit einer einstweiligen gerichtlichen Verfügung.[505] Gegenüber dem aktuellen Direktor Schultz ließ er in Anknüpfung an einen bereits laufenden Briefwechsel verlauten, dieser dürfe nicht mehr unter dem Briefkopf des Museums Schreiben verschicken und verlangte von ihm zu wissen, bei wem er sich über seine politische Vergangenheit informiert und wem er dieses Wissen mitgeteilt habe.[506] Weiterhin stellte Weintz in einem Brief an den neuen Speyerer Staatsarchivdirektor Rudolf Schreiber dessen Eignung einen Posten im Vorstand des Vereins einzunehmen in Abrede und verwies darauf, er sei von Mitgliedern des Vereins darauf aufmerksam gemacht worden, Schreiber müsse erst noch eine größere Arbeit zur pfälzischen Geschichte vorlegen und sich zudem für die Rückführung pfälzischer Archivalien einsetzen.[507]

Der Bezirksgruppe Neustadt teilte er am 15. Januar 1951 ausführlich seine Ansichten und Ziele mit, wobei er die „Unfähigkeit und Schlampigkeit" nicht namentlich benannter Speyerer Akteure und deren angebliche Geldgier hervorhob, Sprater einer autoritären Amtsführung beschuldigte und zudem drohte, diesen und „eine ganze Kette von Zuträgern" wegen der Nachforschungen zu seiner Vergangenheit „dem Herrn Oberstaatsanwalt zu überantworten und alle diese Personen noch obendrein der öffentlichen Verachtung preiszugeben."[508] Er ließ sich darüber hinaus einen Bescheid der Spruchkammer ausstellen, wonach er ohne Einschränkung an der Arbeit des Historischen Vereins mitwirken könne und bot dem Notvorstand mit Schreiben vom 30. Januar an, bis zu einer Mitgliederversammlung die Stelle des Hauptgeschäftsführers zu übernehmen.[509]

Insgesamt wird in den Schreiben von Weintz erneut ein Hang zur Querulanz und Besserwisserei sichtbar, wie er sowohl im Parteigerichtsverfahren 1933/1934 als auch in späteren Auseinandersetzungen aufscheint. Sein Vorschlag, ihn zum Hauptgeschäftsführer zu machen, deutet durchaus darauf hin, dass sich Weintz eine Stelle im Umfeld des Vereins versprach. Eher unwahrscheinlich ist es, wie der Museumsdirektor Schultz laut Sprater mutmaßte,

---

503 Abschrift des Schreibens in: LA Speyer, V 52, Nr. 634. Der auf den 15. Dezember 1950 datierte Entwurf der Satzung findet sich ebd.
504 Ebd.
505 Schreiben vom 27. Januar 1951, ebd.
506 Karl Richard Weintz an Karl Schultz, 27. Januar 1951, ebd.
507 Karl Richard Weintz an Rudolf Schreiber, 25. Januar 1951, ebd.
508 Karl Richard Weintz an die Bezirksgruppe Neustadt des Historischen Vereins der Pfalz, 15. Januar 1951, ebd.
509 Ebd.

dass er das von ihm gesammelte Urkundenmaterial gegen eine Geldzahlung veröffentlicht sehen wollte.[510]

Problematisch für Weintz war, dass Sprater ihn nicht zuletzt auf Grundlage des Schreibens an die Bezirksgruppe Neustadt wegen Beamtenbeleidigung anzeigte.[511] Gestellt wurde der Antrag am 19. Februar 1951.[512] Bögler, der Sprater in der Sache unterstützte, erbat im Vorfeld von der Spruchkammer in Neustadt Informationen zum laufenden Verfahren gegen Weintz. Am 2. Februar wurden ihm die Zusammenfassung der Weintzschen SS-Offizierakte aus dem Berlin Document Center sowie das Verhörprotokoll von Weintz vom 23. Januar 1951 in Abschrift zugesandt.[513]

In einer Vernehmung bei der Staatsanwaltschaft in Frankenthal am 23. April äußerte sich Sprater schließlich ausführlich zu den von Weintz erhobenen Vorwürfen. Aus dem hierzu angefertigten Protokoll geht hervor, dass er von dessen Tätigkeit für Gestapo und SD in München, Wien und Berlin wusste und zudem auch darüber informiert war, dass Weintz im Fragebogen zu seinem Entnazifizierungsverfahren falsche Angaben gemacht hatte.[514] In einem Nachtrag zum Protokoll äußerte Sprater zudem die Vermutung, Weintz habe 1937 an der Versetzung des Speyerer Staatsarchivdirektors Pfeiffer nach Landshut mitgewirkt und sei zudem an Versuchen beteiligt gewesen, Sprater selbst im Juni 1939 abzusetzen, was allerdings misslungen sei. Darüber hinaus habe er in Neustadt erfahren, Weintz sei verantwortlich dafür, dass Personen aus seiner Heimatstadt und aus München ins Konzentrationslager eingeliefert worden seien.[515] Während die ersten beiden Verdächtigungen keine Faktengrundlage haben dürften, ist es durchaus möglich, dass die Aktionen von Weintz als SA-Mann in Neustadt im März 1933 und als Mitglied der Gestapo in München zur Einweisung von Personen in Konzentrationslager geführt haben könnten.[516]

Bereits am 24. Februar 1951 hatte die Generalversammlung des Historischen Vereins stattgefunden. Wie Sprater in seiner Vernehmung fast zwei Monate nach dem Ereignis schilderte, hatte Weintz bei der Versammlung auf jeden Tisch zwei „Rundschreiben" gelegt.

---

510 Diese Vermutung ist erwähnt im Zusatz zum Protokoll der Vernehmung von Friedrich Sprater von 23. April 1951 in: LA Speyer, V 52, Nr. 634.
511 Wann er diesen Antrag konkret stellte, ist unklar. Bereits am 15. Dezember 1950 hatte Sprater Bögler angeschrieben und bei ihm angefragt, ob es sinnvoll sei, Weintz wegen Beamtenbeleidigung anzuzeigen. Der Museumsdirektor Schultz unterrichtete am 25. Januar 1951 Bögler, dass er sich durch das Schreiben von Weintz an die Bezirksgruppe vom 15. Januar persönlich angegriffen fühle und bat deshalb darum, die Anzeige wegen Beamtenbeleidigung stattzugeben. Sprater schrieb am 26. Januar in der Angelegenheit an Bögler. Alle Schreiben finden sich in: LA Speyer, V 52, Nr. 634. In einem ebd. überlieferten undatierten Brief ohne Nennung des Empfängers, der wahrscheinlich an Bögler gerichtet war, rechtfertigte sich Sprater für sein Handeln und versuchte die Angriffe von Weintz zu entkräften.
512 Erwähnt im Protokoll zur Vernehmung Spraters am 23. April 1951 ebd.
513 Das Schreiben vom 2. Februar sowie die Abschrift der Unterlagen des Document Centers und des Vernehmungsprotokolls in: ebd.
514 Vernehmungsprotokoll vom 23. April 1951 ebd.
515 Ebd.
516 Sprater gibt ebd. an, in einem Schreiben des SD vom 6. Juni 1939 aus Berlin sei seine Absetzung gefordert worden. Allerdings war Weintz zu diesem Zeitpunkt in München oder im sogenannten Protektorat Böhmen und Mähren tätig. Eine Beteiligung an der Absetzung Pfeiffers ist ebenfalls unwahrscheinlich; vgl. dazu die Ausführungen im Kapitel zum Zeitraum 1933/1934. Zur Tätigkeit von in Neustadt im März 1933 und in München 1938 bis 1940 vgl. die Kapitel zu den Zeiträumen 1933/1934 und 1938–1940.

Allerdings hätten von den 89 Anwesenden nur vier diese auch unterzeichnet.[517] Zudem haben sich fünf handschriftliche Zettel, die alle auf den Dezember 1950 datiert sind und auf denen die Ideen von Weintz zur Reform des Vereins durch die Unterzeichnenden gebilligt wurden, im Nachlass Franz Böglers erhalten.[518]

Dabei handelt es sich bei zwei der Unterzeichnenden in Übereinstimmung mit der Aussage von Weintz, es herrsche gerade unter jungen Geschichtsinteressierten Unmut über die Publikationspolitik des Vereins, tatsächlich um Historiker, die gerade erst ihren universitären Abschluss gemacht hatten bzw. kurz davorstanden: der aus Landau stammende Hans Werle (1922–2002) wurde 1952 an der Universität Mainz mit einer Arbeit zur staufischen Hausmachtspolitik im 12. Jahrhundert promoviert und war dort nach einer zusätzlichen juristischen Promotion und seiner Habilitation als akademischer Rat und später als Professor tätig.[519] Der Studienreferendar Gustav Adolf Süß (1927–2016), der später mehrere Publikationen zur Geschichtsdidaktik vorlegte und unter anderem in den 1980er Jahren Vorsitzender der Verbands der Geschichtslehrer Deutschlands war, legte ebenfalls 1952 in Mainz eine Dissertation zum Oberrheinischen Kreis im späten 17. und frühen 18. Jahrhundert vor.[520]

Die Mitgliederversammlung am 24. Februar 1951 im Beethovensaal in Neustadt sollte dann durchgehend anders verlaufen, als Weintz sich dies erhofft hatte. Das detaillierte Protokoll, in dem die Wortmeldungen sowie Zwischenrufe ausführlich wiedergegeben sind, offenbart, dass er durch sein Verhalten eine Vielzahl von regionalen Akteuren verprellt hatte. Wenn er noch gehofft hatte, im Verein eine führende Rolle zu übernehmen, so wurde er spätestens nun eines Besseren belehrt. Franz Bögler als Mitglied des Notvorstands schilderte eingangs die Situation des Vereins und kritisierte deutlich die Briefe, die Weintz an verschiedene Personen verschickt hatte, wozu das Protokoll „Allgemeiner Beifall: ‚Sehr richtig!'" vermerkt. Er schlug vor, den Antrag von Weintz zur Tagesordnung abzulehnen, was nach einem Beitrag desselben, in dem er sein Tun rechtfertigte, und des Speyerer Oberbürgermeisters Paulus Skopp, der Bögler und Sprater in Schutz nahm, auch geschah. Nach einer Diskussion über die Rolle des Historischen Museums teilte Bögler den Anwesenden mit, dass Weintz darum gebeten habe, es sollte von zwei Personen Protokoll geführt und sichergestellt werden, dass nur Vereinsmitglieder stimmberechtigt waren. Bögler verlas nun den von fünf Personen unterzeichneten Antrag von Weintz zu Ausrichtung und Entwicklung des Vereins. In diesem Kontext wurde nun der Zweck des Vereins diskutiert, wobei Weintz am Beispiel

---

517 Vernehmungsprotokoll vom 23. April 1951 ebd.
518 Ebd.
519 Hans Werle, Das Erbe des salischen Hauses. Untersuchungen zur staufischen Hausmachtspolitik vornehmlich am Mittelrhein, Diss. Mainz 1952. Eine erweiterte Version wurde veröffentlicht unter dem Titel: Staufische Hausmachtspolitik im 12. Jahrhundert, in: ZGO 71 (1962), S. 241–370. Werle wurde in Mayen bei Koblenz geboren und besuchte in Landau die Grundschule und das Gymnasium; vgl. den Lebenslauf vom 27. April 1953 in: UA Mainz, 64/2457, Bl. 3. Für die Informationen zur Karriere Werles an der Universität Mainz und zu seinem Sterbedatum sei Christian George (Universitätsarchiv Mainz) herzlich gedankt.
520 Gustav Adolf Süß, Geschichte des oberrheinischen Kreises und der Kreisassoziationen in der Zeit des spanischen Erbfolgekrieges (1697–1714), Diss. Mainz 1952. Die Arbeit wurde unter demselben Titel veröffentlicht in: ZGO 103 (1955), S. 317–425; 104 (1956), S. 145–224. Vgl. zu seinen späteren Tätigkeitsfeldern den Nachruf auf der Homepage des Verbands der Geschichtslehrerinnen und Geschichtslehrer Deutschlands: https://geschichtslehrerverband.de/nachruf-dr-gustav-suess-ist-verstorben/ (4. November 2022).

des von ihm mitgebrachten ersten Bands der *Archivs für mittelrheinische Kirchengeschichte* hervorhob, dass sich der Verein entscheiden müsse, ob er, wie von Weintz gewünscht, sich primär um wissenschaftliche Betätigungen samt entsprechenden Publikationen bemühen oder im Museumsbereich weiterwirken wolle. Kurt Baumann erwiderte darauf, der Verein müsse auch die Heimatgeschichte abdecken, sei er doch „kein Historikerverein (lebhafter Beifall: sehr richtig!), sondern ein Verein von historisch Interessierten (Beifall: sehr richtig!)". Neben den Vertretern von Staatsarchiv, Museum und Landesbibliothek müssten entsprechend auch Laien eingebunden werden. Neben weiteren Wortmeldungen merkte der Roxheimer Pfarrer und Mainzer Honorarprofessor für Kirchengeschichte Georg Biundo zudem an, dass, wie auch von Weintz gefordert, Publikationsmöglichkeiten für an der Universität Mainz entstandene Arbeiten zur pfälzischen Geschichte geschaffen werden müssten. Nach weiterer Diskussion wurde schließlich der Entwurf der Satzung von 1948 angenommen und in den provisorischen zehnköpfigen Vorstand, dem Bögler vorstehen sollte, unter anderem Karl Friedrich Böhm, den Weintz ursprünglich als Leumundszeugen im Spruchkammerverfahren vorgesehen hatte, sowie auf Vorschlag von Weintz Biundo, Staatsarchivdirektor Schreiber, der Studienrat Kurt Baumann und der Leiter des Speyerer Bistumsarchivs Karl Lutz gewählt.[521]

Der Historische Verein konnte so seine Arbeit fortführen bzw. wieder aufnehmen. Auffällig ist, dass – wie auch bei der 1949 neugegründeten Pfälzischen Gesellschaft zur Förderung der Wissenschaften – die NS-Vergangenheit der verschiedenen Akteure zumindest in den überlieferten Quellen keine Rolle spielte.[522] Bögler, der als Sozialdemokrat nach 1933 verfolgt wurde und in die Schweiz emigrieren musste, wusste zwar ausweislich der Unterlagen in seinem Nachlass, wie Sprater und wahrscheinlich auch andere Anwesende, von der Tätigkeit von Weintz für Gestapo und RSHA, jedoch spielte dies nur eine Rolle, um sich des Regierungsrats a. D. in den Konflikten um den Historischen Verein sowie im Kontext der Beleidigungsklage zu erwehren.[523]

Dass ein langjähriger Nationalsozialist auf der Mitgliederversammlung des Historischen Vereins das Wort führte, störte offensichtlich niemanden. Grund hierfür dürfte nicht zuletzt gewesen sein, dass auch eine Vielzahl anderer prominenter Akteure der pfälzischen Geschichtsforschung nach 1945 in unterschiedlicher Art und Weise in Weltvorstellungen und Organisationen des NS involviert waren. Der ehemalige Landauer Stadtarchivar und Museumsleiter Karl Lutz, NSDAP-Mitglied seit 1937 und nach seiner Entnazifizierung Bistumsarchivar in Speyer, hatte in Denkschriften 1936 dafür geworben, die städtische Museumsarbeit auf völkischer und antisemitischer Grundlage neu zu gestalten.[524] Friedrich Sprater

---

521 LA Speyer, V 52, Nr. 634.
522 Zur Gesellschaft und ihrem Umgang mit der NS-Zeit vgl. Schlechter, Pfälzische Gesellschaft, S. 248–252.
523 Zum Exil Böglers in der Schweiz Kaiser, Franz Bögler, S. 678–680.
524 Michael Martin, Die „braune Revolution" in der Stadt: Stadtrat, Verwaltung, Polizei, Archiv, in: Stadt Landau in der Pfalz (Hg.), Landau und der Nationalsozialismus (Schriftenreihe zur Geschichte der Stadt Landau in der Pfalz 10), Ubstadt-Weiher u.a. 2013, S. 73–99, hier S. 96–99. Anhand von an der Ostfront selbst angefertigten Fotografien hatte Lutz während des Zweiten Weltkriegs in mehreren deutschen Städten zudem einen Vortrag mit dem Titel „Von der Reichshauptstadt bis vor Petersburg und Moskau" gehalten, in dem er den Verlauf des Angriffskrieg des nationalsozialistischen Deutschlands gegen die Sowjetunion schilderte;

öffnete sich in seinen Publikationen während des Nationalsozialismus völkischen Ideen und war ebenfalls Parteimitglied gewesen.[525] Dies galt ebenso für Kurt Baumann, der 1933 der NSDAP beigetreten war und als Ortsgruppenleiter fungiert hatte.[526] Georg Biundo stand während des „Dritten Reichs" den Deutschen Christen nah und war Mitglied des antisemitischen Instituts zur Erforschung und Beseitigung des Jüdischen Einflusses auf das Deutsche Kirchliche Leben gewesen.[527] Der seit 1950 als Direktor des Staatsarchivs Speyer amtierende Rudolf Schreiber wiederum stammte aus dem Milieu völkisch geprägter sudetendeutscher Historiker und hatte während der deutschen Besatzung in Prag als Archivar und Professor gewirkt.[528] Ein ehemaliger SS-Mann mit Gestapovergangenheit wie Karl Richard Weintz fiel in diesem Kreis nur bedingt auf.

Dabei waren die Kontinuitäten allerdings nicht nur personeller Natur. Weitestgehend waren die Themen der pfälzischen Geschichtsforschung in der Nachkriegszeit wieder dieselben, die bereits in den 1920er Jahren im Mittelpunkt des Interesses gestanden hatten: kleinräumige Arbeiten zu häufig durch Herkunft und Standort des Autors motivierten Spezialthemen.[529] Darüber hinaus blieb die historische Forschung in der Region in weiterer Ermangelung einer für die Pfalz aufgrund ihres Standorts zuständigen Universität, aber auch einer eigenen historischen Kommission, auch nach 1945 für entsprechende Forschungsaktivitäten auf eine kleine Gruppe von ausgebildeten Historikern und auch interessierten Laien angewiesen, die – teils in Mehrfachzugehörigkeit – in den verschiedenen Institutionen, im Historischen Verein und in der Pfälzischen Gesellschaft zur Förderung der Wissenschaften tätig waren. Zentrale Publikationsorgane wurden die 1953 erstmals wieder veröffentlichten *Mitteilungen des Historischen Vereins der Pfalz* mit teils durchaus gewichtigen wissenschaftlichen Studien und die mit Beiträgen teils akademischen, teils eher heimatgeschichtlichen Zuschnitts gefüllte *Pfälzer Heimat*.[530]

Karl Richard Weintz formulierte trotz seines weitestgehenden Scheiterns mit dem Versuch, Einfluss auf die Entwicklung des Historischen Vereins zu nehmen, seine Vorstellungen von pfälzischer Geschichtsforschung noch einmal im Jahr 1951 für ein breiteres Publikum

---

Natalie Fromm, „Von der Reichshauptstadt bis vor Petersburg und Moskau". Karl Lutz, Archivar aus Landau, fotografiert die Ostfront, in: Pfälzer Heimat 68/1 (2017), S. 48f.

525 Freund, Volk, Reich und Westgrenze, S. 203–205. Die Parteimitgliedschaft wird erwähnt in einem am 1. April 1941 von Sprater ausgefüllten Fragebogen; BA Berlin, R 9361 V 34078. Er gehörte der NSDAP seit 1937 an. Im Spruchkammerverfahren, wozu die entsprechende Akte im Landesarchiv Speyer heute nicht mehr erhalten ist, wurde er 1946 nach mehreren Revisionen schließlich zu einer Rückstufung um drei Gehaltsstufen verurteilt; LA Speyer, R 18, Karteikarte Friedrich Sprater.
526 Zu den Veröffentlichungen Baumanns während des Nationalsozialismus vgl. Schlechter, Pfälzische Gesellschaft, S. 241f. Zur Parteimitgliedschaft, seiner Tätigkeit als Ortsgruppenleiter sowie dem seit 1949 rechtskräftigen Urteil der Spruchkammer, das ihn als Minderbelasteten einstufte und ihm in diesem Kontext eine Strafe von 3.000 Mark auferlegte sowie die Wählbarkeit und das Recht, sich in Parteien zu betätigen, absprach vgl. die Spruchkammerakte LA Speyer, R 18, Nr. 8731 sowie seine Personalakte LA Speyer, H 14, Nr. 6680.
527 Ronald D. Webster, Dr. Georg Biundo: German Pastor, Ardent Nationalist, Sometime Antisemite, in: Kirchliche Zeitgeschichte 13 (2000), S. 92–111, insbesondere S. 92–102.
528 Tobias Wegner, „Volkstumskampf" ohne Ende? Sudetendeutsche Organisationen, 1945–1955 (Die Deutschen und das östliche Europa 2), Frankfurt u.a. 2008, S. 253f., 624.
529 Applegate, Nation, S. 231f.
530 Ebd., S. 231.

schriftlich aus. In der Zeitungsbeilage *Pfälzer Land* veröffentlichte er am 27. Oktober 1951 einen Beitrag mit dem Titel *Probleme pfälzischer Geschichtsforschung. Vor mancherlei Aufgaben.*[531] Deutlich wird in seinen Ausführungen die Verhaftung in seinem bereits skizzierten völkischen Geschichtsbild. Möglicherweise nicht zuletzt deshalb wurde der Artikel von Redaktionsseite mit dem Hinweis versehen, man stimme nicht mit allen Gedankengängen des Autors überein. In seinem Beitrag formulierte Weintz deutlich seine Vorstellungen, die er zumindest in Teilen nach der Gründung der von ihm federführend ins Leben gerufenen Stiftung zur Förderung der pfälzischen Geschichtsforschung nach 1979 wieder aufgreifen sollte. Er vertrat die Auffassung, dass Geschichte aufgrund ihrer Relevanz für die Zukunft erforscht werden müsse. Deutlich unterschied er dabei zwischen Volk und Staat. So sei es Aufgabe der Forschung, „Schaden, den die einzelnen Regierungsgewalten dem Volk zugefügt haben", zu untersuchen. Nach seinen Vorstellungen waren die linksrheinischen Bewohner der Pfalz Teil eines rheinfränkischen Volksstamms, von dem sie durch die Pfalzgrafen bei Rhein entfremdet worden seien.[532]

Man solle sich entsprechend nicht „zu den Gebilden der territorialen Zerstückelung" bekennen, sondern müsse „das gemeinsame Größere" suchen. Ziel müsse ein geeinter pfälzischer Volksstamm sein, wodurch die Zeit des Verfalls beendet werden könne. Thema der Geschichtsforschung sollten die „gemeinsamen Stammeseigenschaften" links wie rechts des Rheins sein. Dafür sei nicht zuletzt rechtshistorische Grundlagenforschung, vor allem zu mittelalterlichen Themen wie Stadtrechten und Lehnsbüchern, zu leisten. Ziel müsse es zudem sein, die auf verschiedene Institutionen verteilte einschlägige Überlieferung in einem mittelrheinischen Zentralarchiv zusammenzutragen und ein Pfälzisches Urkundenbuch zu veröffentlichen.[533]

Weintz griff in seinen Ausführungen neben Vorstellungen eines homogenen Volkskörpers, die bereits in seinem antisemitischen Artikel von 1933 und in seinem Vortrag zu seinem Dissertationsthema in München 1934 Niederschlag gefunden hatten, ebenfalls aus der Zwischenkriegszeit stammende Vorstellungen einer in landschaftlich verwurzelte Stämme geteilten Nation auf, die in den 1950er Jahren nicht zuletzt im Zuge der Länderneuordnungen in der Bundesrepublik wieder Konjunktur hatten.[534] Dabei lagen seine Vorstellungen hinsichtlich des Arbeitsprogramms der pfälzischen Geschichtsforschung durchaus auf einer Linie mit den für andere Länder und Regionen formulierten und teils auch schon umgesetzten Zielsetzungen. Gerade im Kontext der Langzeitprojekte von historischen Kommissionen und Vereinen standen Editionen gerade der mittelalterlichen Überlieferung hoch im Kurs.[535] Das von Weintz angepeilte mittelrheinische Zentralarchiv und ein Pfälzisches Urkundenbuch waren

---

531 Karl Richard Weintz, Probleme pfälzischer Geschichtsforschung. Vor mancherlei Aufgaben, in: Pfälzer Land, 27. Oktober 1951, S. 3f.
532 Ebd., S. 3.
533 Ebd., S. 3f.
534 Oberkrome, Entwicklungen, S. 72, 93f.
535 Werner, Zwischen politischer Begrenzung und methodischer Offenheit, S. 259f., 281, 295; zeitgenössisch: Hermann Heimpel, Über Organisationsformen historischer Forschung in Deutschland, in: HZ 189 (1959), S. 139–222, hier S. 214–218.

allerdings mit Blick auf die archiv- und territorialspezifischen Gegebenheiten unrealistische Gedankenspiele. Auf dem Gebiet der linksrheinischen Pfalz hatte vom Mittelalter bis zum Zeitpunkt der Veröffentlichung des Weintzschen Artikels eine Vielzahl von Herrschschafsgebieten, Territorien und Ländern bestanden, deren Überlieferung 1951 über mehrere Archive in Süd- und Südwestdeutschland verteilt war. Dass diese tatsächlich wieder in einer Institution zusammengeführt werden würden, war im besten Falle Traumtänzerei.[536]

Vom Ausbau der landesgeschichtlichen Lehrstuhlstrukturen in Westdeutschland und der Förderung der historischen Kommissionen in den teils neu entstandenen Ländern bis in die späten 1960er Jahre profitierte die Pfalz kaum.[537] Die Pädagogische Hochschule in Landau wurde erst 1990 gemeinsam mit Koblenz zur Universität Koblenz-Landau zusammengeschlossen, wobei am Landauer Campus nur wenige Jahre Historikerinnen und Historiker ausgebildet wurden.[538] Zumindest punktuell wurden für den Raum relevante Themen jedoch als Dissertationen an der Universität Mainz vergeben, etwa am landesgeschichtlichen Lehrstuhl von Ludwig Petry und später auch seines Nachfolgers Alois Gerlich.[539] Seit 1949 lehrte zudem der Roxheimer Pfarrer Georg Biundo als Honorarprofessor für rheinisch-pfälzische Kirchengeschichte an der neugegründeten Universität und betreute entsprechende Arbeiten.[540] Während die meisten Lehrstuhlinhaber am Historischen Seminar der Universität Heidelberg bis weit in die 2000er Jahre hinein keine Studien zur linksrheinischen Pfalz vorlegten, entstanden dort jedoch gerade im Kontext des Instituts für Fränkisch-Pfälzische Geschichte und Landeskunde mehrere einschlägige Untersuchungen.[541] Schwerpunktmäßig der pfälzischen Auswanderergeschichte widmete sich in den ersten Jahrzehnten ihres Bestehens nach dem Zweiten Weltkrieg die seit 1953 in Trägerschaft des Bezirksverbands Pfalz befindliche Heimatstelle Pfalz in Kaiserslautern, deren Vorgängerinstitution die 1936

---

536 Zur Verteilung der Überlieferung auf die verschiedenen Archive vgl. Volker Rödel, Zerstreut und auch verloren – Wege und Irrwege rheinpfälzischer Archivalien, in: Karl Heinz Debus (Hg.), Das Landesarchiv Speyer. Festschrift zur Übergabe des Neubaues (Veröffentlichungen der Landesarchivverwaltung Rheinland-Pfalz 40), Koblenz 1987, S. 123–128.

537 Zum Aufschwung der Landesgeschichte in den ersten Nachkriegsjahrzehnten Werner, Zwischen politischer Begrenzung und methodischer Offenheit, S. 329–341.

538 Zur Entwicklung der Universität und ihrer Vorgängerinstitutionen ausführlich Roman Heiligenthal/Ulrich Andreas Wien (Hgg.), Universität im Aufbruch. Festschrift zum Gründungsjubiläum der Universität Koblenz-Landau, Ubstadt-Weiher u.a. 2015.

539 Zu Ludwig Petry vgl. Wilfried Irgang, Ludwig Petry (1908–1991), in: Heinz Duchhardt (Hg.), Mainzer Historiker (Beiträge zur Geschichte der Universität Mainz NF 16), Göttingen 2020, S. 81–105, hier S. 97f. Die von ihm betreuten Dissertationen sind aufgeführt in: Ludwig Petry jun., Ludwig Petry. Verzeichnis seines Schrifttums, in: Festschrift Ludwig Petry, Teil 1 (Geschichtliche Landeskunde 5,1), Wiesbaden 1968, S. 294–315, hier S. 311–315; Ludwig Petry, Forschungs- und Tätigkeitsbericht über Geschichtliche Landeskunde, in: Forschungsbericht Geschichte (Forschungsbericht der Johannes Gutenberg-Universität Mainz 2), Mainz 1974, S. 56–87, hier S. 86. Zu Alois Gerlich vgl. Karl-Heinz Spieß, Alois Gerlich (1925–2010), in: Heinz Duchhardt (Hg.), Mainzer Historiker (Beiträge zur Geschichte der Universität Mainz NF 16), Göttingen 2020, S. 107–123; zu den von ihm betreuten Dissertationen vgl. Elmar Rettinger, Verzeichnis der Schriften sowie der von Alois Gerlich betreuten Dissertationen und Habilitationen, in: Winfried Dotzauer u.a. (Hgg.), Landesgeschichte und Reichsgeschichte. Festschrift für Alois Gerlich zum 70. Geburtstag (Geschichtliche Landeskunde 42), Stuttgart 1995, S. 445–452.

540 Alfred Hans Kuby, Prof. Dr. theol. Georg Biundo gestorben, in: Pfälzer Heimat 39 (1988), S. 84f, hier S. 85.

541 Vgl. dazu Meinrad Schaab, Landesgeschichte in Heidelberg, in: Jürgen Miethke (Hg.), Geschichte in Heidelberg. 100 Jahre Historisches Seminar. 50 Jahre Institut für Fränkisch-Pfälzische Geschichte und Landeskunde, Berlin u.a. 1992, S. 175–200, insbesondere S. 194–200.

begründete Mittelstelle Saarpfalz gewesen war. Sie erhielt 1986 ihren heutigen Namen Institut für pfälzische Geschichte und Volkskunde und erfuhr in den letzten Jahrzehnten thematisch und institutionell einen deutlichen Professionalisierungsschub.[542]

Karl Richard Weintz allerdings hielt sich von all diesen Institutionen fern. Obwohl er offensiv ein Forschungsprogramm für die pfälzische Geschichtsforschung formuliert hatte, in dem er – ganz an seinen bisherigen wenigen Publikationen orientiert – vor allem rechtsgeschichtliche Themen hervorhob, publizierte Weintz nach seiner Entnazifizierung und nach dem Ende des Streits mit dem Historischen Verein in den nachfolgenden Jahrzehnten kaum noch etwas. Ein Grund hierfür dürfte sein, dass er Ende Juni 1951 nach Neustadt in die Luitpoldstraße 13 (später Konrad-Adenauer-Straße 13) zog, sich vor Ort als Anwalt niederließ und durch seine neue Tätigkeit zeitlich stark in Beschlag genommen worden sein dürfte.[543]

Das von Sprater gegen ihn angestrengte Verfahren wegen Beamtenbeleidigung wurde 1952 eingestellt.[544] In einer Vergleichsverhandlung vor dem Landgericht Frankenthal hatte sich Weintz bereit erklärt, seine Behauptungen zurückzunehmen und dem ehemaligen Museumsdirektor die durch das Verfahren angefallenen Kosten zu erstatten. Sprater plante, seine Erklärung zu vervielfältigen und an die Mitglieder des Historischen Vereins zu versenden.[545]

Allerdings wäre Weintz nicht Weintz gewesen, wenn er die Sache tatsächlich einfach auf sich hätte beruhen lassen. In einem Schreiben an Friedrich von Bassermann-Jordan vom 28. Februar 1952 schilderte Sprater, dass der Neustadter Rechtsanwalt ihm in einem Brief vom 9. des Monats mitgeteilt habe, er habe die von ihm am 25. November 1950 angeschriebenen Personen – als er erstmals die Vorwürfe gegen Sprater erhob – darum gebeten ihm die ihnen übersandten Schriftstücke wieder zukommen zu lassen. Allerdings erwies sich diese Behauptung, wie so oft bei Streitigkeiten, in die Weintz verwickelt war, als falsch. Inwiefern der von Sprater geschilderte Versuch von Weintz, eine Vervielfältigung seiner ans Landgericht nach Frankenthal übersandten Erklärung, in der er die Beschuldigungen gegen den ehemaligen Museumsdirektor zurücknahm, zu verhindern, gelang, bleibt jedoch unklar.[546] Zufrieden war mit dem Ausgang der Angelegenheit zumindest der Präsident der Pfälzischen Gesellschaft Friedrich von Bassermann-Jordan: „Es ist mir erfreulich, dass er [Weintz, B. M.] nun gründ-

---

542 Zur Entwicklung des Instituts vgl. Sabine Klapp/Barbara Schuttpelz, Das Institut für pfälzische Geschichte und Volkskunde (IPGV), Kaiserslautern, in: Sönke Friedreich/Ira Spieker (Hgg.), Alltag, Kultur, Wissenschaft. Die volkskundlich-kulturanthropologischen Institute und Landesstellen (ISGV digital 3), Dresden 2021, S. 137–143 (https://www.isgv.de/publikationen/details/alltag-kultur-wissenschaft) (4. Januar 2023).
543 Der Umzug am 29. Juni 1951 ist vermerkt in: StdA Speyer, Meldekartei. Als Anwalt beim Amtsgericht Neustadt und beim Landgericht Frankenthal wurde er am 17. August 1951 zugelassen; vgl. die Angabe in den Verhandlungen gegen Weintz im Rahmen eines Ehrengerichtsverfahrens 1959, LA Speyer, J 71, Nr. 752, Bl. 47. Zu korrigieren ist entsprechend die Angabe bei Maier, Staatsarchiv Speyer, S. 59, Weintz habe erst seit 1953 als Anwalt praktiziert.
544 Erwähnt ist die Einstellung des Verfahrens in einem Schreiben von Karl Richard Weintz an Franz Bögler vom 12. Juni 1952; LA Speyer, V 52, Nr. 634.
545 Erwähnt im Brief Friedrich Sprater an Friedrich von Bassermann-Jordan, 28. Januar 1952; Historisches Museum der Pfalz, Speyer, Akten der Pfälzischen Gesellschaft zur Förderung der Wissenschaften II.
546 Vgl. zu den Details das Schreiben von Friedrich Sprater an Friedrich von Bassermann-Jordan vom 28. Februar 1952; Historisches Museum der Pfalz, Speyer, Akten der Pfälzischen Gesellschaft zur Förderung der Wissenschaften II. In der Sache der Begleitschreiben vom 25. November 1950 wandte er sich am selben Tag auch an den Speyerer Staatsarchivdirektor Schreiber; ebd. III.

lich hereingefallen ist u. zahlen musste."[547] Es sollte auch nicht das letzte Mal sein, dass Karl Richard Weintz sich als Beklagter verantworten musste bzw. ein Verfahren im Raum stand.

Auch in seinem Streit mit dem Historischen Verein gab er nicht klein bei. So wandte er sich am 16. Januar 1952 brieflich an den Regierungspräsidenten Franz Pfeiffer und formulierte nochmals seine Forderung, der Historische Verein möge sich vom Museum trennen und seine Mittel eher in die Veröffentlichung eines großen Urkundenbuchs investieren, wobei er darum bat, Pfeiffer seine Ideen persönlich vortragen zu dürfen.[548] Ob ihm dies gelang, ist eher fraglich.

Insgesamt ergeben die überlieferten Quellen zu den Auseinandersetzungen von Weintz mit verschiedenen Akteuren der pfälzischen Geschichtsforschung in den frühen 1950er Jahren das Bild eines in der personell überschaubaren Gemeinschaft von landesgeschichtlich Interessierten weitestgehend isolierten querulantischen Einzelgängers, dessen Vorstellungen größtenteils keinen Widerhall fanden.

---

547 Friedrich von Bassermann-Jordan an Friedrich Sprater, 29. Februar 1952 (das Schreiben fälschlich datiert auf 1951); ebd. II.
548 LA Speyer, V 140, Nr. 15.

1952–1979: Einzelgänger in Beruf und pfälzischer Geschichtsforschung

Der Lebensweg von Karl Richard Weintz ist in vielem typisch für die Mehrheit jener Angehörigen von Gestapo und RSHA, die nicht in den unmittelbaren Nachkriegsjahren zu Haftstrafen oder, gerade bei der Auslieferung an osteuropäische Staaten, zum Tode verurteilt wurden. Den meisten gelang es, in bürgerliche Berufe zurückzukehren und zumindest nach außen hin einen respektablen gesellschaftlichen Schein zu wahren.[549] Für Weintz lag es nahe, als Rechtsanwalt in seiner Heimatstadt tätig zu werden. Seine Eltern besaßen dort zwei Häuser. Eine Rückkehr in den öffentlichen Dienst war ihm nicht möglich, da er die im Gesetz zu Artikel 131 des Grundgesetzes vorgesehenen zehn absolvierten Dienstjahre im öffentlichen Dienst nicht vorweisen konnte und zudem Angehörigen der Gestapo eine Übernahme in der Regel ohnehin verwehrt blieb.[550] Obwohl beides auf Weintz zutraf, behauptete er wohl zumindest gegenüber Einzelnen in späteren Jahren, er hätte wieder in den Staatsdienst eintreten können.[551]

Da ein privater Nachlass nicht bekannt ist bzw. nicht zugänglich ist, lassen sich die Aktivitäten von Weintz nach seiner Rückkehr nach Neustadt 1951 bis zu seinem Tod 2010 wesentlich weniger geschlossen untersuchen als sein Leben bis in die frühe Nachkriegszeit. Sichtbar werden primär seine Tätigkeit als Anwalt, seine Beziehungen zum Historischen Verein sowie die Erfassung durch verschiedene Strafverfolgungsbehörden in den 1960er Jahren. Das Bild, das sich für die fast sechs Jahrzehnte ergibt, die er nach dem Krieg in Neustadt verbrachte, muss entsprechend in einigen Punkten unvollständig bleiben. Trotzdem ist es in vielem durchaus aussagekräftig.

Fassbar ist, dass Weintz wegen seines Hangs zu Streitereien auch in seiner Tätigkeit als Rechtsanwalt in den 1950er Jahren wiederholt Probleme bekam. So musste er sich in den Jahren 1953, 1957 und 1959 in Ehrengerichtsverfahren verantworten. Während das erste Verfahren, dessen Gegenstand nicht rekonstruierbar ist, noch eingestellt wurde[552], wurde er in Verhandlungen vor dem Ehrengericht der Pfälzischen Anwaltskammer 1957 mit einem

---

549 Herbert, NS-Eliten, S. 110; differenziert zu ehemaligen Gestapoangehörigen Gerhard Paul, Zwischen Selbstmord, Illegalität und neuer Karriere. Ehemalige Gestapo-Bedienstete in Nachkriegsdeutschland, in: ders./Klaus-Michael Mallmann (Hgg.), Die Gestapo – Mythos und Realität, Darmstadt 1995, S. 529–547, hier S. 543–547.
550 Ullrich, „Ich fühl' mich nicht als Mörder", S. 127f.; Wildt, Generation des Unbedingten, S. 841f.; Paul, Zwischen Selbstmord, S. 545f.
551 Dass Weintz die Möglichkeit gehabt hätte, als Regierungsrat zur Wiederverwendung (z. Wv.) erneut in den Staatsdienst zu treten, wird im Nachruf erwähnt; Spieß, Nachruf, S. 9. Gerhard Wunder hingegen notierte für seine Rede, die er als Vorsitzender der Bezirksgruppe Neustadt im Historischen Verein anlässlich des 100. Geburtstags von Weintz am 11. September 2008 hielt, dass dieser nicht genug Dienstjahre absolviert hatte; vgl. hierzu den Notizzettel im Privatarchiv Gerhard Wunder.
552 Am 8. Oktober 1953 teilte der Generalstaatsanwalt, der die Akte zum Spruchkammerverfahren von Weintz angefordert hatte, dem Regierungspräsidenten mit, dass er das Ehrengerichtsverfahren eingestellt habe und die Akte zurücksende; vgl. die beiden Schreiben in: LA Speyer, R 18, Nr. 27524, ohne Blattzählung.

Verweis bedacht und 1959 mit einer Strafe von 200 Mark belegt. Grund hierfür war, dass Weintz in zwei Verfahren die Eignung und Unparteilichkeit des jeweils zuständigen Richters infrage gestellt und diesen unsachlich kritisiert hatte.[553] Dabei scheint zumindest im letzteren Verfahren ein Hinweis auf seine politische Einstellung durch, hatte er doch im ursprünglichen Verfahren für seinen Mandanten darum gebeten, „kein Urteil zu fällen, das geeignet wäre, daß die links gerichtete Presse einen spaltenlangen Artikel zum Nachteil des Angeklagten bringt."[554] Deutlich wird im Kontext der Verfahren zudem der schon mehrfach beschriebene Hang von Weintz zum Verfassen seitenlanger Einlassungen, die, ganz im Stile seiner Auseinandersetzungen 1933/1934 und zwischen 1950 und 1952, zwischen Besserwisserei, dem Verweis auf angeblich von mehreren, kaum einmal namentlich benannten Personen, beanstandeten Sachverhalten und Unterstellungen gegen Dritte schwankten.[555]

Dabei scheint Weintz, der nach wie vor unverheiratet war, insgesamt nach seiner Rückkehr nach Neustadt weitestgehend das Leben eines Einzelgängers geführt zu haben, der außerhalb seiner Arbeit als Anwalt und seiner späteren Tätigkeit im Historischen Verein und dann ab 1979 durch die von ihm mitbegründete Stiftung kaum nachweisbare soziale Kontakte pflegte. Seinen Status als sozialer Außenseiter mag noch unterstrichen haben, dass er sich zeitlebens nicht krankenversicherte.[556]

Verbunden war er allerdings der in Neustadt ansässigen Familie Alwens, wo er über 20 Jahre seinen Mittagstisch einzunehmen pflegte.[557] Der während seiner Referendarszeit am Münchener Landgericht tätige Richter Wilhelm Alwens, ein im rechten Spektrum der Weimarer Republik zu verortender ehemaliger Angehöriger des Freikorps Epp und seit 1937 auch Mitglied der NSDAP, der sich ebenfalls heimatgeschichtlich betätigte, suchte Weintz bei seinen Aufenthalten in Neustadt wiederholt auf.[558]

Alwens, der zwischen 1945 und 1950 seiner Tätigkeit als Landgerichtsdirektor in Würzburg, die er seit 1937 ausgeübt hatte, nicht nachgehen durfte, hatte sich in seinem Spruchkammerverfahren darum bemüht, unter Hinzugabe einer Vielzahl von Leumundszeugnissen wieder in den Justizdienst eingestellt zu werden. In den „Persilscheinen" wurde ihm genrebedingt beschieden, er habe sich kaum im Sinne des Nationalsozialismus betätigt.[559] Dass dies allerdings eher beschönigend war, zeigen verschiedene Schriftstücke aus der Akte zu seinem Verfahren. So wurde Alwens vom Vorprüfungs-Ausschuss des Landgerichts neben dem Verweis auf seine charakterliche Integrität beschieden, er sei „nach seiner politischen Entwicklung

---

[553] LA Speyer, J 71, Nr. 748; LA Speyer, J 71, Nr. 752.
[554] LA Speyer, J 71, Nr. 752, Bl. 48.
[555] So etwa sein Schreiben an den Generalstaatsanwalt in Neustadt vom 12. April 1957; LA Speyer, J 71, Nr. 748, Bl. 13–23.
[556] Vgl. hierzu Spieß, Nachruf, S. 9. Weintz verlor schlussendlich seine Zulassung als Anwalt, da er sich nicht sozialversicherte; ebd.
[557] Spieß, Will Alwens, S. 52.
[558] Zu den Besuchen vgl. ebd., S. 51 f.; zu den heimatgeschichtlichen Aktivitäten von Alwens vgl. auch Roland Paul, Landgerichtspräsident a. D. Dr. Willi Alwens 85 Jahre, in: Pfälzer Heimat 29 (1978), S. 33. Vgl. weiterhin die Ausführungen zu Wilhelm Alwens im Kapitel zum Zeitraum 1933/1934.
[559] Die Leumundszeugnisse in: BayStA Würzburg, Spruchkammer Würzburg, Nr. 79, Bl. 8–18 sowie weitere eidesstattliche Erklärungen ohne Blattzählung.

von jeher rechts gerichtet" gewesen, zwar nicht als Nationalsozialist anzusehen, aber doch als „Anhänger der Gewaltpolitik, vielleicht wilhelminischer Färbung" einzuschätzen.[560] Eine Vielzahl von Mitgliederschaften und teils auch Ämtern, etwa jenes eines Zellenwalters bei der Nationalsozialistischen Volkswohlfahrt, beim NS-Reichskriegerbund und beim Reichskolonialbund sowie bis 1934 auch bei der SA-Reserve sowie die Bewerbung um die Stelle eines Landgerichtspräsidenten im durch das Deutsche Reich besetzten Elsass im Jahr 1941 sprechen durchaus für eine gewisse Nähe zu den Vorstellungen des „Dritten Reichs".[561] Es bestanden also zumindest weltanschauliche Überschneidungspunkte mit Karl Richard Weintz.[562]

Nachdem Wilhelm Alwens nach dem Beschluss des Vorprüfungs-Ausschusses zuerst 1946 als Minderbelasteter eingestuft, ihm für zwei Jahre nur eingeschränkte Tätigkeiten erlaubt wurden und er zudem eine Strafe von 1.000 Reichsmark zahlen sollte, wurde er schließlich 1948 – ebenfalls als Minderbelasteter – nur noch zu einer Sühneleistung von 400 Reichsmark verurteilt.[563] Er wurde schließlich 1950 am Landgericht Coburg wieder in den bayerischen Justizdienst eingestellt und verbrachte nach der Pensionierung seinen Ruhestand in München.[564]

Weitere persönliche Kontakte sind auch quellenbedingt für Weintz in der Nachkriegszeit kaum nachweisbar. Der Grund für die wahrscheinlich weitestgehende Isolation in seiner überschaubaren Heimatstadt könnte neben seinem schwierigen Charakter auch gewesen sein, dass die Vergangenheit des überzeugten Nationalsozialisten in Neustadt durchaus noch bekannt war, war er doch vor 1945 entsprechend offen aufgetreten und waren seine Tätigkeiten im Zuge des Spruchkammerverfahrens und des Streits mit verschiedenen Akteuren der pfälzischen Geschichtsforschung doch auch in der Nachkriegszeit ausführlich öffentlich verhandelt worden. Gesellschaftlich dürfte seine Nähe zum Nationalsozialismus entsprechend bekannt gewesen sein. Unklar allerdings ist, wie offen sich Weintz seit den 1950er Jahren tatsächlich politisch äußerte.

Während der 1950er und über weite Teile der 1960er Jahre lassen sich bis auf seine Mitgliedschaft im Historischen Verein keine Aktivitäten von Weintz im Rahmen der pfälzischen Geschichtsforschung nachweisen. Sein Schulkamerad Karl Friedrich Böhm, der sich geweigert hatte, den Entwurf eines Leumundszeugnisses für Weintz zu unterschreiben, wurde 1950

---

560 Begründung des Gutachtens durch den Vorprüfungs-Ausschuss vom 29. August 1946; ebd., ohne Blattzählung.
561 Vgl. zu den Mitgliederschaften den handschriftlich ausgefüllten Fragebogen vom 26. April 1945; ebd., ohne Blattzählung. Die Bewerbung auf die Stelle eines Landgerichtspräsidenten bzw. gehobenen Landgerichtsdirektors im Jahr 1941 erwähnte er selbst in einem Schreiben an den Präsidenten des Landgerichts Würzburg vom 24. August 1946, in dem er diese mit der Nähe des Elsass zu seiner pfälzischen Heimat, Vorfahren aus dieser Region, seinem Aufenthalt dort während des Ersten Weltkriegs und der Schulzeit seiner Frau in Straßburg begründete; ebd., Bl. 46.
562 Seine deutlich antikommunistische Einstellung zeigte Alwens etwa bei der Charakterisierung der Akteure der Münchener Räterepublik in seinem längeren Rechtfertigungsschreiben von 1946; exemplarisch die Behauptung, „absoluter Terror" habe diese gekennzeichnet ebd., Bl. 41.
563 Der Beschluss des Vorprüfungs-Ausschusses vom 29. August 1946 und der Sühnebescheid vom 27. Februar 1948 ebd., ohne Blattzählung.
564 Spieß, Willi Alwens, S. 51f.

Vorsitzender der Bezirksgruppe Neustadt im Historischen Verein der Pfalz.[565] Er verstarb jedoch bereits Anfang 1953.[566]

Hinsichtlich seiner Vergangenheit kam es Weintz zugute, dass über weite Teile der 1950er Jahre in Bundesrepublik wenig Interesse von Justiz und Öffentlichkeit an der Aufarbeitung der nationalsozialistischen Verbrechen bestand.[567] Auch in Neustadt an der Weinstraße war dies der Fall, was etwa an den vergleichsweise milden Urteilen gegen die an den Ereignissen in der Pogromnacht 1938 in der Stadt Beteiligten sichtbar wurde, die zwischen 1949 und 1957 vor dem Landgericht Frankenthal gesprochen wurden.[568]

Wohl bereits in den 1950er Jahren wurde Weintz auf einer Übersicht des Ministeriums der Staatssicherheit der DDR als Mitarbeiter des RSHA und Angehöriger der Einsatzgruppe B erfasst, die später in das sogenannte NS-Archiv der Behörde kam.[569] In Westdeutschland wiederum führte das sich ändernde juristische und gesellschaftliche Klima dazu, dass der Neustadter Rechtsanwalt auf den Radar der Strafverfolgungsbehörden gelangte. Nach den Ulmer Einsatzgruppenprozess 1958 und dem Prozess gegen Adolf Eichmann in Jerusalem 1961 sowie durch die Einrichtung der Zentralen Stelle der Landesjustizverwaltungen zur Aufklärung nationalsozialistischer Verbrechen in Ludwigsburg 1958 kam neuer Schwung in die Ermittlungen gegen ehemalige Angehörige verschiedener NS-Institutionen.[570]

Auf Weintz wurde die Zentrale Stelle durch ein Schreiben aus der Pfalz aufmerksam. Am 30. August 1961 wandte sich Kurt Schmidt aus Mußbach (heute ein Stadtteil von Neustadt) an die Ludwigsburger Behörde. Er gab an, sich durch eine Fernsehsendung über den Eichmann-Prozess dazu veranlasst gefühlt zu haben, die Zentrale Stelle zu kontaktieren, um diese auf Karl Richard Weintz hinzuweisen, der „früher in dem Amt Heidrich [sic!] sowohl in Polen als auch in der Tschechoslowakei bei Verbrechen gegen die Menschlichkeit mit-

---

565 Die Denkmalpflege muß in Gang kommen. Neuer Vorstand des Historischen Vereins der Pfalz, in: Die Rheinpfalz. Neustadter Nachrichten, 16. November 1950; der Ausschnitt auch in: LA Speyer, T 1, Nr. 56.
566 Vgl. hierzu das Schreiben von Karl Schultz an den Regierungspräsidenten Franz Pfeiffer vom 4. Januar 1953 in: LA Speyer, V 140, Nr. 15.
567 Norbert Frei, Vergangenheitspolitik in den fünfziger Jahren, in: Wilfried Loth/Bernd-A. Rusinek (Hgg.), Verwandlungspolitik. NS-Eliten in der westdeutschen Nachkriegsgesellschaft, Frankfurt 1998, S. 79–92; Annette Weinke, Amnestie für Schreibtischtäter. Das verhinderte Verfahren gegen die Bediensteten des Reichssicherheitshauptamtes, in: Klaus-Michael Mallmann/Andrej Angrick (Hgg.), Die Gestapo nach 1945. Karrieren, Konflikte, Konstruktionen (Veröffentlichungen der Forschungsstelle Ludwigsburg der Universität Stuttgart 14), Darmstadt 2009, S. 200–220, hier S. 204; Andreas Eichmüller, Keine Generalamnestie. Die strafrechtliche Verfolgung von NS-Verbrechen in der frühen Bundesrepublik (Quellen und Darstellungen zur Zeitgeschichte 93), München 2012, S. 17–188.
568 Gabriele Stüber, Das Erbe der Volksgemeinschaft im Zeichen von Nachkriegsnot und Wiederaufbau, in: Markus Raasch (Hg.), Volksgemeinschaft in der Gauhauptstadt. Neustadt an der Weinstraße und der Nationalsozialismus, Münster 2020, S. 741–761, zu dem Prozess S. 758.
569 BA Berlin, R 58 11116, Bl. 11. Zur Entstehung des zeitgenössisch nicht so bezeichneten NS-Archivs und zu seinen Beständen vgl. Dagmar Unverhau, Das „NS-Archiv" des Ministeriums für Staatssicherheit. Stationen einer Entwicklung (Archiv zur DDR-Staatssicherheit 1), Münster 1998.
570 Eichmüller, Keine Generalamnestie, S. 188–211. Zur Geschichte der Zentralen Stelle in Ludwigsburg vgl. Annette Weinke, Eine Gesellschaft ermittelt gegen sich selbst. Die Geschichte der Zentralen Stelle Ludwigsburg 1958–2008 (Veröffentlichungen der Forschungsstelle Ludwigsburg der Universität Stuttgart 13), Darmstadt ²2009; zur Wahrnehmung des Eichmann-Prozesses in der deutschen Öffentlichkeit Peter Krause, Der Eichmann-Prozeß in der deutsche Presse (Wissenschaftliche Reihe des Fritz Bauer Instituts 8), Frankfurt/ New York 2002.

gewirkt" habe, unter anderem bei der Ermordung der Einwohner des tschechischen Dorfs Lidice. Wegen seiner früheren Tätigkeit habe er zudem den Beinamen „Menschenjäger". Auf die Vergangenheit von Weintz sei Schmidt bereits im vorangehenden Jahr durch einen Juristen hingewiesen worden, der sich darüber echauffierte, dass eine örtliche Firma diesen als Rechtsanwalt beschäftigte.[571]

Das Schreiben bietet Einblick in das Wissen und die Gerüchte um die Tätigkeiten von Weintz vor 1945, die Anfang der 1960er Jahre in Neustadt und Umgebung verbreitet waren. So wusste Schmidt von dessen Zeit beim RSHA oder bei der Gestapo („Amt Heidrich") sowie, dass er in Polen und der Tschechoslowakei eingesetzt gewesen war. Allerdings verortete er den Einsatz von Weintz nicht ins Jahr 1939, sondern brachte ihn fälschlicherweise mit dem Massaker an den Bewohnern und der Zerstörung des Dorfs Lidice nach der Ermordung Reinhard Heydrichs im Juni 1942 in Verbindung. Auch wenn es sich nur um ein einzelnes Zeugnis handelt, so ist der Brief von Kurt Schmidt aus dem Jahr 1961 doch ein Beleg dafür, dass auch 16 Jahre nach Kriegsende durchaus noch Wissen um die Tätigkeit von Weintz im Nationalsozialismus in Neustadt und Umgebung vorhanden war.

Bei der Zentralen Stelle wurde nun, unter anderem auf Grundlage von Abschriften aus der SS-Offiziersakte von Weintz aus dem Berlin Document Center, ein Laufzettel mit zentralen Daten zu seinem Lebenslauf angelegt.[572] Bereits am 14. März 1962 wurde allerdings ein Vermerk in die Akte eingefügt, dass auf Grundlage der Unterlagen aus Berlin keine Tätigkeit in Polen und der Tschechoslowakei nachvollzogen und Weintz, dessen Beförderungsdaten „für einen alten Kämpfer […] sogar recht mager" seien, zudem keine Teilnahme an NS-Gewaltverbrechen nachgewiesen werden könne.[573] Diese Einschätzung ist vor dem Hintergrund der vielfach komplizierten Beweislage und einer Rechtssprechung und -lage zu sehen, in deren Rahmen selbst prominente Täter des Holocaust vielfach nur der Beihilfe zum Mord angeklagt wurden.[574]

Allerdings befand sich Weintz nun auf dem Radar der Strafverfolgungsbehörden. So war geplant, Weintz im Verfahren gegen den ehemaligen HSSPF Ost Wilhelm Koppe wegen dessen Verantwortung für die Morde im KZ Kulmhof als Zeugen vorladen zu lassen.[575] Dieses wurde jedoch 1965 wegen Verhandlungsunfähigkeit des Angeklagten eingestellt.[576] Gefährlicher waren für Weintz ohnehin die Ermittlungen unter der Führung der Generalstaatsanwaltschaft beim Berliner Kammergericht gegen Angehörige des RSHA mit dem Ziel, in mehreren großen Verfahren die Ermordung der europäischen Juden sowie weitere nationalsozialistische Verbrechen strafrechtlich zu ahnden. Hierfür wurden für circa 3.000 ehemalige Mitarbeiter des RSHA Personalhefte angelegt.[577]

---

571 BA Ludwigsburg, B 162/26655, Bl. 1.
572 Ebd., Bl. 2f., 13.
573 Ebd., Bl. 14.
574 Ausführlich hierzu Eichmüller, Keine Generalamnestie, S. 243–262.
575 Vgl. die Erwähnung in der Zeugenliste BA Ludwigsburg B 162/3259, Bl. 19.
576 Schreiber, Elite im Verborgenen, S. 48f.
577 Wildt, Generation des Unbedingten, S. 824f.; Weinke, Amnestie, S. 204f.

Auf diesem Wege wurde auch Karl Richard Weintz erfasst. Die Generalstaatsanwaltschaft forderte Kopien seiner SS-Offiziersakte vom Berlin Document Center sowie Informationen aus den Beständen der Zentralen Stelle in Ludwigsburg an.[578] Das Landeskriminalamt Rheinland-Pfalz wiederum fragte am 5. März 1964 beim Polizeipräsidium in Ludwigshafen bezüglich seiner Anschrift und Tätigkeit an, die dort bald ermittelt wurden.[579]

Mehr als ein halbes Jahr später bat die Berliner Polizei das Landeskriminalamt am 20. Oktober um die Befragung von Weintz auf Grundlage eines beigefügten Fragebogens.[580] Von dort wurde das Ersuchen an die Polizeidirektion nach Neustadt weitergereicht.[581] Im örtlichen Präsidium wurde Weintz nach seiner Vorladung allerdings nicht verhört, sondern ihm wurde nach Absprache die Möglichkeit gegeben, sich schriftlich zu den Fragen zu äußern.[582]

Seine Ausführungen vom 2. November 1964 sind die einzige ausführliche Darstellung von Weintz selbst zu seiner Zeit im RSHA. Wie auch in seinem Spruchkammerverfahren ging er auf viele ihn potenziell belastende Punkte nicht ein, jedoch ist die Stellungnahme eine wichtige Quelle für das Selbstbild von Weintz fast 20 Jahre nach dem Ende des Zweiten Weltkriegs. So führte er aus, es habe im Frühjahr 1940 überhaupt nicht von München nach Berlin versetzt werden wollen. Bezüglich seiner Tätigkeit gab er, wie in seinem Spruchkammerverfahren, an, seine eigentliche Dienststelle sei die Oberste Passbehörde gewesen, wobei er auch ausführlich auf den während seiner Zeit in den Ämtern I und II benutzten Briefbogen einging und behauptete, seine Kollegen hätten allesamt zuvor im Reichsinnenministerium gearbeitet.[583]

Während er die Tätigkeit für die Einsatzgruppe B und beim IdS in Wiesbaden nicht erwähnte, ging er in wenigen Sätzen auf seine Abordnung nach Posen 1943/1944 ein, allerdings ohne Details seiner dortigen Tätigkeit zu nennen.[584] Ausführlich äußerte er sich zudem zu seinen Aufgaben im Rahmen des Passwesens, wobei er angab, die Fälschungssicherheit des Reisepassformulars erhöht zu haben sowie vor allem für Regelungen zu den besetzten Gebieten zuständig gewesen zu sein.[585] Kurz beschrieb er zudem die Beziehung zu seinen verschiedenen Vorgesetzten beim RSHA.[586] Seine abschließenden Ausführungen sind dabei in besonderem Maße aufschlussreich für das Bild, das er nach seiner Rückkehr aus der Internierung von sich zu zeichnen bemüht war. So gab er an, er sei vor der „Machtergreifung" überzeugter Nationalsozialist gewesen, jedoch nach einem „Parteistreit" mit Bürckel „äusserst nachdenklich und kritisch geworden" und habe all jenes gefährdet gesehen, „was von unzähligen Idealisten mit mir jahrelang mühsam und unter größten persönlichen Opfern erkämpft worden war."[587] Aus diesem Grund habe er sich dem „Staatsschutzkorps" – dieses sollte aus der Verschmelzung von Polizei und SS hervorgehen – angeschlossen, wobei für ihn nicht voraussehbar gewesen

---

578 Schriftverkehr, Übersichten und Kopien in: LA Berlin, B Rep. 57-01, Nr. 3222, Bl. 1f., 5–14.
579 Die Antwort ist auf den 16. März 1964 datiert; Anschreiben und Antwort ebd., Bl. 4.
580 Ebd., Bl. 17.
581 Schreiben vom 22. Oktober 1964 ebd., Bl. 18.
582 Polizeidirektion Neustadt an Landeskriminalamt Rheinland-Pfalz, 4. November 1964; ebd., Bl. 13.
583 Ebd., Bl. 19f.
584 Ebd., Bl. 20.
585 Ebd., Bl. 20f.
586 Ebd., Bl. 21f.
587 Ebd., Bl. 22.

sei, dass „ausgerechnet dort einmal verbrecherische Kräfte in der Führungsspitze sich durchsetzen könnten."[588] Er selbst habe jedoch, als er dies erkannte, „noch mehr als vorher an den Grundsätzen der Gerechtigkeit" festgehalten, sich stets darum bemüht, sich anständig zu verhalten und sich daher entsprechend auch nichts vorzuwerfen.[589] Er schloss mit den Worten: „Wenn jeder in den kritischen Jahren seine Pflicht so treu und gewissenhaft wie ich erfüllt hätte, gäbe es heute keinen Schandfleck in der deutschen Geschichte."[590]

Dass Weintz in seiner Stellungnahme 1964, wie auch schon in seinem Entnazifizierungsverfahren, vielfach Unwahres angab, Aspekte seiner Tätigkeiten aussparte und anderes verdrehte, ist bereits ausführlich ausgeführt worden.[591] Deutlich wird an seiner Darstellung darüber hinaus zweierlei, was für seine Selbstdarstellung und auch seine Wahrnehmung in der pfälzischen Geschichtsforschung in den folgenden Jahrzehnten von zentraler Bedeutung war. Zum einen ist dies die Darstellung seiner Tätigkeiten als jene eines harmlosen Verwaltungsjuristen, der mit dröger Materie beschäftigt war und der entsprechend weit entfernt von der Repressions- und Vernichtungspolitik des Nationalsozialismus operierte. Dieses Narrativ lief zumindest implizit darauf hinaus, ein für das Passwesen zuständiger Beamter könne nicht an Aktionen gegen Juden in München und Wien oder an Morden der Einsatzgruppen in der Sowjetunion beteiligt gewesen sein. Zum anderen stellt sich Weintz als Idealisten dar, dessen hehre Ziele nach der „Machtergreifung" verraten worden seien. Dabei diente ihm der Streit mit Gauleiter Bürckel, bei dem es im Kern um die Zuständigkeit für den Aufbau und die Führung eines Geheimdiensts zur Bekämpfung von Gegnern des Nationalsozialismus ging, als Beweis für seine angebliche Entfremdung vom NS-Regime. In diesem Kontext ist es bezeichnend, dass Weintz seine Tätigkeit für den SD seit 1934 und die Gestapo seit 1936, die in aller Deutlichkeit gegen eine Abkehr vom Nationalsozialismus spricht, hier nicht erwähnt. Auch ist die künstliche Scheidung von seinen politischen Zielen vor und deren Umsetzung nach der „Machtergreifung" durchweg unsinnig. Karl Richard Weintz war vor 1933 ein im völkischen Milieu sozialisierter Feind der Demokratie und Antisemit und er blieb dies, wie die Untersuchung seiner verschiedenen Tätigkeitsfelder in den vorangegangenen Kapiteln gezeigt hat, auch während des „Dritten Reichs".

Die Generalstaatsanwaltschaft am Berliner Kammergericht war bedingt durch das begrenzte zeitgenössische Wissen um das Funktionieren des NS-Vernichtungssystems Mitte der 1960er Jahre der Überzeugung, mit Weintz einen eher unbedeutenden Angehörigen des RSHA vor sich zu haben. Mit Blick auf seine Tätigkeit in den Ämtern I und II, deren Angehörigen man bis dato nichts Belastendes nachweisen zu können glaubte, wurde beschlossen, kein Verfahren gegen ihn einzuleiten.[592] Wahrscheinlich wurde Weintz hierüber nicht informiert. Er erfuhr jedoch wohl spätestens Anfang 1969 aus der Presse vom endgültigen Scheitern

---

588 Ebd. Zum Konzept das Staatsschutzkorps im Nationalsozialismus vgl. Jasch, Staat und Verwaltung, S. 99f.
589 LA Berlin, B Rep. 57-01, Nr. 3222, Bl. 23.
590 Ebd.
591 Vgl. hierzu das Kapitel zum Zeitraum 1946–1952.
592 Undatierter Vermerk in: LA Berlin, B Rep. 57-01, Nr. 3222, ohne Blättzählung.

der geplanten RSHA-Prozesse aufgrund einer Strafrechtsreform, die zu einer Verjährung der meisten Taten führte.[593]

Es dürfte kein Zufall sein, dass Weintz, der zuvor kein Amt im Historischen Verein der Pfalz ausgeübt hatte, sich nun just bei der Jahreshauptversammlung der Bezirksgruppe Neustadt am 21. April 1969 in deren Beirat wählen ließ.[594] Dabei ist es naheliegend, dass er sich mit dem Scheitern des RSHA-Verfahrens nun fast 24 Jahre nach Ende des Zweiten Weltkriegs sicher genug fühlte, um seinen historischen Interessen an einer zumindest aus regionaler Perspektive prominenten Stelle nachzugehen. Zwar wurde er in den späten 1980er Jahren noch einmal mit anderen ehemaligen Angehörigen der SD-Einsatzgruppen von der Hauptverwaltung Aufklärung des MfS in der DDR in Listen erfasst, jedoch bestand auch auf ostdeutscher Seite kein Interesse daran, Weintz weitergehend strafrechtlich zu verfolgen.[595]

Er konnte seit spätestens Ende der 1960er Jahre unbehelligt und ohne Angst, für seine Taten während des Nationalsozialismus belangt zu werden in seiner Heimatstadt leben. Nachdem er zumindest ausweislich überlieferter Quellen zu den Aktivitäten des Historischen Vereins der Pfalz im Allgemeinen und der Bezirksgruppe Neustadt im Besonderen im Rahmen der Vereinsarbeit seit den frühen 1950er Jahren nicht tätig gewesen war, änderte sich dies nun.

So reichte er bei der Mitgliederversammlung des Gesamtvereins im April 1970 einen schriftlichen Antrag ein, in dem er forderte, die Überlieferung zur pfälzischen Geschichte zu sichern und durch Veröffentlichungen zugänglich zu machen, wobei allerdings vor Ort darauf verwiesen wurde, dass sich eine Urkundenbuch-Kommission der Pfälzischen Gesellschaft zur Förderung der Wissenschaften unter Leitung des Direktors des Speyerer Landesarchivs Ludwig Anton Doll dieser Thematik bereits angenommen hatte.[596] Weintz griff dabei die Forderung auf, die er bereits etwa im Rahmen des Streits mit dem Historischen Verein zwischen 1950 und 1952 mehrfach formuliert hatte. Selbst scheint er allerdings auf diesem Feld keine Aktivitäten entfaltet zu haben. Von ihm verfolgte Editionsprojekte sind nicht bekannt.

Knapp anderthalb Jahre nach seiner Wahl in den Beirat organisierte er zudem im November 1970 gemeinsam mit einem Oberförster eine Exkursion zum Königsberg bei Neustadt.[597] Im Februar 1973 veröffentlichte er dann seine erste Abhandlung zu einem historischen Thema seit 1935, einen kurzen Artikel zur Frankenburg in der Landauer Ausgabe der *Rheinpfalz*.[598]

---

593 Hierzu sowie zum weiteren Verlauf der Ermittlungen in den 1960er Jahren Wildt, Generation des Unbedingten, S. 825–835; Weinke, Amnestie, S. 204–216.
594 Zur Wahl Pirmin Spieß, Bezirksgruppe Neustadt. Bericht August 1968–April 1971, in: Pfälzer Heimat 22 (1971), S. 86 f., hier S. 86.
595 Die Überprüfung der Angehörigen der Einsatzgruppen erfolgte 1988 durch die Abteilung XII (Zentrale Auskunft) des MfS sowie durch den Abgleich mit der Personendatenbank der DDR. Vgl. zu den Gesamtergebnissen der Aktion den Bericht vom 27. Januar 1989 in: BA Berlin, MfS, HA IX-11, AV 6-88, Bl. 2f. Weintz wurde im Juni und Juli 1988 überprüft; vgl. seine Nennung mit dem falschen Vornamen Karl-Heinz, aber mit korrektem Geburtsdatum, in der Übersicht ebd., Bl. 9 sowie in weiteren hand- und maschinenschriftlichen Tabellen ebd., Bl. 50, 106, 151.
596 Günther Stein, Mitgliederversammlung vom 10. April 1970 in Neustadt, in: Pfälzer Heimat 21 (1970), S. 68–70, hier S. 70.
597 Spieß, Bezirksgruppe Neustadt. August 1968–April 1971, S. 87.
598 Karl Richard Weintz, Im Dunkel der Geschichte. Die Frankenburg, in: Die Rheinpfalz. Landauer Ausgabe, 15. Februar 1973.

Zu einem Band über die Geschichte Neustadts steuerte er 1975 einen Aufsatz bei, wobei sich dieser auf gerade einmal vier Seiten auf das Zusammenschreiben von gedruckten Quellen und Angaben aus der Forschung beschränkte und insgesamt wenig Fundiertes zur Entstehung der Stadt bot.[599] Dass Weintz für diese einschlägige Veröffentlichung zur Lokalgeschichte als Autor herangezogen wurde, verdeutlicht jedoch, dass er zu diesem Zeitpunkt innerhalb der Bezirksgruppe ein entsprechendes Ansehen genossen haben muss und er bei einer entsprechenden lokalen Veröffentlichung trotz seiner wenigen Publikationen zur Thematik und seiner im Beitrag sichtbar werdenden begrenzten Fähigkeit zum wissenschaftlichen Arbeiten nicht übergangen werden konnte. Bezeichnenderweise folgte auf seinen kurzen Aufsatz eine thematisch in vielem ähnliche längere Darstellung des Rechtshistorikers Klaus Peter Schroeder.[600]

So hatte sich das Leben von Karl Richard Weintz in den 1970er Jahren, zumindest nach dem, was aus Quellen rekonstruierbar ist, zwischen seiner Tätigkeit als Rechtsanwalt und Aktivitäten im Rahmen der pfälzischen Geschichtsforschung, insbesondere als Mitglied im Beirat der Bezirksgruppe Neustadt, eingependelt.[601] Er hatte dadurch jenen bürgerlichen Anstrich erreicht, den auch die meisten anderen Juristen, die bis 1945 bei Gestapo und RSHA tätig gewesen waren, mittlerweile hatten. Eine Strafverfolgung war unwahrscheinlich geworden. Mancher, der von seiner Vergangenheit wusste, wie Karl Friedrich Böhm oder Friedrich Sprater, war mittlerweile verstorben. Wie auch andere Täter profitierte er zudem wohl auch davon, dass die 1970er und frühen 1980er Jahre eine „Phase der zweiten Verdrängung" waren, in der Täter und Opfer des Nationalsozialismus in der öffentlichen Wahrnehmung anonymisiert wurden.[602]

Unwahrscheinlich ist allerdings, dass in Neustadt und Umgebung das Wissen um die Tätigkeiten von Weintz im „Dritten Reich" vollkommen geschwunden war. Dafür dürfte er vor 1945 zu offen als Nationalsozialist aufgetreten sein und dafür dürften sein Spruchkammerverfahren und sein Streit mit dem Historischen Verein Anfang der 1950er Jahre zu viel Aufmerksamkeit erfahren haben. Aus dem einzelgängerischen NS-Täter mit bürgerlichem Anstrich, der im Historischen Verein nur eine Randfigur war, wurde dann 1979/1980 durch die Errichtung einer von ihm wesentlich initiierten Stiftung ein zentraler Akteur in der regionalen Geschichtsforschung.

---

599 Karl Richard Weintz, Zur Entstehung von Neustadt an der Weinstraße, in: Neustadt an der Weinstraße. Beiträge zur Geschichte einer pfälzischen Stadt, Neustadt an der Weinstraße 1975, S. 73–76.
600 Klaus Peter Schroeder, Überlegungen zur Gründung von Neustadt an der Weinstraße, in: Neustadt an der Weinstraße. Beiträge zur Geschichte einer pfälzischen Stadt, Neustadt an der Weinstraße 1975, S. 77–89.
601 Vor den 1980er Jahren sind keine Protokolle zu den Sitzungen der Bezirksgruppe Neustadt überliefert, so dass unklar ist, in welchem Maße sich Karl Richard Weintz in den 1970er Jahren in diesem Rahmen einbrachte. Seine Mitgliedschaft im Beirat ist erschließbar über die verschiedenen Tätigkeitsberichte der Bezirksgruppe: Pirmin Spieß, Bezirksgruppe Neustadt. Bericht Mai 1971 bis April 1972, in: Pfälzer Heimat 23 (1973), S. 84; Pirmin Spieß, Bezirksgruppe Neustadt. Bericht Juli 1974–März 1978, in: Pfälzer Heimat 29 (1978), S. 112–114, hier S. 114; Pirmin Spieß, Bezirksgruppe Neustadt. Bericht April 1978–April 1981, in: Pfälzer Heimat 33 (1982), S. 132f., hier S. 133.
602 Ulrich Herbert, Vernichtungspolitik. Neue Antworten und Fragen zur Geschichte des „Holocaust", in: ders. (Hg.), Nationalsozialistische Vernichtungspolitik 1939–1945. Neue Forschungen und Kontroversen, Frankfurt 1998, S. 9–66, hier S. 19.

1979–2010: Arbeiten am eigenen Bild. Mäzen der Landesgeschichte und idealistischer Nationalsozialist

Am 31. August 1979 ließ die Witwe Elisabeth Schwarz in Neustadt an der Weinstraße ihr Testament aufsetzen. Angehängt an den letzten Willen der vermögenden alten Dame war die Satzung für eine Stiftung, die mit ihrem Vermögen nach ihrem Ableben errichtet werden sollte. Diese hatte ihr Rechtsanwalt Karl Richard Weintz verfasst.[603]

Ausführlich wurden hier Zweck und Aufgabe der Stiftung zur Förderung der pfälzischen Geschichtsforschung ausgeführt: Förderung der Forschungen zur pfälzischen Geschichte von der Vorzeit bis zur Gegenwart, insbesondere die „Erfassung, Sichtung und Veröffentlichung der pfälzischen Geschichtsquellen" und auch weitere Veröffentlichungen zur pfälzischen Geschichte sowie auch die finanzielle Unterstützung von Ausgrabungen. Finanzielle Basis sollten Geld, Grundstücke und weiteres Vermögen der Erblasserin sein.[604]

Laut Satzung sollte die Stiftung über ein Kuratorium und einen Vorstand verfügen. Ersteres sollte aus dem Vorsitzenden des Historischen Vereins der Pfalz, einem weiteren Mitglied der Vereinigung sowie einem Vertreter des Speyerer Landesarchivs, der Außenstelle Speyer des Landesamtes für Denkmalpflege sowie einem Mitglied der Pfälzischen Gesellschaft zur Förderung der Wissenschaften bestehen. Das Gremium sollte einen Vorsitzenden sowie einen Stellvertreter aus den Reihen der Mitglieder wählen. Dabei oblag dem Kuratorium unter anderem die Wahl des Stiftungsvorstands, die Genehmigung der Haushaltsmittel, der Erlass von Richtlinien zur Vergabe von Stiftungsmitteln sowie der Beschluss über Satzungsänderungen.[605]

Der Vorstand der Stiftung sollte aus drei Personen bestehen, wobei aus dessen Reihen der Vorsitzende zu wählen war. Möglich war zudem die Bestellung eines Geschäftsführers. Hauptaufgabe des Vorstands war es, das Stiftungsvermögen zu verwalten.[606]

Weintz bot sich durch das offensichtlich umfangreiche Erbe der kinderlosen Elisabeth Schwarz die Möglichkeit, im Alter von mehr als 70 Jahren seine seit den 1930er Jahren formulierten Vorstellungen zur Ausgestaltung der pfälzischen Geschichtsforschung in die Tat umzusetzen. Der im Zuge der Streitigkeiten mit dem Historischen Verein Anfang der 1950er Jahre noch von den etablierten Akteuren der Landesgeschichte aus Archiv, Bibliothek, Museum und Universität deutlich in seine Schranken Gewiesene, bot deren Nachfolgern fast 30 Jahre später als potenziellen Mitgliedern von Kuratorium und Vorstand seiner Stiftung die

---

603 Der Vorgang ist beschrieben von Spieß, Nachruf, S. 9f. sowie bei Rainer Rund/Pirmin Spieß, Vorwort, in: Martin Armgart (Bearb.), Reuerinnen- und Dominikanerinnen-Kloster Sankt Maria Magdalena überm Hasenpfuhl vor Speyer, Bd. 1 (Stiftung zur Förderung der pfälzischen Geschichtsforschung A/1,1), Neustadt an der Weinstraße 1995, S. VIIf., hier S. VII. Das Datum der Testamentserrichtung am 31. August 1979 ist erwähnt ebd. sowie in: Staatsanzeiger Rheinland-Pfalz, 14. Januar 1980, Nr. 1, S. 3.
604 Ebd.
605 Ebd., S. 3f.
606 Ebd., S. 4.

Verfügung über das, woran es der pfälzischen Geschichtsforschung lange gemangelt hatte: Geld für die Forschung.

Dabei ist es aufgrund der bereits skizzierten Quellenlage schwierig – und zudem nicht Aufgabe dieser Studie – eine umfassende Geschichte der Stiftung zur Förderung der pfälzischen Geschichtsforschung zu schreiben. Hierfür müsste auf die noch bis 2025 gesperrten Akten im Landesarchiv Speyer, die von der Errichtung bis 1995 reichen, sowie auf die Überlieferung zurückgegriffen werden, die sich heute noch in den Räumen der Stiftung selbst befindet.

Ziel ist es im Folgenden vielmehr, auf Grundlage der verfügbaren schriftlichen Überlieferung einerseits die Rolle von Karl Richard Weintz in der pfälzischen Geschichtsforschung im Allgemeinen sowie im Kontext der Stiftung und der Bezirksgruppe Neustadt im Besonderen seit 1979 herauszuarbeiten. Ein besonderes Augenmerk liegt dabei auf dem Umgang mit seiner nationalsozialistischen Vergangenheit durch ihn selbst und die verschiedenen landesgeschichtlichen Akteure in der Pfalz.

Dabei hatte Weintz Einfluss auf die Arbeit der Stiftung, der ohne den Zugriff auf die einschlägige schriftliche Überlieferung jedoch in seiner ganzen Bedeutung nur erahnt werden kann.[607] Ausweislich einer Mitteilung des Stiftungsvorstands vom Januar 2023 führte er die Stiftung lange Zeit „in weitgehend monokratischer Art" und dann in fortgeschrittenem Alter zunehmend mit Unterstützung von Pirmin Spieß.[608] Die Stiftungsmitglieder, die Weintz noch persönlich kennen lernten, waren sich ausweislich desselben Schreibens durchaus im Klaren darüber, dass er seine in der Volksgeschichte der Vorkriegszeit verankerten Vorstellungen auch später nicht abgelegt hatte.[609] Die Angabe im Nachruf von 2010, er habe nie offiziell ein Amt in der Stiftung ausgeübt, ist nicht korrekt, wird er doch Mitte der 1990er Jahre in verschiedenen Publikationen als ihr Geschäftsführer bezeichnet.[610]

Auch aus Vorworten verschiedener Veröffentlichungen in den Reihen der Stiftung wird insgesamt eine herausgehobene Stellung von Weintz sichtbar. So verband Helmut Bernhard 1998 sein Vorwort zur ersten Publikation der Stiftung aus dem Bereich der Archäologie mit der Feststellung, es sei ihm „eine Freude, daß Band 1 dieser neuen Reihe zum neunzigsten Geburtstag von Rechtsanwalt Karl Richard Weintz, Neustadt, dem Initiator und rüstigen Geschäftsführer der Stiftung erscheinen kann."[611] Ein 2008 veröffentlichter Quellenband war „ihrem Initiator, ständigen Ratgeber und Förderer Herrn Karl Richard Weintz zum 100. Geburtstag" gewidmet.[612]

---

607 Spieß, Nachruf, S. 10, führt aus, Weintz habe „in enger Tuchfühlung mit den Stiftungsgremien und mit sparsamen Augen und unorthodoxen Ansichten ihren Werdegang [verfolgt]".
608 Email von Franz Maier namens des Stiftungsvorstands vom 31. Januar 2023.
609 Ebd.
610 Beispielsweise in: Martin Armgart, Die Anfänge des Speyerer Klosters St. Maria Magdalena überm Hasenpfuhl, in: Archiv für mittelrheinische Kirchengeschichte 46 (1994), S. 21-53, hier S. 21, Anm. 3; Vorwort, in: Heidrun Schenk, Die Keramik der früh- und hochmittelalterlichen Siedlung Speyer „Im Vogelgesang" (Stiftung zur Förderung der pfälzischen Geschichtsforschung C/1), Neustadt an der Weinstraße 1998, S. 5. Die Angabe, Weintz habe kein Amt in der Stiftung ausgeübt bei Spieß, Nachruf, S. 10.
611 Vorwort in: Schenk, Keramik, S. 5.
612 Pirmin Spieß, Geleitwort, in: Wolfgang Schulz (Bearb.), Der Codex Berwartstein des Klosters Weißenburg im Elsaß (1319) 1343-1489 (Stiftung zur Förderung der pfälzischen Geschichtsforschung A/8), Neustadt an der Weinstraße 2008, S. IX.

Eng verbunden war mit ihm sowohl durch die Stiftung als auch durch die Tätigkeit in der Bezirksgruppe Neustadt des Historischen Vereins der Rechtshistoriker Pirmin Spieß. Dieser war mit einer 1970 im Druck erschienenen Arbeit zur Verfassungsentwicklung Neustadts von den Anfängen der Stadt bis zur Französischen Revolution an der Universität Heidelberg promoviert worden.[613] Damit hatte er Teile jenes Thema bearbeitet, das Weintz zumindest für das Mittelalter bei Konrad Beyerle als Dissertation hatte in Angriff nehmen wollen. Der an der Juristischen Fakultät in Mannheim tätige Spieß, der in Neustadt wohnte, wurde erster Vorsitzender der Stiftung und ist dies bis heute durchgehend geblieben.[614]

In einem Artikel in der *Rheinpfalz* vom 10. Februar 1988 wurde er ausführlich porträtiert. Deutlich wird hier, dass Spieß die von Weintz propagierten Ziele der pfälzischen Geschichtsforschung, die nun durch die Stiftung einen finanziellen und institutionellen Rahmen bekommen hatten, in mehreren Punkten teilte. So führte er als Ziel die Veröffentlichung eines Pfälzisches Urkundenbuchs, mit dem das gesamte Gebiet der sich links- und rechtsrheinisch erstreckenden Kurpfalz abgedeckt werden sollte, mit allen Urkunden bis zum 15. Jahrhundert an und lamentierte, dass sich der Großteil der einschlägigen Bestände bis 1400 in München befand. Darüber hinaus monierte er den schlechten Forschungsstand zur pfälzischen Geschichte im Allgemeinen und zu Neustadt im Besonderen.[615]

Insgesamt blieben bis zur Mitte der 1990er Jahre entsprechende Aktivitäten der Stiftung allerdings weitestgehend ergebnislos, was wohl nicht zuletzt mit dem arg ambitionierten Projekt des Pfälzischen Urkundenbuchs zusammenhing. Die eher kontraproduktiven Vorstellungen zur Herausgabe einschlägiger Quellen wurden in den 1990er Jahren schließlich durch den weit sinnvolleren Fokus auf einzelne Bestände abgelöst.[616] Ein Ausgangspunkt dieser Entwicklung war ein Symposium in Lambrecht im Herbst 1990, bei dem von verschiedenen Archivaren die Thematik diskutiert wurde und dem Direktor des Speyerer Landesarchivs Karl Heinz Debus die Aufgabe zugewiesen wurde, die Herausgabe entsprechender Quellen zur pfälzischen Geschichte zu koordinieren.[617]

Im Kontext der Drucklegung des ersten Bands der Quellenreihe führte Debus die neuen Pläne der Stiftung aus. Statt des zu ambitionierten Pfälzischen Urkundenbuchs sollten in der Reihe Pfälzische Geschichtsquellen, wie in Lambrecht diskutiert und dann auch vom

---

613 Pirmin Spieß, Verfassungsentwicklung der Stadt Neustadt an der Weinstraße von den Anfängen bis zur französischen Revolution (Veröffentlichungen zur Geschichte von Stadt und Kreis Neustadt an der Weinstraße 6), Speyer 1970. Vgl. zu seinem Wirken Schroeder (Bearb.), Pirmin Spieß, S. 7–14; sein Werkverzeichnis auf dem Stand von 2020 ebd., S. 15–23.
614 Ebd., S. 13.
615 Ursula Biffar, Professor Pirmin Spieß erzählt. Seelbücher sind seine liebsten Kinder. Rechtswissenschaftler erforscht die bürgerliche Rechtsgeschichte der Pfalz – Ein Leben reicht nicht aus, in: Die Rheinpfalz. Neustadter Rundschau, 10. Februar 1988. Der Artikel findet sich auch in: LA Speyer, T 1, Nr. 59.
616 Die Schwierigkeiten in den ersten Jahren klingen auch im Vorwort des ersten abgeschlossenen Editionsbands an: „Nach mühevollem Beginn und Erarbeitung der wissenschaftlichen Grundlagen möge auch die künftige Arbeit leichter gehen"; Rund/Spieß, Vorwort, S. VIII.
617 Ebd., S. VII.

Stiftungskuratorium beschlossen, aufgrund der höheren Praktikabilität Fondseditionen zur Geschichte des ehemaligen bayerischen Regierungsbezirks Pfalz veröffentlicht werden.[618]

Hierfür wurden für eine erste Publikation die Bestände des Dominikanerinnenklosters St. Maria Magdalena in Speyer ausgewählt. Der Band mit den einschlägigen Urkunden, bearbeitet durch den Mediävisten und Hilfswissenschaftler Martin Armgart, erschien schließlich 1995 im Druck, ein zweiter mit der Edition eines Zinsbuchs folgte zwei Jahre später.[619]

Nach Startschwierigkeiten etablierte sich die Stiftung im Laufe der 1990er und 2000er Jahre in der mit wenigen finanziellen Fördermöglichkeiten ausgestatteten pfälzischen Geschichtslandschaft als ein zentraler Akteur. So veröffentlichte sie bis einschließlich des Todesjahrs von Karl Richard Weintz 2010 insgesamt 26 Bände, davon zehn in der Reihe A Pfälzische Geschichtsquellen, zwölf in der Reihe B Abhandlungen zur Geschichte der Pfalz, zwei Monographien in der Reihe C Archäologische Forschungen in der Pfalz und sechs in der Reihe D Nachdrucke.[620] Besonderes Interesse zeigte Weintz an der ersten Publikation in der Reihe der Abhandlungen zur Geschichte der Pfalz, einer bei dem Münchener Hilfswissenschaftler Hans Rall entstandenen Arbeit von Joachim Spiegel zu Urkundenwesen, Kanzlei, Rat und Regierungssystem Ruprechts I., Pfalzgraf bei Rhein, bei der er ausweislich des Vorworts „stets kritisch den Fortgang der Drucklegung der Arbeit begleitet hat."[621]

Auffällig ist insgesamt bei den Veröffentlichungen in den Reihen der Stiftung bis zum Tod von Weintz, dass ausschließlich Arbeiten zur mittelalterlichen und frühneuzeitlichen Geschichte sowie zum 19. Jahrhundert publiziert wurden. Studien zu Themen der regionalen Geschichte des 20. Jahrhunderts, wie den Jahren der Weimarer Republik, der NS-Herrschaft oder der Entnazifizierung in der Pfalz, die seit den 1980er Jahren in Form von Monographien und Sammelbänden erschienen, wurden anderswo veröffentlicht.[622]

---

618 Karl Heinz Debus, Vorwort des Herausgebers, in: Martin Armgart (Bearb.), Reuerinnen- und Dominikanerinnen-Kloster Sankt Maria Magdalena überm Hasenpfuhl vor Speyer, Bd. 1 (Stiftung zur Förderung der pfälzischen Geschichtsforschung A/1,1), Neustadt an der Weinstraße 1995, S. IX–XI.

619 Martin Armgart (Bearb.), Reuerinnen- und Dominikanerinnen-Kloster Sankt Maria Magdalena überm Hasenpfuhl vor Speyer, 2 Bde. (Stiftung zur Förderung der pfälzischen Geschichtsforschung A/1), Neustadt an der Weinstraße 1995–1997. Martin Armgart wurde 1990 an der Ruhr-Universität Bochum mit einer Arbeit zur Kanzleigeschichte des Deutschen Ordens promoviert; Martin Armgart, Die Handfesten des preußischen Oberlandes bis 1410 und ihre Aussteller. Diplomatische und prosopographische Untersuchungen zur Kanzleigeschichte des Deutschen Ordens in Preußen (Veröffentlichungen aus den Archiven Preußischer Kulturbesitz. Beiheft 2), Köln/Weimar/Wien 1995, zur Einreichung im Sommersemester 1990 vgl. das Vorwort ebd., S. VII.

620 Zugrunde gelegt wurde die Übersicht samt auszugsweiser Wiedergabe der Vorworte in: Schroeder (Bearb.), Pirmin Spieß, S. 53–64, 78–90, 113–143.

621 Joachim Spiegel, Urkundenwesen, Kanzlei und Regierungssystem des Pfalzgrafen bei Rhein und Herzogs von Bayern Ruprecht I. (1309–1390), 2 Teilbde. (Stiftung zur Förderung der pfälzischen Geschichtsforschung B/1), Neustadt an der Weinstraße 1996–1997, hier Teilbd. 1, S. VII.

622 Exemplarisch aus den Veröffentlichungen der 1990er und 2000er Jahre: Möhler, Entnazifizierung (1992); Gerhard Nestler/Hannes Ziegler (Hgg.), Die Pfalz unterm Hakenkreuz. Eine deutsche Provinz während der nationalsozialistischen Terrorherrschaft, Landau 1993; Heinz, NSDAP und Verwaltung (1994); Michael Schepua, Nationalsozialismus in der pfälzischen Provinz. Herrschaftspraxis und Alltagsleben in den Gemeinden des heutigen Landkreises Ludwigshafen 1933–1945, Mannheim 2000; Kreutz/Scherer (Hgg.), Die Pfalz unter französischer Besatzung (1999); Gerhard Nestler (Hg.), Frankenthal unterm Hakenkreuz. Eine pfälzische Stadt in der NS-Zeit, Ludwigshafen 2004. Zehn Jahre nach dem Tod von Weintz erschien allerdings eine erste Studie zum „Dritten Reich" in einer der Reihen der Stiftung: Wolfgang Diehl, Kämpferische Westmark. Zur Kulturpolitik, Literatur und Bildenden Kunst während des Dritten Reichs in den Gauen Pfalz, Saarpfalz und

Wie stark Weintz konkret in die Akquise von Manuskripten und das Anregen von Projekten involviert war, geht aus der bisher verfügbaren schriftlichen Überlieferung jedoch nicht hervor. Deutlich wird beim Blick auf die von der Stiftung publizierten Editionen und Studien aber, dass die zum Gebiet der linksrheinischen Pfalz arbeitenden Akteure und Institutionen in unterschiedlichem Maße ihre Unterstützung bei der Veröffentlichung von Arbeiten suchten. Bei drei der in der Reihe der Abhandlungen publizierten Studien, die aus Dissertationen hervorgegangen waren, war der Stiftungsvorsitzende Pirmin Spieß an der Universität Mannheim Erst- oder Zweitgutachter gewesen.[623]

Die fünf weiteren bis 2010 gedruckten Qualifikationsschriften in der Reihe B waren an verschiedenen Universitäten im deutschen Südwesten entstanden, wobei in den Vorworten eine unterschiedliche persönliche und institutionelle Nähe zur Pfalz sichtbar wird. So war eine Dissertation zu den Beziehungen des Kollegiatstifts Klingenmünster zur Kurpfalz im 15. und 16. Jahrhundert ursprünglich noch bei dem an der Universität Landau wirkenden Historiker Franz Staab begonnen worden, der 2004 verstarb, wurde dann aber in Freiburg verteidigt.[624] Neben einer mediävistischen Arbeit zum Kloster Limburg, die bei Hermann Jakobs in Heidelberg entstanden war, fanden zwei an der Technischen Universität Kaiserslautern eingereichte bauhistorische Studien sowie eine an der Universität des Saarlands verteidigte kunsthistorische Dissertation Aufnahme in die Veröffentlichungen der Stiftung.[625]

Die an außeruniversitären Institutionen in der Pfalz tätigen Akteure nutzten die Möglichkeit, in den Reihen der Stiftung zu publizieren, in unterschiedlichem Umfang. Der Landauer Stadtarchivar Michael Martin veröffentlichte als Autor, Herausgeber und Bearbeiter gleich vier Bände in den Reihen A und B.[626] Armin Schlechter als Vertreter der Pfälzischen

---

Westmark (Stiftung zur Förderung der pfälzischen Geschichtsforschung B/20), Neustadt an der Weinstraße 2020.

623 Vgl. hierzu die jeweiligen Vorworte: Rudolf Heinz Fürstenberg, Die öffentliche Armenpflege in der Pfalz (Stiftung zur Förderung der pfälzischen Geschichtsforschung B/4), Neustadt an der Weinstraße 2002, S. V (Zweitgutachten); Frank Klasing, Burg und Herrschaft Landeck in der Pfalz (Stiftung zur Förderung der pfälzischen Geschichtsforschung B/5), Neustadt an der Weinstraße 2003, S. IX (Erstgutachten); Thomas Kohl, Die Gültverschreibungen des Klosters St. Maria Magdalena Speyer (Stiftung zur Förderung der pfälzischen Geschichtsforschung B/11), Neustadt an der Weinstraße 2009, S. VII (Erstgutachten).

624 Thorsten Unger, Klingenmünster und die Kurpfalz im 15. und 16. Jahrhundert (Stiftung zur Förderung der pfälzischen Geschichtsforschung B/10), Neustadt an der Weinstraße 2009, S. IX.

625 Vgl. zu den Entstehungskontexten die Vorworte: Walter Schenk, Kloster Limburg an der Haardt. Untersuchungen zu Überlieferung und Geschichte (Stiftung zur Förderung der pfälzischen Geschichtsforschung B/2), Neustadt an der Weinstraße 2002, S. IX; Stefan Ulrich, Die Burg Neuleiningen (Stiftung zur Förderung der pfälzischen Geschichtsforschung B/7), Neustadt an der Weinstraße 2005, S. VIIf.; Jörg Finkbeiner, Garnisonsbauten in Landau, 2 Teilbde. (Stiftung zur Förderung der pfälzischen Geschichtsforschung B/8), Neustadt an der Weinstraße 2008, hier Teilbd. 1, S. XIII; Jutta Schwan, Studien zur Baugeschichte von Schloss Carlsberg. „Bericht den dermaligen Zustand des sämtlichen Carlsberger Bauwesens betreffend" (Stiftung zur Förderung der pfälzischen Geschichtsforschung B/9), Neustadt an der Weinstraße 2010, S. VIIf.

626 Michael Martin, Revolution in der Provinz. Die Auswirkungen der Französischen Revolution in Landau und in der Südpfalz bis 1795 (Stiftung zur Förderung der pfälzischen Geschichtsforschung B/3), Neustadt an der Weinstraße 2001; Michael Martin (Hg.), Dirmstein. Adel, Bauern und Bürger (Stiftung zur Förderung der pfälzischen Geschichtsforschung B/6), Neustadt an der Weinstraße 2005; Michael Martin (Bearb.), Quellen zur Geschichte Dirmsteins und der Familie Lerch von Dirmstein (Stiftung zur Förderung der pfälzischen Geschichtsforschung A/4), Neustadt an der Weinstraße 2004; gemeinsam mit Andreas Imhoff: Andreas Imhoff/Michael Martin (Bearb.), Die Landauer Jakobinerprotokolle 1791–1794 (Stiftung zur Förderung der pfälzischen Geschichtsforschung A/3), Neustadt an der Weinstraße 2001.

Landesbibliothek in Speyer zeichnete für die Herausgabe eines kurz nach dem Tod von Karl Richard Weintz publizierten Bands verantwortlich.[627]

Gerade bei den Quellenbänden ging die Initiative für die Bearbeitung wohl zumindest in Teilen von der Stiftung selbst aus. Nach der Publikation der Quellen zum Kloster Maria Magdalena in Speyer erschien als nominell zweiter Beitrag in der der Reihe A erst 2008 ein von Martin Armgart bearbeiteter Band mit Urkunden und Regesten der Deutschordenskommende Einsiedel.[628] In der Zwischenzeit waren jedoch noch weitere Editionen veröffentlicht worden, bei denen auch historische Laien als Bearbeiter fungierten, so im Fall der Edition zweier frühneuzeitlicher Kallstadter Gerichtsprotokollbücher der lange bei der BASF tätige Chemiker Hans-Helmutz Görtz.[629] Einem heimatgeschichtlichen Kontext entsprang auch die Edition der Sonderberichte der pfälzischen Kantonsärzte von 1861, bearbeitet durch den ehemaligen Edenkobener Bürgermeister Franz Schmidt, sowie des spätmittelalterlichen Codex Berwartstein des Klosters Weißenburg durch den Lehrer Wolfgang Schulz.[630]

Die Förderung archäologischer Aktivitäten, die in den Statuten der Stiftung festgeschrieben war, schlug sich bei den Publikationen bis heute nur in der Veröffentlichung von drei Bänden nieder. Zwei dieser Studien wurden auf Anregung des Vertreters der Archäologischen Denkmalpflege in der Stiftung, Helmut Bernhard, Ende der 1990er Jahre in der Reihe C veröffentlicht.[631]

Durch die breite Förderung gerade von Personen und Institutionen aus der Pfalz hatte die Stiftung in den 30 Jahren ihres Bestehens von der Errichtung bis zum Tod von Karl Richard Weintz eine zentrale Stellung als Geldgeber für historische Publikationen von unterschied-

---

627 Das Geleitwort von Pirmin Spieß ist auf Pfingsten 2010 datiert; Armin Schlechter (Hg.), Kämpfer für Freiheit und Demokratie. Johann Georg August Wirth (Stiftung zur Förderung der pfälzischen Geschichtsforschung B/12), Neustadt an der Weinstraße 2010, S. VIII.
628 Martin Armgart (Bearb.), Urkunden und Regesten der Deutschordenskommende Einsiedel 1215–1812 (Stiftung zur Förderung der pfälzischen Geschichtsforschung A/2), Neustadt an der Weinstraße 2008.
629 Hans-Helmut Görtz (Bearb.), Das Kallstadter Gerichtsprotokollbuch 1533–1563 (Stiftung zur Förderung der pfälzischen Geschichtsforschung A/6), Neustadt an der Weinstraße 2005; Hans-Helmut Görtz (Bearb.), Das Kallstadter Gerichtsprotokollbuch 1563–1740 (Stiftung zur Förderung der pfälzischen Geschichtsforschung A/7), Neustadt an der Weinstraße 2010. Zur Vita von Görtz vgl. die Angaben bei Lukas Kissel, Hans-Helmutz Görtz aus Freinsheim lüftet Geheimnisse alter Kirchenbücher, in: Echo online, 14. April 2018 (https://www.echo-online.de/lokales/nachrichten-rhein-neckar/hans-helmut-gortz-aus-freinsheim-luftet-geheimnisse-alter-kirchenbucher_18672798) (23. November 2022).
630 Franz Schmidt (Bearb.), Die Sonderberichte der pfälzischen Kantonsärzte von 1861 (Stiftung zur Förderung der pfälzischen Geschichtsforschung A/5), Neustadt an der Weinstraße 2006; vgl. zu Edition und Bearbeiter Ludwig Hans, Berichte der Kantonsärzte: Schönheiten in Ungstein und Kallstadt, in: Die Rheinpfalz online, 30. März 2021 (https://www.rheinpfalz.de/lokal/bad_duerkheim_artikel,-berichte-der-kantons%C3%A4rzte-sch%C3%B6nheiten-in-ungstein-und-kallstadt-_arid,5186461.html) (23. November 2022). Schulz (Bearb.), Codex Berwartstein; zum Bearbeiter Werner Wagner, Zur Person: Die Macher der Chronik, in: Die Rheinpfalz online, 19. Juni 2018 (https://www.rheinpfalz.de/startseite_artikel,-zur-person-die-macher-der-chronik-_arid,1196702.html) (23. November 2022).
631 Vgl. hierzu die Geleitworte von Helmut Bernhard in: Schenk, Keramik, S. 5; Rüdiger Gogräfe, Die Römischen Wand- und Deckenmalereien im nördlichen Obergermanien (Stiftung zur Förderung der pfälzischen Geschichtsforschung C/2), Neustadt an der Weinstraße 1999, o. S. Der dritte Band in der Reihe C, die Druckfassung einer Heidelberger Dissertation, erschien erst nach dem Tod von Weintz 2011. Grundlage der Arbeit waren vor allem Funde aus den Beständen des Historischen Museums der Pfalz, nicht der Denkmalpflege; vgl. hierzu das Geleitwort des Stiftungsvorsitzenden Pirmin Spieß in: Steven Ditsch, Dis Manibus. Die römischen Grabdenkmäler aus der Pfalz (Stiftung zur Förderung der pfälzischen Geschichtsforschung C/3), Neustadt an der Weinstraße 2011, S. Vf., sowie das Vorwort des Herausgebers ebd., S. VIIf.

lichem Professionalisierungsgrad. Dadurch dass die Regierungspräsidenten des Regierungsbezirks Rheinhessen-Pfalz traditionell Vorsitzende des Historischen Vereins waren, die laut Stiftungssatzung dem Kuratorium angehören sollten, bestanden dabei enge Verbindungen der Stiftung zu den zentralen politischen Entscheidungsträgern der Pfalz. Seit ihrer Gründung waren nacheinander die Regierungspräsidenten Hans Keller, Paul Schädler und Rainer Rund Mitglieder des Kuratoriums.[632]

In den Gremien der Stiftung waren zudem alle zentralen mit historischen Themen und Beständen befassten pfälzischen Institutionen mit ihren Vertretern zumindest zeitweise eingebunden. So waren im Jahr 1995 neben Rainer Rund vonseiten des Historischen Vereins Otto Roller, als Direktor des Landesarchivs Speyer Karl Heinz Debus, Heinz Josef Engels als Vertreter der Landesarchäologie sowie Willi Alter als Präsident der Pfälzischen Gesellschaft zur Förderung der Wissenschaften Mitglieder des Kuratoriums.[633] Im Vorstand war neben Pirmin Spieß mit Joachim Kermann ein weiterer Mitarbeiter des Landesarchivs und mit Helmut Bernhard ein zusätzlicher Vertreter der Landesarchäologie in die Stiftungsarbeit eingebunden.[634]

Die institutionelle und persönliche Bindung einzelner an die Stiftung und auch die umfangreichen finanziellen Zuwendungen für verschiedene Projekte in der ansonsten mit wenigen entsprechenden Fördermöglichkeiten ausgestatteten Pfalz verschaffte Karl Richard Weintz eine herausragende Position innerhalb der regionalen Geschichtsforschung. Zumindest indirekt dürften sich aufgrund dieser engen Einbindung verschiedener Institutionen und Personen in die Strukturen der Stiftung Fragen oder Nachforschungen zur Lebensgeschichte des Mäzens verboten haben.

Während die Beziehung zu den verschiedenen Institutionen der Pfalz und ihren Akteuren teils sehr eng war, bestanden kaum intensivere Verbindungen zu Universitäten im Südwesten. Mit Ausnahme der von Pirmin Spieß betreuten bzw. mitbetreuten Dissertationen finden sich keine Mannheimer Arbeiten, die in der Reihe B veröffentlicht wurden. Wie oben dargestellt, sind nur zwei Kaiserslauterer und jeweils eine in Heidelberg, Freiburg und Saarbrücken eingereichte Dissertation bis 2010 von der Stiftung veröffentlicht worden. Insgesamt blieb diese hinsichtlich ihrer Zusammenarbeit mit historisch arbeitenden Akteuren und Institutionen weitestgehend auf den Raum der Pfalz begrenzt.

Weintz selbst publizierte nach seinem kurzen Beitrag zur Entstehung Neustadts von 1975 nur noch wenig. Gemeinsam mit dem Stiftungsvorsitzenden Pirmin Spieß stellte er Quellen zum bayerischen Hochverratsprozess gegen pfälzische Revolutionäre aus den Jahren 1850/1851 zusammen und versah die umfangreichen Abschnitte in dem mehr als 1.100 Seiten umfassenden 2006 veröffentlichten Nachdruckband mit kurzen Einleitungen, die sich in der Regel auf das Rekapitulieren der Ereignisgeschichte und einzelner biographischer Details beschränkte, ohne gerade die überregionale Forschung zur Revolution von 1848 und

---

632 Rund/Spieß, Vorwort, S. VIII.
633 Ebd.
634 Ebd.

ihren Nachwirkungen zu berücksichtigen.[635] Ebenfalls zusammen mit Pirmin Spieß steuerte er 2007 noch Vorbemerkungen im Umfang von zwei Seiten zum Nachdruck dreier französischer Zivilgesetzbücher der Jahre von 1804 bis 1807 bei, die, wie auch die Quellen zum Hochverratsprozess, in der Reihe D der Stiftung publiziert wurden.[636] Weitere Veröffentlichungen aus seiner Feder sind nicht bekannt.

Neben den Aktivitäten im Kontext der Stiftung war Weintz auch in der Bezirksgruppe Neustadt im Historischen Verein der Pfalz aktiv, deren Beirat er seit 1969 angehörte. Die Akten der Bezirksgruppe zeigen ihn auch als Akteur auf dieser landesgeschichtlichen Bühne, die sich an einigen Stellen mit der Stiftung überschnitt. Die Sitzungsprotokolle der 1980er Jahre weisen Weintz bei den Beiratssitzungen fast durchgehend als anwesend aus.[637]

Wie eng die unterschiedlichen Ämter und Funktionen im überschaubaren Neustadt beieinanderlagen, wird daran deutlich, dass er im Rahmen eines Rechtsstreits über eine Veröffentlichung zur baulichen Entwicklung Landaus von Jakob Straub, die in der Reihe der Bezirksgruppe Neustadt erscheinen sollte, trotz seiner Mitgliedschaft im Beirat als Rechtsanwalt von Straub auftrat.[638] Juristisch aktiv wurde er im Kontext dieser Institution auch, als er gemeinsam mit Spieß und dem bei der Bezirksregierung in Neustadt tätigen Gerhard Wunder auf Bitten verschiedener anderer Beiratsmitglieder 1986 eine Satzung für das Neustadter Heimatmuseum entwarf.[639] Dass Weintz innerhalb der Bezirksgruppe eine prominente Stellung einnahm, zeigte sich daran, dass er Anfang 1992, als er aus Gesundheitsgründen seine Funktion im Beirat niederlegen wollte, zum Ehrenbeirat ernannt werden sollte, laut eines Schreibens an ihn, „als Indiz dafür, daß Ihr Einsatz für die Erforschung der Geschichte von Stadt und Region Neustadt und der Gesamtpfalz anerkannt und gewürdigt wird."[640]

Auch in einem weiteren mit der Bezirksgruppe und der Stiftung verbundenen Arbeitsfeld lässt sich Weintz fassen. Bei der Publikation des Seelbuchs der Neustadter Stiftskirche wird er unter den Bearbeitern genannt, wobei ausweislich des Vorworts die Stiftung die Veröffentlichung finanziell förderte.[641] In diesem Kontext stehen könnte die im erwähnten Schreiben von

---

635 Pirmin Spieß/Karl Richard Weintz (Hgg.), Der bayerische Hochverratsprozeß 1850/51 in Zweibrücken nach französischem Recht gegen 333 Revolutionäre in der Pfalz im Frühjahr 1849. Nachdruck der wichtigsten Dokumente, überwiegend in Privatbesitz (Stiftung zur Förderung der pfälzischen Geschichtsforschung D/1), Neustadt an der Weinstraße 2006, die Einleitungen S. 1f., 259-262, 331-334, 505f., 711-713, 987f.
636 Pirmin Spieß/Karl Richard Weintz (Hgg.), Die drei französischen Zivilgesetzbücher von 1804-1807. Nachdruck (Stiftung zur Förderung der pfälzischen Geschichtsforschung D/3), Neustadt an der Weinstraße 2007.
637 Zur Anwesenheit von Weintz bei den Sitzungen in den 1980er und 1990er Jahren vgl. die Protokolle in: LA Speyer, T 1, Nr. 57-59.
638 Die Streitigkeiten sind nachzuvollziehen über die Protokolle der Beiratssitzungen vom 2. April und 7. Oktober 1981 sowie vom 29. Juni und 8. Oktober 1982 in: LA Speyer, T 1, Nr. 57. Es handelt sich um den Band Jakob Straub, Die bauliche Entwicklung Landaus (Schriftenreihe der Bezirksgruppe Neustadt im Historischen Verein der Pfalz 9), Speyer 1981.
639 Der Satzungsentwurf in: LA Speyer, T 1, Nr. 58.
640 Das maschinenschriftliche Schreiben vom 12. Januar 1992 ist nicht unterschrieben. Es findet sich in: LA Speyer, T 1, Nr. 61. In der Beiratssitzung am 27. Januar wurde über eine Laudatio durch Pirmin Spieß und Paul Habermehl beraten. Angedacht war zudem ein Buchgeschenk; ebd.
641 Text und Register des Seelbuchs erschienen in der Schriftenreihe der Bezirksgruppe: Friedrich Burkhardt u.a. (Bearb.), Das Seelbuch des Liebfrauenstifts zu Neustadt, 2 Bde. (Schriftenreihe der Bezirksgruppe Neustadt im Historischen Verein der Pfalz 11), Speyer 1993-1994, die Erwähnung der finanziellen Förderung der Drucklegung durch die Stiftung mit Nennung ihres Geschäftsführers Karl Richard Weintz ebd., Bd. 1, S. 9.

Anfang 1992 mit Bezug auf die Ernennung zum Ehrenbeirat der Bezirksgruppe vorgetragene Bitte, Weintz möge sich an den namentlich nicht genannten Absender noch einmal wegen des Seelbuchs wenden; wahrscheinlich sollte die Finanzierung durch die Stiftung Thema des Gesprächs sein.[642]

Privat lässt sich wenig über sein Leben fassen. Weintz heiratete 1981 Ingeborg Doetz, die Tochter des Inhabers der Neustadter Firma Gummi Doetz, die aber bereit 1990 verstarb.[643] Über sie kam er zusätzlich zu seinem Elternhaus in der Sauterstraße und dem Gebäude in der Konrad-Adenauer-Straße, wo sich auch seine Kanzlei befand, noch in den Besitz eines Hauses am Heineplatz 3 in Neustadt.[644] Weintz war als faktischer Herr seiner Stiftung an jenem Punkt angekommen, an dem er sich bereits Anfang der 1950er Jahre gesehen hatte: als ein zentraler Akteur der pfälzischen Geschichtsforschung, der über ihre inhaltliche Ausrichtung wesentlich mitbestimmte.

Dabei lassen sich hinsichtlich der politischen Orientierung von Weintz nach 1945 nur wenige konkrete Anhaltspunkte finden. Er schloss sich offenbar keiner Partei mehr an. Zur Aufarbeitung der Geschichte Neustadt im Nationalsozialismus seit den 1980er Jahren, nicht zuletzt durch Akteure aus den Reihen der Bezirksgruppe des Historischen Vereins wie Gerhard Wunder, die die Zeit des „Dritten Reichs" in Vorträgen und Veröffentlichungen ins Bewusstsein der Öffentlichkeit rückten, sind keine Äußerungen von Weintz bekannt.[645]

Einer der wenigen Belege für das bei Weintz weiterbestehende Interesse am Nationalsozialismus ist ein Brief, den er im Dezember 1992 an das Institut für Zeitgeschichte in München schickte. In diesem fragte er mit Verweis auf die eigene Lektüre von Hitlers *Mein Kampf* an, ob nicht Heinrich Molenaar, ein völkischer Aktivist und Impfgegner, der eigentliche geistige Urheber des Nationalsozialismus gewesen sein könnte. Er erwähnte dabei, dass er sich auf Empfehlung des Instituts mit einem anderen Schreiben auch an das Bundesarchiv gewandt hatte.[646]

---

642 Der Brief vom 12. Januar 1992 in: LA Speyer, T 1, Nr. 61: „Auch ein Gespräch zum Thema Seelbuch wäre wichtig!"
643 Spieß, Nachruf, S. 9f.; Spieß, Karl Richard Weintz zum Gedächtnis, S. 80.
644 Zu den Häusern vgl. Annegret Ries, Bücher und Häuser. Der Vorstand der in Neustadt ansässigen Stiftung zur Förderung der pfälzischen Geschichtsforschung hat vielfältige Aufgaben, in: Die Rheinpfalz. Mittelhaardter Rundschau, 1. Juli 2016.
645 Zu Gerhard Wunder und seinen Publikationen vgl. Markus Raasch, Art. Gerhard Wunder, in: Neustadt und Nationalsozialismus (https://neustadt-und-nationalsozialismus.uni-mainz.de/lexikon/wunder-gerhard) (27. November 2022); exemplarisch: Gerhard Wunder, Arisierung und Restitution, in: Paul Habermehl/Hilde Schmidt-Häbel (Hgg.), Vorbei – Nie ist es vorbei. Beiträge zur Geschichte der Juden in Neustadt. Neustadt an der Weinstraße 2005, S. 303–337. Eine wichtige, an ein breiteres Publikum gerichtete Publikation ist zudem Eberhard Dittus, „Das Geheimnis der Versöhnung ist Erinnerung". Stätten des Leidens, der Verfolgung, des Terrors und Widerstandes in Neustadt an der Haardt 1933 bis 1945, Speyer 1995. Zur Aufarbeitung durch eine Ausstellung des Stadtarchivs 1988 vgl. Eberhard Dittus, „Vor 50 Jahren – Neustadt unter dem Nationalsozialismus". Eine Ausstellung des Stadtarchivs als „Meilenstein" in der örtlichen Aufarbeitung der NS-Geschichte, in: Markus Raasch (Hg.), Volksgemeinschaft in der Gauhauptstadt. Neustadt an der Weinstraße und der Nationalsozialismus, Münster 2020, S. 789–799.
646 Das Schreiben vom 19. Dezember 1992 in: IfZ München, ID 60-7418-3. Zu Heinrich Molenaar vgl. Malte Thießen, Immunisierte Gesellschaft. Impfen in Deutschland im 19. und 20. Jahrhundert (Kritische Studien zur Geschichtswissenschaft 225), Göttingen 2017, S. 215; Puschner, Die völkische Bewegung im wilhelminischen Kaiserreich, S. 120, 193.

Wie im vorangehenden Kapitel deutlich wurde, dürfte in der Nachkriegszeit bis in die 1960er Jahre in Neustadt und Umgebung ein zumindest ungefähres Wissen um die Rolle von Weintz im Nationalsozialismus bestanden haben. Es lässt sich allerdings nur schwer nachvollziehen, wie dieses in den nachfolgenden Jahrzehnten weitergetragen wurde bzw. sich veränderte und verformte.

Dabei wird insbesondere im Umfeld des 100. Geburtstags von Weintz der unterschiedliche Umgang mit seiner NS-Vergangenheit durch Akteure der pfälzischen Geschichtsforschung deutlich. Der Stiftungsvorsitzende Pirmin Spieß veröffentlichte am 12. September 2008 unter dem Titel *Als Schüler dem Kaiser die Hand geschüttelt* einen Artikel in der Mittelhaardter Rundschau, dem Lokalteil der *Rheinpfalz*. Unter einer Fotografie von Weintz, versehen mit der Unterschrift „Humorvoller Hundertjähriger", zeichnete er ein Bild des Jubilars, das die von diesem erschaffene Legende wiedergab. Er benutzte dabei verschiedene „Marker", die die bürgerliche Respektabilität von Weintz betonten. So hob er die Glückwünsche des Neustadter Oberbürgermeisters und des Vorsitzenden des Historischen Vereins der Pfalz hervor. Zwei der drei Absätze widmete er dem zeitlichen Umfeld seiner Geburt im Kaiserreich und der Tatsache, dass Weintz dem deutschen Kaiser sowie dem bayerischen König im Ersten Weltkrieg die Hand geschüttelt hatte. Die NSDAP-Mitgliedschaft erwähnte er nicht, sondern beließ es bei einer Aufzählung von Orten und Tätigkeiten: „Studium unter anderem in München, Fahrt zum Nordkap, Wandervogel, Beamter in Berlin, Rechtsanwalt in Neustadt – das sind die großen Stationen seines Lebens." Spieß charakterisierte ihn weiter als einen bescheiden gebliebenen Menschen, der ein „sparsames, zufriedenes Leben" führe und gerne „[v]ieles in der heutigen Zeit dennoch gerne ändern, zum Bessern wenden" würde.[647]

Dieser Artikel ist vor allem insofern bemerkenswert, als auf der Geburtstagsfeier von Weintz am 11. September 2008 der Vorsitzende der Bezirksgruppe Neustadt, Gerhard Wunder, in seiner Laudatio nach Ausführungen zu Geburt, Studium und Referendariat ausweislich seines Notizzettels die Nähe von Weintz zum Nationalsozialismus zumindest bis 1933 ansprach. Vermerkt finden sich die Worte: „Partei, für Klarheit, 24j Machtergreifung, voller Ideale, Unmenschliches in Programm und Wirklichkeit".[648] Zudem vermerkte er zum Jahr 1936: „RdI [Reichsministerium des Innern, B. M.], unter Globke? Staatsangehörigkeitssachen und Paßwesen der besetzten Ostgebiete wie dem sog. Generalgouvernement Polen, Briefmarkensammlung, Besatzungsmarken."[649]

Auch wenn der genaue Wortlaut der Ansprache nicht rekonstruierbar ist, ist doch offensichtlich, dass es Weintz gelungen war, das seit seiner Internierung und später auch im Entnazifizierungsverfahren entworfene Bild von seiner Rolle im „Dritten Reich" zumindest im Kontext der Bezirksgruppe Neustadt zu etablieren. Die wohl in diesem Kontext entstandene Mär, er habe seit 1936 im Reichsinnenministerium gearbeitet, war Teil seines fingierten Lebenslaufs geworden

---

647 Spieß, Als Schüler dem Kaiser die Hand geschüttelt.
648 Privatarchiv Gerhard Wunder. Ich danke Gerhard Wunder für die Überlassung einer Kopie seines Notizzettels.
649 Ebd.

Gerhard Wunder griff diesen Aspekt auf, wobei unklar ist, ob er die – nicht stattgefundene – Zusammenarbeit mit Hans Globke, dem Kommentator der Nürnberger Rassegesetze, der später unter Konrad Adenauer Staatssekretär im Bundeskanzleramt war, tatsächlich in seiner Rede erwähnte. Feststellen lässt sich, wie schon bei den aufgeführten nationalsozialistischen Idealen, auch bei der Nennung der Zuständigkeit von Weintz für die besetzten Ostgebiete im Konzept der Laudatio eine weitestgehende Trennung der Tätigkeit von Weintz von den Zielen und Verbrechen des Nationalsozialismus. Sichtbar wird hier die bereits an anderer Stelle erwähnte „Abstraktion und Entsinnlichung der NS-Vergangenheit."[650] Der mittlerweile 100-jährige Jubilar wurde zwar im von ihm geschönten Rahmen der NS-Zeit dargestellt, jedoch mit den praktischen Implikationen der Ideologie nur peripher in Verbindung gebracht.

Sichtbar wird an der Gegenüberstellung des von Pirmin Spieß verfassten Zeitungsartikels und der Festansprache von Gerhard Wunder zudem, dass es für einen engeren Kreis eine Version des Weintzschen Lebenslaufs gab, in dem seine nationalsozialistische Vergangenheit zumindest in Teilen bekannt war und entsprechend integriert wurde. Der für eine weitere Öffentlichkeit bestimmte Artikel in der *Rheinpfalz* hingegen bemühte sich darum, Weintz in seiner Kindheit mit Personen der lokalen und überregionalen Geschichte zusammentreffen zu lassen und ihn dann als neutrale Persönlichkeit ohne eigene politische Überzeugungen, geschweige denn Taten, durch seine Lebenszeit gleiten zu lassen. Dabei ist unklar, inwiefern weitergehendes Wissen über die Rolle von Weintz im Nationalsozialismus in Neustadt im Allgemeinen bzw. in den verschiedenen Kontexten der regionalen und lokalen Geschichtsforschung bekannt war, jedoch nicht offen diskutiert wurde.

Karl Richard Weintz sollte noch einen weiteren Geburtstag erleben, bevor er im Februar 2010 im Alter von 101 Jahren verstarb. Er setzte die Stiftung als Alleinerbe seines Vermögens ein, zu dem auch die drei Häuser in der Sauterstraße 9, der Konrad-Adenauer-Straße 13 und am Heineplatz 3 sowie ein Waldgrundstück und ein Weinberg gehörten.[651] Die beiden Nachrufe des Stiftungsvorsitzenden Pirmin Spieß, einerseits ein ausführlicher Nekrolog in einer Publikation der Stiftung und andererseits eine weitestgehend identische, aber in einzelnen Punkten abweichende, Veröffentlichung in der *Pfälzer Heimat* orientieren sich inhaltlich weitestgehend am von Weintz selbst etablierten Narrativ seines Lebens, das sich etwa auch im Artikel in der *Rheinpfalz* zu seinem 100. Geburtstag fand.

Der ausführlichere Nachruf skizziert anekdotenreich sein Leben. Die ersten Lebensjahre im Kaiserreich, unter anderem das Zusammentreffen mit deutschem Kaiser und bayerischem König, finden hier erneut ebenso Erwähnung wie die Zeit im Wandervogel mit den Aktivitäten an der Burg Spangenberg sowie Studium und Nordlandfahrt. Das frühe Interesse an der pfälzischen Geschichte mit einschlägigen Publikationen wird ebenso gewürdigt wie das aufgrund von Konrad Beyerles Tod nicht fortgeführte Dissertationsprojekt. Die gerade einmal einen Absatz umfassenden Ausführungen zu den Jahren von 1933 bis 1945 erschöpfen sich

---

650 Herbert, NS-Eliten, S. 110.
651 Zur Einsetzung der Stiftung als Alleinerbe Spieß, Nachruf, S. 10. Drei Häuser werden erwähnt im Artikel Ries, Bücher und Häuser. Ein Artikel von 2010 nennt neben Geld und Wertpapieren hingegen nur zwei sowie das Waldgrundstück und den Weinberg; „Spieß weiß Bescheid".

neben Angaben zu seinen historischen Interessen weitestgehend in Ausführungen dazu, dass Wilhelm Alwens Weintz während seiner Referendarszeit am Landgericht München betreute und Otto Palandt 1936 als Präsident des Reichsjustizprüfungsamts in Berlin sein Zeugnis ausstellte.[652] Die NS-Zeit wird also fast vollkommen ausgespart.

Kurz und vage gehalten sind die Angaben zu seinen eigentlichen beruflichen Tätigkeiten bis zum Ende des „Dritten Reichs": „In der Folgezeit verschlägt es Weintz als Assessor und Regierungsassessor über vielfache Stationen der inneren Verwaltung nach Berlin in das Reichsinnenministerium, an dem er als Regierungsrat in der Abteilung Paßwesen tätig ist."[653]

Wiedererzählt wurde an dieser Stelle das von Weintz seit seiner Internierung etablierte Narrativ des unpolitischen Verwaltungsbeamten und Geschichtsenthusiasten. Seine Bedeutung für die pfälzische Geschichtsforschung hebt Spieß dabei in den Ausführungen zur Nachkriegszeit besonders hervor. Weintz habe als „klarsichtiger Beobachter seiner Zeit" um die fehlenden finanziellen Grundlagen für entsprechende Arbeiten gewusst und sich die Stiftung „als Kinderersatz" geschaffen, wodurch er sich „[u]nsterblich" gemacht habe.[654]

Dabei scheint, wie bereits in der Einleitung dieser Studie dargelegt, sowohl im ausführlichen Nachruf als auch in der kürzeren, allerdings in einigen Punkten abweichenden, Würdigung von Weintz in der *Pfälzer Heimat* zumindest in Ansätzen das Wissen um problematische Aspekte seiner Vita durch. Die Ausführungen von Spieß, Weintz sei „in eine grelle Zeit hineingeboren [...], der er sich stellt und die nicht ohne Blessuren an ihm vorübergeht"[655], machen dies bereits deutlich. Dabei wird hier ein Narrativ sichtbar, das Weintz keine eigenen Handlungen und Entscheidungen zubilligt, sondern ihn in Abwehrhaltung zeigt, dem von unbenannten anderen „Blessuren" zugefügt werden. Sichtbar wird erneut eine gesellschaftlich verbreitete entpersonalisierte Vorstellung vom Nationalsozialismus und seinen Verbrechen, die diese ihrer Akteure wie Weintz beraubt und Täter wie ihn zu bloßen Objekten erklärt. Dass sich Spieß mindestens in einigen Punkten der Problematik des Werdegangs des Stiftungsgründers bewusst war, verdeutlichen die ebenfalls bereits eingangs erwähnten letzten Worte in der Kurzversion des Nachrufs: „Möge die Stiftung die Muße und den Mut finden, die vita [sic!] ihres Gründers sachgerecht aufzuhellen und zu erforschen."[656]

---

652 Spieß, Nachruf, S. 7–9.
653 Ebd., S. 9.
654 Ebd., S. 10.
655 Ebd., S. 7.
656 Spieß, Karl Richard Weintz zum Gedenken, S. 80.

Nachwirkungen und Fazit

Der im Nachruf erwähnte Wunsch nach Aufarbeitung allerdings wurde in den Jahren nach dem Tod von Karl Richard Weintz nicht in die Praxis umgesetzt. Anlässlich seines 102. Geburtstags wurde am 11. September 2010 an seinem Geburtshaus in der Sauterstraße eine Gedenktafel angebracht, die ihn als Regierungsrat, Rechtsanwalt und Begründer der Stiftung würdigte.[657] Geehrt wird seitdem im öffentlichen Raum in Neustadt ein NS-Täter, „alter Kämpfer" der NSDAP, ein Antisemit und Antidemokrat, SS-Sturmbannführer, Beteiligter an der Verfolgung, Entrechtung und Ermordung der deutschen und europäischen Juden sowie weiterer Opfer des Nationalsozialismus.

Durch die Veröffentlichung der Briefe von Karl Richard Weintz aus seiner Studienzeit in der *Pfälzer Heimat* durch Pirmin Spieß im Jahr 2017 war zumindest die Rolle des Stiftungsbegründers als studentischer NS-Aktivist, der in seinen Schreiben der frühen 1930er Jahre keinen Hehl aus seiner staatsfeindlichen Gesinnung machte, bestens bekannt. Dabei verzichtete Spieß in seiner Veröffentlichung allerdings durchgehend auf eine Einordnung der Tätigkeit von Weintz im Kontext des NSDStB sowie seiner nationalsozialistischen Überzeugungen, die in den Briefen deutlich hervortreten.[658]

Obwohl Franz Maier im Rahmen seiner Studie zum Staatsarchiv Speyer in der NS-Zeit 2017 Weintz und seine Tätigkeiten im „Dritten Reich" erstmals detailliert im pfälzischen und überregionalen Kontext einordnete, hat sich die offiziell kommunizierte Haltung der Stiftung zu ihrem Gründer nach wie vor nicht geändert.[659] Karl Richard Weintz wird ohne genauere Einordnung auf der Homepage der Stiftung aufgeführt.[660] Noch in einer Publikation aus dem Jahr 2020, in der die 1932 von Weintz erstmals veröffentlichten Transkriptionen der Urkunden der Landschreiberei Neustadt aus dem 14. Jahrhundert erneut abgedruckt wurden, wurde trotz seiner mittlerweile bekannten Tätigkeiten während der NS-Zeit auf eine Einordnung des Autors verzichtet.[661] Der Nachruf aus der Feder von Pirmin Spieß wurde zudem im selben Jahr noch einmal zum Abdruck gebracht.[662]

In einer Email an den Autor vom Januar 2023 wurde seitens des Stiftungsvorstands mitgeteilt, dass man an einer Aufarbeitung der Vergangenheit von Weintz vor 1945 interessiert und „jedes Vertuschen oder Beschönigen seiner Aktivitäten in der NSDAP und der Gestapo vor 1945 […] völlig fehl am Platz" sei. Man halte es jedoch aufgrund seiner Verdienste um die Gründung der Stiftung nach wie vor für vertretbar, durch die Gedenktafel an seinem Geburtshaus an ihn zu erinnern, wobei es perspektivisch wünschenswert sei, in diesem Kontext

---

657 Spieß, Nachruf, S. 12.
658 Spieß, Willi Alwens. Er verweist nur ebd., S. 59, Anm. 31 darauf, dass der Speyerer Archivar Franz Maier die biographische Bearbeitung von Weintz übernommen habe.
659 Maier, Staatsarchiv Speyer, S. 57.
660 http://stiftung-pfalz.de/stift.php (9. September 2022).
661 Weintz/Spieß, Kurfürst Ruprecht, kurze biographische Daten von Weintz ebd., S. 9–11; hierzu auch Müsegades, Rezension, S. 696f.
662 Schroeder (Bearb.), Pirmin Spieß, S. 152–155.

auch seine Biographie vor 1945 zu berücksichtigen. Dies gelte auch für die Darstellung von Weintz auf der Homepage der Stiftung.[663]

Insgesamt wurde in den vorangehenden Kapiteln deutlich, dass Karl Richard Weintz, sozialisiert in der völkischen Jugendbewegung und während seiner Studienzeit weiter radikalisiert, ein überzeugter antisemitischer und antidemokratischer Akteur des Nationalsozialismus war. Durch seine Tätigkeit für SD, Gestapo und RSHA gestaltete er die Unterdrückungs-, Verfolgungs- und Vernichtungspolitik des Regimes mit. Er war dabei nicht, wie selbst nach 1945 dargestellt, nur ein unpolitischer Verwaltungsbeamter. Karl Richard Weintz war vielmehr ein Täter des Nationalsozialismus und des Holocaust.

Dabei nimmt er unter der Vielzahl verschiedener Nationalsozialisten mit ähnlichen Lebensläufen, die nach dem Zweiten Weltkrieg in bürgerlichen Berufen tätig waren, eine Sonderstellung ein. Durch die von ihm wesentlich mitinitiierte Stiftung zur Förderung der pfälzischen Geschichtsforschung und die von ihm geprägte Arbeit derselben wirkt er bis heute in landesgeschichtliche Forschungskontexte im deutschen Südwesten hinein.

---

663 Email von Franz Maier an den Verfasser namens des Stiftungsvorstands vom 31. Januar 2023.

Abkürzungen

AZ	Archivalische Zeitschrift
BayHStA	Bayerisches Hauptstaatsarchiv
BayStA	Bayerisches Staatsarchiv
BA	Bundesarchiv
BLA	Burgenländisches Landesarchiv
BW	Baden-Württemberg
DAF	Deutsche Arbeitsfront
DNVP	Deutschnationale Volkspartei
DVP	Deutsche Volkspartei
Gestapa	Geheimes Staatspolizeiamt
Gestapo	Geheime Staatspolizei
HZ	Historische Zeitschrift
JUG	Jahrbuch für Universitätsgeschichte
JWDLG	Jahrbuch für westdeutsche Landesgeschichte
LA	Landesarchiv
MfS	Ministerium für Staatssicherheit
MHVP	Mitteilungen des Historischen Vereins der Pfalz
NS	Nationalsozialismus
NSDAP	Nationalsozialistische Deutsche Arbeiterpartei
NSZ	Nationalsozialistische Zeitung
PA AA	Politisches Archiv des Auswärtigen Amts
RSHA	Reichssicherheitshauptamt
SA	Sturmabteilung
SD	Sicherheitsdienst
SS	Schutzstaffel
StA	Staatsarchiv
StdA	Stadtarchiv
UA	Universitätsarchiv
US NACP	US National Archives and Records Administration, College Park, Maryland
VSWG	Vierteljahrsschrift für Sozial- und Wirtschaftsgeschichte
VuF	Vorträge und Forschungen
WStLA	Stadt- und Landesarchiv Wien
ZfG	Zeitschrift für Geschichtswissenschaft
ZGO	Zeitschrift für die Geschichte des Oberrheins
ZSRG GA	Zeitschrift der Savigny-Stiftung für Rechtsgeschichte. Germanistische Abteilung

Ungedruckte Quellen

Bundesarchiv Berlin

MfS, HA IX-11, AV 6-88
MfS, HA IX-11, ZR 918, A. 1
R 6/425
R 58/402
R 58/403
R 58/11116
R 8128-26231. Bd. 2
R 9361 I 41650
R 9361 II 9786
R 9361 II 11854
R 9361 II 254419
R 9361 II 565984. Bd. 2
R 9361 II 10350000
R 9361 III 562723
R 9361 V 34078

Landesarchiv Berlin

B Rep. 57-01, Nr. 3222

Politisches Archiv des Auswärtigen Amts, Berlin

RZ 214/99722
RZ 214/99818
RZ 214/99819
RZ 214/99820
RZ 214/99831
RZ 214/99835
RZ 214/99836
RZ 214/99856
RZ 214/99859
RZ 214/99860
RZ 214/99876

Universitätsarchiv Humboldt-Universität Berlin

Matrikel 1929

US National Archives and Records Administration, College Park, Maryland

D 082264
XE 082264

Burgenländisches Landesarchiv Eisenstadt

Museumsakte 1938–1945, Heft 14

Universitätsarchiv Freiburg

B 9/332

Universitätsarchiv Heidelberg

H-V-757/24

Bundesarchiv, Außenstelle Ludwigsburg

B 162/3259
B 162/26655
B 162/30171

Landesarchiv Baden-Württemberg, Staatsarchiv Ludwigsburg

EL 904-2, Nr. 74356

Universitätsarchiv Mainz

64/2457

Bayerisches Hauptstaatsarchiv München

Generaldirektion der Bayerischen Archive, Nr. 2842

Bayerisches Staatsarchiv München

Gestapo 56
Gestapo 57
Staatsanwaltschaften 5860

Institut für Zeitgeschichte München

ED 747/1
ID 60-7418-3

Universitätsarchiv München

D II 27
D III 99
D XIV 35, Bd. 5
Stud-Kart I (Weintz, Karl)

Landesarchiv Speyer

H 1, Nr. 1696
H 3, Nr. 7818
H 14, Nr. 6680
H 21, Nr. 1011 (bis 2025 für die Nutzung gesperrt)
J 3, Nr. 170
J 6, Nr. 38036
J 7, Nr. 748, 752
R 18, Nr. 8731, 27524
R 18, Karteikarte Karl Friedrich Böhm, Karteikarte Friedrich Sprater
Registraturakt, Nr. 3388, 3455
T 1, Nr. 56, 57, 58, 59, 60, 61
V 52, Nr. 634
V 75, Nr. 112
V 140, Nr. 15

Historisches Museum der Pfalz, Speyer

Akten der Pfälzischen Gesellschaft zur Förderung der Wissenschaften I (Schriftwechsel bis 31. Juli 1951), II (1. August 1951 bis 31. Dezember 1952 A–K), III (1. August 1951 bis 31. Dezember 1952 L–Z)

Stadtarchiv Speyer

Meldekartei

Stadt- und Landesarchiv Wien
LG Wien, Vg 4c Vr 1223/47

Privatarchiv Gerhard Wunder, Neustadt an der Weinstraße
Notizzettel für die Ansprache zum 100. Geburtstag von Karl Richard Weintz am 11. September 2008

Bayerisches Staatsarchiv Würzburg
Spruchkammer Würzburg, Nr. 79

Gedruckte Quellen und Literatur

Adam, Uwe Dietrich, Judenpolitik im Dritten Reich, Düsseldorf 2003.
Adreß-Buch der Kreishauptstadt Speyer am Rhein. Ausgabe 1931, Speyer 1931.
Adreßbuch umfassend die Städte Neustadt an der Haardt, Bad Dürkheim, Deidesheim, Edenkoben, Lambrecht, o. o. 1908.
Ahrens, Rüdiger, Bündische Jugend. Eine neue Geschichte 1918–1933 (Moderne Zeiten 26), Göttingen 2015.
Anderl, Gabriele/Rupnow, Dirk, Die Zentralstelle für jüdische Auswanderung als Beraubungsinstitution (Veröffentlichungen der Österreichischen Historikerkommission. Vermögensentzug während der NS-Zeit sowie Rückstellungen und Entschädigungen seit 1945 in Österreich 20/1), München 2004.
Andermann, Kurt, Kurt Baumann gestorben, in: Pfälzer Heimat 34 (1983), S. 179–181.
Applegate, Celia, A Nation of Provincials. The German Idea of Heimat, Berkeley/Los Angeles/Oxford 1990.
Applegate, Celia, Zwischen Heimat und Nation. Die pfälzische Identität im 19. und 20. Jahrhundert, Kaiserslautern 2007.
Aretin, Cajetan von, Vom Umgang mit gestürzten Häuptern: Zur Zuordnung der Kunstsammlungen in deutschen Fürstenabfindungen 1918–1924, in: Thomas Biskup/Martin Kohlrausch (Hgg.), Das Erbe der Monarchie. Nachwirkungen einer deutschen Institution nach 1918, Frankfurt/New York 2008, S. 161–183.
Armgart, Martin, Die Anfänge des Speyerer Klosters St. Maria Magdalena überm Hasenpfuhl, in: Archiv für mittelrheinische Kirchengeschichte 46 (1994), S. 21–53.
Armgart, Martin, Die Handfesten des preußischen Oberlandes bis 1410 und ihre Aussteller. Diplomatische und prosopographische Untersuchungen zur Kanzleigeschichte des Deutschen Ordens in Preußen (Veröffentlichungen aus den Archiven Preußischer Kulturbesitz. Beiheft 2), Köln/Weimar/Wien 1995.
Armgart, Martin (Bearb.), Reuerinnen- und Dominikanerinnen-Kloster Sankt Maria Magdalena überm Hasenpfuhl vor Speyer, 2 Bde. (Stiftung zur Förderung der pfälzischen Geschichtsforschung A/1), Neustadt an der Weinstraße 1995–1997.
Armgart, Martin (Bearb.), Urkunden und Regesten der Deutschordenskommende Einsiedel 1215–1812 (Stiftung zur Förderung der pfälzischen Geschichtsforschung A/2), Neustadt an der Weinstraße 2008.
Aronson, Shlomo, Reinhard Heydrich und die Frühgeschichte von Gestapo und SD (Studien zur Zeitgeschichte), Stuttgart 1971.
Bachmann, Georg August, Beyträge zu dem Pfalz-Zweibrückischen Staats-Recht, Tübingen 1792.
Bärmann, Johannes, Art. Konrad Beyerle, in: Neue Deutsche Biographie, Bd. 2, Berlin 1955, S. 206f.
Bajohr, Frank, Täterforschung: Ertrag, Probleme und Perspektiven eines Forschungsansatzes, in: ders./Andrea Löw (Hgg.), Der Holocaust. Ergebnisse und neue Fragen der Forschung, Frankfurt 2015, S. 167–185.
Banach, Jens, Heydrichs Elite. Das Führerkorps der Sicherheitspolizei und des SD 1936–1945 (Sammlung Schöning zu Geschichte und Gegenwart), Paderborn u.a. ³2002.
Bechert, Rudolf, Rechtsgeschichte der Neuzeit (Schaeffers Grundriß des Rechts und der Wirtschaft 23,2), 7.–10. Auflage, Leipzig 1944.

Behrendt, Michael, Hans Nawiasky und die Münchener Studentenkrawalle von 1931, in: Elisabeth Kraus (Hg.), Die Universität München im Dritten Reich. Aufsätze, Teil I, München 2006, S. 15–42.

Berg, Matthias, Karl Alexander von Müller. Historiker für den Nationalsozialismus (Schriftenreihe der Historischen Kommission bei der Bayerischen Akademie der Wissenschaften 88), München 2014.

Berghahn, Volker, Das Kaiserreich 1871–1914 (Gebhardt Handbuch der deutschen Geschichte. Zehnte, völlig neu bearbeitete Auflage 16), Stuttgart 2003.

Berghahn, Volker, u.a., Arbeiterwiderstand, in: Erich Matthias/Hermann Weber (Hgg.), Widerstand gegen den Nationalsozialismus in Mannheim, Mannheim 1984, S. 263–268.

Berschel, Holger, Bürokratie und Terror. Das Judenreferat der Gestapo Düsseldorf 1935–1945 (Düsseldorfer Schriften zur Neueren Landesgeschichte und zur Geschichte Nordrhein-Westfalens 58), Essen 2001.

Beyerle, Konrad, Das Haus Wittelsbach und der Freistaat Bayern. Rechtsgrundlagen für die Auseinandersetzung zwischen Staat und Dynastie, Teil 1, München/Berlin/Leipzig 1921.

Biffar, Ursula, Professor Pirmin Spieß erzählt. Seelbücher sind seine liebsten Kinder. Rechtswissenschaftler erforscht die bürgerliche Rechtsgeschichte der Pfalz – Ein Leben reicht nicht aus, in: Die Rheinpfalz. Neustadter Rundschau, 10. Februar 1988.

Binder, Dietrich A./Schuschnigg, Heinrich, „Sofort vernichten". Die vertraulichen Briefe Kurt und Vera von Schuschniggs 1938–1945, München/Wien 1997.

Birn, Ruth Bettina, Die Höheren SS- und Polizeiführer. Himmlers Vertreter im Reich und in den besetzten Gebieten, Düsseldorf 1986.

Birn, Ruth Bettina, „Neue" oder alte Täterforschung? Einige Überlegungen am Beispiel von Erich von dem Bach-Zelewski, in: Totalitarismus und Demokratie 7 (2010), S. 189–212.

Blin, Dieter, Das Fürstentum Zweibrücken hat eine jüdische Geschichte, in: Charlotte Glück-Christmann (Hg.), Die Wiege der Könige. 600 Jahre Herzogtum Pfalz–Zweibrücken. Landesausstellung im Stadtmuseum Zweibrücken. 29. August – 14. November 2010, Zweibrücken 2010, S. 111–114.

Blin, Dieter, „In Erwägung des genießenden herrschaftlichen Schutzes …". Jüdisches Dasein im Fürstentum Pfalz-Zweibrücken im Spiegel normativer Quellen, in: Frank Konersmann/Hans Ammerich (Hgg.), Historische Regionalforschung im Aufbruch. Studien zur Geschichte des Herzogtums Pfalz-Zweibrücken anlässlich seines 600. Geburtsjubiläums (Veröffentlichungen der Pfälzischen Gesellschaft zur Förderung der Wissenschaften 107), Speyer 2010, S. 273–298.

Block, Nils, Die Parteigerichtsbarkeit der NSDAP (Europäische Hochschulschriften II/3377), Frankfurt u.a. 2002.

Boberach, Heinz (Bearb.), Bestand R 58. Reichssicherheitshauptamt (Findbücher zu den Beständen des Bundesarchivs 22), Koblenz 1982.

Boeckl-Klamper, Elisabeth/Mang, Thomas/ Neugebauer, Wolfgang, Gestapo-Leitstelle Wien 1938–1945, Wien 2018.

Böhm, Karl Friedrich, Der deutsche Weinumsatz. Ware, Organisation und Absatzproblem, Diss. Freiburg 1932.

Bourdieu, Pierre, Die biographische Illusion, in: Bios 3 (1990), S. 75–81.

Bräuche, Ernst Otto, Parteien und Reichstagswahlen in der Rheinpfalz von der Reichsgründung bis zum Ausbruch des Ersten Weltkrieges 1914. Eine regionale partei- und wahlhistorische Untersuchung im Vorfeld der Demokratie (Veröffentlichungen der Pfälzischen Gesellschaft zur Förderung der Wissenschaften in Speyer 68), Speyer 1982.

Breß, Miriam, In „Schutzhaft" im (frühen) Konzentrationslager Neustadt a. d. Haardt. Hintergründe und Funktion der „Schutzhaft", in: Jahrbuch der Hambach-Gesellschaft 24 (2017), S. 107–131.

Breuer, Stefan, Die Nordische Bewegung in der Weimarer Republik (Kultur- und sozialwissenschaftliche Studien 18), Wiesbaden 2018.

Browder, George C., Foundations of the Nazi Police State. The Formation of Sipo and SD, Lexington 1990.

Browder, George C., Hitler's Enforcers. The Gestapo and the SS Security Service in the Nazi Revolution, New York/Oxford 1996.

Browder, George C., Die frühe Entwicklung des SD. Das Entstehen multipler institutioneller Identitäten, in: Michael Wildt (Hg.), Nachrichtendienst, politische Elite, Mordeinheit. Der Sicherheitsdienst des Reichsführers SS, Hamburg 2003, S. 38–56.

Browning, Christopher R., The Origins of the Final Solution. The Evolution of the Nazi Jewish Policy, September 1939 – March 1942, Lincoln/Jerusalem 2005.

Brun, Georg, Leben und Werk des Rechtshistorikers Heinrich Mitteis unter besonderer Berücksichtigung seines Verhältnisses zum Nationalsozialismus (Rechtshistorische Reihe 83), Frankfurt u.a. 1991.

Burkhardt, Friedrich u.a. (Bearb.), Das Seelbuch des Liebfrauenstifts zu Neustadt, 2 Bde. (Schriftenreihe der Bezirksgruppe Neustadt im Historischen Verein der Pfalz 11), Speyer 1993–1994.

Caesarini, David, Eichmann. His Life and Crimes, London 2004.

Carl, Victor, Lexikon Pfälzer Persönlichkeiten, Edenkoben ²1998.

Clemens, Gabriele B., *Sanctus amor patriae*. Eine vergleichende Studie zu deutschen und italienischen Geschichtsvereinen im 19. Jahrhundert (Bibliothek des Deutschen Historischen Instituts in Rom 106), Tübingen 2004.

Cornelißen, Christoph, Gerhard Ritter. Geschichtswissenschaft und Politik im 20. Jahrhundert (Schriften des Bundesarchivs 58), Düsseldorf 2001.

Curilla, Wolfgang, Der Judenmord in Polen und die deutsche Ordnungspolizei 1939–1945, Paderborn u.a. 2011.

Das deutsche Archivwesen und der Nationalsozialismus. 75. Deutscher Archivtag in Stuttgart (Tagungsdokumentationen zum Deutschen Archivtag 10), Essen 2007.

Debus, Karl Heinz, Vorwort des Herausgebers, in: Martin Armgart (Bearb.), Reuerinnen- und Dominikanerinnen-Kloster Sankt Maria Magdalena überm Hasenpfuhl vor Speyer, Bd. 1 (Stiftung zur Förderung der pfälzischen Geschichtsforschung A/1,1), Neustadt an der Weinstraße 1995, S. IX–XI.

Degener, Hermann A. L. (Hg.), Degeners Wer ist's, 10. Ausgabe, Berlin 1935.

Depkat, Volker *Ego-Dokumente* als quellenkundliches Problem, in: Marcus Stumpf (Hg.), Die Biographie in der Stadt- und Regionalgeschichte (Westfälische Quellen und Archivpublikationen 26/Beiträge zur Geschichte Iserlohns 23), Münster 2011, S. 21–32.

Diehl, Wolfgang, Kämpferische Westmark. Zur Kulturpolitik, Literatur und Bildenden Kunst während des Dritten Reichs in den Gauen Pfalz, Saarpfalz und Westmark (Stiftung zur Förderung der pfälzischen Geschichtsforschung B/20), Neustadt an der Weinstraße 2020.

Ditsch, Steven, Dis Manibus. Die römischen Grabdenkmäler aus der Pfalz (Stiftung zur Förderung der pfälzischen Geschichtsforschung C/3), Neustadt an der Weinstraße 2011.

Dittus, Eberhard, „Das Geheimnis der Versöhnung ist Erinnerung". Stätten des Leidens, der Verfolgung, des Terrors und Widerstandes in Neustadt an der Haardt 1933 bis 1945, Speyer 1995.

Dittus, Eberhard, „Vor 50 Jahren – Neustadt unter dem Nationalsozialismus". Eine Ausstellung des Stadtarchivs als „Meilenstein" in der örtlichen Aufarbeitung der NS-Geschichte, in: Markus Raasch (Hg.), Volksgemeinschaft in der Gauhauptstadt. Neustadt an der Weinstraße und der Nationalsozialismus, Münster 2020, S. 789–799.

Donohoe, James, Hitler's Conservative Opponents in Bavaria 1930–1945. A Study of Catholic, Monarchist, and Separatist anti-Nazi Activities, Leiden 1961.

Dröge, Martin, Einleitung: Die biographische Methode in der Regionalgeschichte, in: ders. (Hg.), Die biographische Methode in der Regionalgeschichte (Forum Regionalgeschichte 17), Münster 2011, S. 1–13.

Dunkhase, Jan Eike, Werner Conze. Ein deutscher Historiker im 20. Jahrhundert (Kritische Studien zur Geschichtswissenschaft 194), Göttingen 2010.

Ehrenthal, Günther, Die deutschen Jugendbünde. Ein Handbuch ihrer Organisation und ihrer Bestrebungen, Berlin 1929.

Eichmüller, Andreas, Keine Generalamnestie. Die strafrechtliche Verfolgung von NS-Verbrechen in der frühen Bundesrepublik (Quellen und Darstellungen zur Zeitgeschichte 93), München 2012.

Emrich, Hermann, Geleitwort, in: Wilhelm Winkler (Hg.), Pfälzischer Geschichtsatlas, Neustadt 1935, o. S.

Engelbrechten, Julius Karl von, Eine braune Armee entsteht. Die Geschichte der Berlin-Brandenburger SA, München ²1940.

Engelen, Ute/Rummel, Walter (Hgg.), Der gescheiterte Friede. Die Besatzungszeit 1918–1930 im heutigen Rheinland-Pfalz. Begleitband zur Ausstellung (Veröffentlichungen der Landesarchivverwaltung Rheinland-Pfalz 129), Koblenz 2020.

Etzemüller, Thomas, Sozialgeschichte als politische Geschichte. Werner Conze und die Neuorientierung der westdeutschen Geschichtswissenschaft nach 1945 (Ordnungssysteme 9), München 2001.

Etzemüller, Thomas, Biographien. Lesen – erforschen – erzählen, Frankfurt 2012.

Falter, Jürgen W., „Wenn ich ausgetreten wäre, wäre mir der Strick sicher gewesen." Erklärungs- und Entschuldigungsversuche im Entnazifizierungsprozess, in: Jürgen W. Falter u.a., „Wie ich den Weg zum Führer fand". Beitrittsmotive und Entlastungsstrategien von NSDAP-Mitgliedern, Frankfurt/New York 2022, S. 267–310.

Faust, Anselm, Der Nationalsozialistische Deutsche Studentenbund, 2 Bde. (Geschichte und Gesellschaft. Bochumer Historische Studien), Düsseldorf 1973.

Fehlauer, Heinz, Deutsch-Amerikanische Archivgeschichte. Die Bestände des Berlin Document Centers: Kriegsbeute im Bundesarchiv, in: Sabine Weißler/Wolfgang Schäche (Hgg.), Daten Reich im Verborgenen. Das Berlin Document Center in Berlin-Zehlendorf, Marburg 2010, S. 27–40.

Finkbeiner, Jörg, Garnisonsbauten in Landau, 2 Teilbde. (Stiftung zur Förderung der pfälzischen Geschichtsforschung B/8), Neustadt an der Weinstraße 2008.

Fleischmann, Peter/Seiderer, Georg (Hgg.), Archive und Archivare in Franken im Nationalsozialismus (Franconia 10), Neustadt an der Aisch 2019.

Förster, Christina M., Der Harnier-Kreis. Widerstand gegen den Nationalsozialismus in Bayern (Veröffentlichungen der Kommission für Zeitgeschichte B/74), Paderborn u.a. 1996.

Frei, Norbert, Vergangenheitspolitik in den fünfziger Jahren, in: Wilfried Loth/Bernd-A. Rusinek (Hgg.), Verwandlungspolitik. NS-Eliten in der westdeutschen Nachkriegsgesellschaft, Frankfurt 1998, S. 79–92.

Freund, Wolfgang, Volk, Reich und Westgrenze. Deutschtumswissenschaften und Politik in der Pfalz, im Saarland und im annektierten Lothringen 1925–1945 (Veröffentlichungen der Kommission für Saarländische Landesgeschichte und Volksforschung 39), Saarbrücken 2006.

Friedmann, Ina, Der Prähistoriker Richard Pittioni (1906–1985) zwischen 1938 und 1945 unter Einbeziehung der Jahre des Austrofaschismus und der beginnenden Zweiten Republik, in: Archaeologia Austriaca 95 (2011), S. 7–99.

Fürstenberg, Rudolf Heinz, Die öffentliche Armenpflege in der Pfalz (Stiftung zur Förderung der pfälzischen Geschichtsforschung B/4), Neustadt an der Weinstraße 2002.

Gafke, Matthias, Heydrichs „Ostmärker". Das österreichische Führungspersonal von Sicherheitspolizei und SD (Veröffentlichungen der Forschungsstelle Ludwigsburg der Universität Stuttgart 27), Darmstadt 2015.

Gebauer, Thomas, Das KPD-Dezernat der Gestapo Düsseldorf, Hamburg 2011.

Gellately, Robert, The Gestapo and German Society. Enforcing Racial Policy 1933–1945, Oxford 1990.

Gembries, Helmut, Verwaltung und Politik in der besetzten Pfalz zur Zeit der Weimarer Republik (Beiträge zur pfälzischen Geschichte 4), Kaiserslautern 1992.

Gerlach, Christian, Die Einsatzgruppe B, in: Peter Klein (Hg.), Die Einsatzgruppen in der besetzten Sowjetunion 1941/42. Die Tätigkeits- und Lageberichte des Chefs der Sicherheitspolizei und des SD (Publikationen der Gedenk- und Bildungsstätte Haus der Wannsee-Konferenz 6), Berlin 1997, S. 52–70.

Gerlach, Christian, Kalkulierte Morde. Die deutsche Wirtschafts- und Vernichtungspolitik in Weißrußland 1941 bis 1944, Hamburg 1999.

Gimmel, Jürgen, Die politische Organisation kulturellen Ressentiments. Der „Kampfbund für deutsche Kultur" und das bildungsbürgerliche Unbehagen an der Moderne (Schriftenreihe der Stipendiatinnen und Stipendiaten der Friedrich-Ebert-Stiftung 10), Münster/Hamburg/London 2001.

Göllnitz, Martin, Der Student als Führer? Handlungsmöglichkeiten eines jungakademischen Funktionärskorps am Beispiel der Universität Kiel (1927–1945) (Kieler Historische Studien 44), Ostfildern 2018.

Görtz, Hans-Helmut (Bearb.), Das Kallstadter Gerichtsprotokollbuch 1533–1563 (Stiftung zur Förderung der pfälzischen Geschichtsforschung A/6), Neustadt an der Weinstraße 2005.

Görtz, Hans-Helmut (Bearb.), Das Kallstadter Gerichtsprotokollbuch 1563–1740 (Stiftung zur Förderung der pfälzischen Geschichtsforschung A/7), Neustadt an der Weinstraße 2010.

Götschmann, Dirk, Grundlinien der Entwicklung von Gewerbe und Industrie in der Pfalz im 19. Jahrhundert, in: Karsten Ruppert (Hg.), Wittelsbacher, Bayern und die Pfalz: das letzte Jahrhundert (Historische Forschungen 115), Berlin 2017, S. 121–143.

Gogräfe, Rüdiger, Die Römischen Wand- und Deckenmalereien im nördlichen Obergermanien (Stiftung zur Förderung der pfälzischen Geschichtsforschung C/2), Neustadt an der Weinstraße 1999.

Gosewinkel, Dieter, Einbürgern und Ausschließen. Die Nationalisierung der Staatsangehörigkeit vom Deutschen Bund bis zur Bundesrepublik (Kritische Studien zur Geschichtswissenschaft 150), Göttingen 2001.

Grüttner, Michael, Die Studentenschaft in Demokratie und Diktatur, in: ders. (Hg.), Die Berliner Universität zwischen den Weltkriegen 1918–1945 (Geschichte der Universität unter den Linden 2), Berlin 2012, S. 187–294.

Grüttner, Michael, Nationalsozialistische Gewaltpolitik an den Hochschulen 1929–1933, in: JUG 21 (2018), S. 179–201.

Haar, Ingo, Historiker im Nationalsozialismus. Deutsche Geschichtswissenschaft und der „Volkstumskampf" im Osten (Kritische Studien zur Geschichtswissenschaft 143), Göttingen 2000.

Hachmeister, Lutz, Der Gegnerforscher. Die Karriere des SS-Führers Franz Alfred Six, München 1998.

Hackelsberger, Luise, Absolvia Neapolitana 1925, in: Kurfürst-Ruprecht-Gymnasium Neustadt an der Weinstraße. Entwicklung einer Schule 1578–1978, Neustadt an der Weinstraße 1978, S. 319–323.

Hänsler, Werner, Gemeinschaftsleben vom Vormärz bis zum 2. Weltkrieg. Streiflichter politischer, geselliger und kultureller Arbeit in Neustadt, in: Neustadt an der Weinstraße. Beiträge zur Geschichte einer pfälzischen Stadt, Neustadt an der Weinstraße 1975, S. 711–729.

Hahn, Hans-Werner, Die Rolle der Pfalz im Industrialisierungsprozess. Forschungsstand und Forschungsperspektiven, in: Pia Nordblom/Henning Türk (Hgg.), Transformationen, Krisen, Zukunftserwartungen. Die Wirtschaftsregion Pfalz im 19. und frühen 20. Jahrhundert (Forschungen zur Pfälzischen Landesgeschichte 2), Ubstadt-Weiher u.a. 2021, S. 1–16.

Hans, Ludwig, Berichte der Kantonsärzte: Schönheiten in Ungstein und Kallstadt, in: Die Rheinpfalz online, 30. März 2021 (https://www.rheinpfalz.de/lokal/bad-duerkheim_artikel,-berichte-der-kantons%C3%A4rzte-sch%C3%B6nheiten-in-ungstein-und-kallstadt_arid,5186461.html) (23. November 2022).

Hasselhorn, Benjamin, Johannes Haller. Eine politische Gelehrtenbiographie (Schriftenreihe der Historischen Kommission bei der Bayerischen Akademie der Wissenschaften 93), Göttingen 2015.

Heiber, Helmut, Walter Frank und sein Reichsinstitut für Geschichte des neuen Deutschlands (Quellen und Darstellungen zur deutschen Geschichte 13), Stuttgart 1966.

Heil, Johannes, Juden unter kurpfälzischer Herrschaft, in: Jörg Peltzer u.a. (Hgg.), Die Wittelsbacher und die Kurpfalz im Mittelalter. Eine Erfolgsgeschichte?, Regensburg 2013, S. 280–293.

Heiligenthal, Roman/ Wien, Ulrich Andreas (Hgg.), Universität im Aufbruch. Festschrift zum Gründungsjubiläum der Universität Koblenz-Landau, Ubstadt-Weiher u.a. 2015.

Heimpel, Hermann, Über Organisationsformen historischer Forschung in Deutschland, in: HZ 189 (1959), S. 139–222.

Hein, Bastian, Elite für Volk und Führer? Die Allgemeine SS und ihre Mitglieder 1925–1945 (Quellen und Darstellungen zur Zeitgeschichte 92), München 1992.

Heinz, Hans-Joachim, NSDAP und Verwaltung in der Pfalz. Allgemeine innere Verwaltung und kommunale Selbstverwaltung im Spannungsfeld nationalsozialistischer Herrschaftspraxis 1933–1939. Ein Beitrag zur zeitgeschichtlichen Landeskunde (Geschichte im Kontext 1), Mainz 1994.

Heinzel, Reto, Theodor Mayer. Ein Mittelalterhistoriker im Banne des „Volkstums" 1920–1960, Paderborn 2016.

Hellfeld, Matthias von, Bündische Jugend und Hitlerjugend. Zur Geschichte von Anpassung und Widerstand 1930–1939 (Edition Archiv der deutschen Jugendbewegung 3), Köln 1987.

Hense, Thomas, Konrad Beyerle. Sein Wirken für Wissenschaft und Politik in Kaiserreich und Weimarer Republik (Rechtshistorische Reihe 256), Frankfurt u.a. 2002.

Herbert, Ulrich, NS-Eliten in der Bundesrepublik, in: Wilfried Loth/Bernd-A. Rusinek (Hgg.), Verwandlungspolitik. NS-Eliten in der westdeutschen Nachkriegsgesellschaft, Frankfurt 1998, S. 93–115.

Herbert, Ulrich, Vernichtungspolitik. Neue Antworten und Fragen zur Geschichte des „Holocaust", in: ders. (Hg.), Nationalsozialistische Vernichtungspolitik 1939–1945. Neue Forschungen und Kontroversen, Frankfurt 1998, S. 9–66.

Herbert, Ulrich, Drei politische Generationen im 20. Jahrhundert, in: Jürgen Reulecke (Hg.), Generationalität und Lebensgeschichte im 20. Jahrhundert (Schriften des Historischen Kollegs. Kolloquien 58), München 2003, S. 95–114.

Herbert, Ulrich, Wer waren die Nationalsozialisten? Typologien des politischen Verhaltens im NS-Staat, in: Gerhard Hirschfeld (Hg.): Karrieren im Nationalsozialismus. Funktionseliten zwischen Mitwirkung und Distanz, Frankfurt 2004, S. 17–44.

Herbert, Ulrich, Best. Biographische Studien über Radikalismus, Weltanschauung und Vernunft 1903–1989, erweiterte Neuauflage München 2016.

Hillmayr, Heinrich, Roter und Weißer Terror in Bayern nach 1918. Ursachen, Erscheinungsformen und Folgen der Gewalttätigkeiten im Verlauf der revolutionären Ereignisse nach dem Ende des Ersten Weltkriegs (Moderne Geschichte 2), München 1974.

Hoff, Sarina, Weichenstellungen. Neustadt und seine politische Kultur 1918–1932, in: Markus Raasch (Hg.), Volksgemeinschaft in der Gauhauptstadt. Neustadt an der Weinstraße und der Nationalsozialismus, Münster 2020, S. 71–96.

Hofmann, Ulrike Claudia, „Verräter verfallen der Feme!". Femmorde in Bayern in den zwanziger Jahren, Köln/Weimar/Wien 2000.

Hopfgartner, Anton, Kurt Schuschnigg. Ein Mann gegen Hitler, Graz/Wien/Köln 1989.

Imhoff, Andreas/Martin, Michael (Bearb.), Die Landauer Jakobinerprotokolle 1791–1794 (Stiftung zur Förderung der pfälzischen Geschichtsforschung A/3), Neustadt an der Weinstraße 2001.

Immler, Gerhard, Art. Abfindung der Wittelsbacher nach 1918, in: Historisches Lexikon Bayerns (https://www.historisches-lexikon-bayerns.de/Lexikon/Abfindung_der_Wittelsbacher_nach_1918) (23. September 2022).

Immler, Gerhard Art. Wittelsbacher Ausgleichsfonds, in: Historisches Lexikon Bayern (https://www.historisches-lexikon-bayerns.de/Lexikon/Wittelsbacher_Ausgleichsfonds) (23. September 2022).

Irgang, Wilfried, Ludwig Petry (1908–1991), in: Heinz Duchhardt (Hg.), Mainzer Historiker (Beiträge zur Geschichte der Universität Mainz NF 16), Göttingen 2020, S. 81–105.

Jaroschka, Walter, Das Bayerische Hauptstaatsarchiv in München. Geschichte und Struktur seiner pfälzischen Bestände, in: Karl Heinz Debus (Hg.), Das Landesarchiv Speyer. Festschrift zur Übergabe des Neubaues (Veröffentlichungen der Landesarchivverwaltung Rheinland-Pfalz 40), Koblenz 1987, S. 209–216.

Jasch, Hans-Christian, Staat und Verwaltung im „Dritten Reich". Der mordende Staat, seine Form und Entwicklung, in: Thomas Sandkühler (Koord.), Der Nationalsozialismus. Herrschaft und Gewalt, Bd. 2: Gesellschaft, Staat und Verbrechen, München 2022, S. 92–131.

Joachimsthaler, Anton, Hitlers Liste. Ein Dokument persönlicher Beziehungen, München 2003.

Kaelble, Hartmut, Soziale Mobilität und Chancengleichheit im 19. und 20. Jahrhundert. Deuschland im internationalen Vergleich (Kritische Studien zur Geschichtswissenschaft 55), Göttingen 1983.

Kaiser, Josef, Franz Bögler (1902–1976). Der „rote Kurfürst" von der Pfalz, in: Manfred Geis/Gerhard Nestler (Hgg.), Die pfälzische Sozialdemokratie. Beiträge zu ihrer Geschichte von den Anfängen bis 1948/49, Edenkoben 1999, S. 677–686.

Keddigkeit, Jürgen/Puhl, Hubert, Art. Spangenberg, in: Jürgen Keddigkeit/Ulrich Burkhart/Rolf Übel (Hgg.), Pfälzisches Burgenlexikon, Bd. 4.1 (Beiträge zur pfälzischen Geschichte 12,4,1), Kaiserslautern 2007, S. 505–519.

Kermann, Joachim, Wirtschaftliche und soziale Probleme im Rheinkreis (Pfalz) an der Schwelle des Industriezeitalters, in: Rhein-Neckar-Raum an der Schwelle des Industriezeitalters (Südwestdeutsche Schriften 1), Mannheim 1984, S. 279–311.

Kermann, Joachim, Wirtschaft und Verkehr im 19. Jahrhundert, in: Karl-Heinz Rothenberger/Karl Scherer/Franz Staab/Jürgen Keddigkeit (Hgg.), Pfälzische Geschichte, Bd. 2 (Beiträge zur pfälzischen Geschichte 18,2), Kaiserslautern ³2011, S. 151–173.

Kermann, Joachim/Krüger, Hans-Jürgen (Bearb.), 1923/24. Separatismus im rheinisch-pfälzischen Raum. Eine Ausstellung der Landesarchivverwaltung auf dem Hambacher Schloß 1989 (Ausstellungskataloge der Landesarchivverwaltung Rheinland-Pfalz), Koblenz 1989.

Kershaw, Ian, Hitler. 1889–1936, Stuttgart 1998.

Kiiskinden, Elina, Die Deutschnationale Volkspartei in Bayern (Bayerische Mitttelpartei) in der Regierungspolitik des Freistaats während der Weimarer Zeit (Schriftenreihe zur bayerischen Landesgeschichte 145), München 2005.

Kindt, Werner (Hg.), Die deutsche Jugendbewegung 1920 bis 1933. Die bündische Zeit. Quellenschriften (Dokumentationen der Jugendbewegung 2), Düsseldorf/Köln 1974.

Kissel, Lukas, Hans-Helmutz Görtz aus Freinsheim lüftet Geheimnisse alter Kirchenbücher, in: Echo online, 14. April 2018 (https://www.echo-online.de/lokales/nachrichten-rhein-neckar/hans-helmut-gortz-aus-freinsheim-luftet-geheimnisse-alter-kirchenbucher_18672798) (23. November 2022).

Klapp, Sabine/Schuttpelz, Barbara, Das Institut für pfälzische Geschichte und Volkskunde (IPGV), Kaiserslautern, in: Sönke Friedreich/Ira Spieker (Hgg.), Alltag, Kultur, Wissenschaft. Die volkskundlich-kulturanthropologischen Institute und Landesstellen (ISGV digital 3), Dresden 2021, S. 137–143 (https://www.isgv.de/publikationen/details/alltag-kultur-wissenschaft) (4. Januar 2023).
Klasing, Frank, Burg und Herrschaft Landeck in der Pfalz (Stiftung zur Förderung der pfälzischen Geschichtsforschung B/5), Neustadt an der Weinstraße 2003.
Klein, Peter, Rudolf Lange, Reichssicherheitshauptamt. Prototyp des Schreibtischtäters, in: Hans Christian Jasch/Christoph Kreutzmüller (Hgg.), Die Teilnehmer. Die Männer der Wannsee-Konferenz, Berlin 2017, S. 97–109.
Kneip, Rudolf, Jugend der Weimarer Zeit. Handbuch der Jugendverbände 1919–1938 (Quellen und Beiträge zur Geschichte der Jugendbewegung 11), Frankfurt 1974.
Knoche, Michael/Schmitz, Wolfgang (Hgg.), Wissenschaftliche Bibliothekare im Nationalsozialismus. Handlungsspielräume, Kontinuitäten, Deutungsmuster (Wolfenbütteler Schriften zur Geschichte des Buchwesens 46), Wiesbaden 2011.
Köck, Julian, „Die Geschichte hat immer Recht". Die Völkische Bewegung im Spiegel ihrer Geschichtsbilder (Campus Historische Studien 73), Frankfurt/New York 2015.
Kohl, Thomas, Die Gültverschreibungen des Klosters St. Maria Magdalena Speyer (Stiftung zur Förderung der pfälzischen Geschichtsforschung B/11), Neustadt an der Weinstraße 2009.
Koob, Ferdinand/Franz, Eckhart G./Haberkorn, Eva (Bearb.), Repertorien des Hessischen Staatsarchivs Darmstadt, Bestand G 12 B. Geheime Staatspolizei (Gestapo), Sicherheitsdienst der SS (SD), Darmstadt 2000, aktualisierte Internetversion 2006 (https://digitalisate-he.arcinsys.de/hstad/g_12_b/findbuch.pdf) (7. Oktober 2022).
Krause, Peter, Der Eichmann-Prozeß in der deutschen Presse (Wissenschaftliche Reihe des Fritz Bauer Instituts 8), Frankfurt/New York 2002.
Krausnick, Helmut/Wilhelm, Hans-Heinrich, Die Truppe des Weltanschauungskrieges. Die Einsatzgruppen der Sicherheitspolizei und des SD 1938–1942 (Quellen und Darstellungen zur Zeitgeschichte 22), Stuttgart 1981.
Krauss, Marita (Hg.), Die bayerischen Kommerzienräte. Eine deutsche Wirtschaftselite von 1880 bis 1928, München 2018.
Kreutz, Wilhelm/Scherer, Karl (Hgg.), Die Pfalz unter französischer Besatzung (1918/19–1930) (Beiträge zur pfälzischen Geschichte 15), Kaiserslautern 1999.
Kriese, Sven (Hg.), Archivarbeit im und für den Nationalsozialismus. Die preußischen Staatsarchive vor und nach dem Machtwechsel von 1933 (Veröffentlichungen aus den Archiven Preußischer Kulturbesitz. Forschungen 12), Berlin 2015.
Kuby, Alfred Hans, Prof. Dr. theol. Georg Biundo gestorben, in: Pfälzer Heimat 39 (1988), S. 84f.
Kuttner, Sven/Vodosek, Peter (Hgg.), Volksbibliothekare im Nationalsozialismus. Handlungsspielräume, Kontinuitäten, Deutungsmuster (Wolfenbütteler Schriften zur Geschichte des Buchwesens 50), Wiesbaden 2017.
Lang, Georg, Anselm Feuerbachs Leben, in: Heimaterde 2/1 (1924), S. 1–8.
Langewiesche, Dieter, Wanderungsbewegungen in der Hochindustrialisierungsperiode. Regionale, interstädtische und innerstädtische Mobilität in Deutschland 1880–1914, in: VSWG 64 (1977), S. 1–40.
Leesch, Wolfgang, Die deutschen Archivare 1500–1945, Bd. 2. Biographisches Lexikon, München/London/New York/Paris 1992.
Leisner, Walter, Monarchisches Hausrecht in demokratischer Gleichheitsordnung. Der Wittelsbacher Ausgleichsfonds in Bayern (Erlanger Forschungen. Reihe Geisteswissenschaften 21), Erlangen 1968.
Leßau, Hanne, Entnazifizierungsgeschichten. Die Auseinandersetzung mit der eigenen NS-Vergangenheit in der frühen Nachkriegszeit, Göttingen 2020.
Lila, Joachim (Bearb.), Statisten in Uniform. Die Mitglieder des Reichstags 1933–1945. Ein biographisches Handbuch, Düsseldorf 2004.
Lind, Emil, Georg Lang. Leben und Streben eines deutschen Mannes, Speyer 1944.
Loth, Wilfried/Rusinek, Bernd-A. (Hgg.), Verwandlungspolitik. NS-Eliten in der westdeutschen Nachkriegsgesellschaft, Frankfurt 1998.

Maier, Franz, Biographisches Organisationshandbuch der NSDAP und ihrer Gliederungen im Gebiet des heutigen Landes Rheinland-Pfalz (Veröffentlichungen der Kommission des Landtages für die Geschichte des Landes Rheinland-Pfalz 28), Mainz/Zarrentin 2009.

Maier, Franz, Das Staatsarchiv Speyer in der NS-Zeit, in: Walter Rummel (Hg.), 200 Jahre Landesarchiv Speyer. Erinnerungsort pfälzischer, rheinhessischer und deutscher Geschichte, 1817–2017 (Veröffentlichungen der Landesarchivverwaltung Rheinland-Pfalz 122), Koblenz 2017, S. 55–74.

Maier, Franz, Der Forschungsstand zu Josef Bürckel, in: Pia Nordblom/Walter Rummel/Barbara Schuttpelz (Hgg.), Josef Bürckel. Nationalsozialistische Herrschaft und Gefolgschaft in der Pfalz (Beiträge zur pfälzischen Geschichte 30), Kaiserslautern ²2020, S. 41–47.

Mallmann, Klaus-Michael, Die unübersichtliche Konfrontation. Geheime Staatspolizei, Sicherheitsdienst und christliche Kirchen 1934–1939/40, in: Gerhard Besier (Hg.), Zwischen „nationaler Revolution" und militärischer Aggression. Transformationen in Kirche und Gesellschaft während der konsolidierten NS-Gewaltherrschaft (1934–1939) (Schriften des Historischen Kollegs. Kolloquien 48), München 2001, S. 121–136.

Mallmann, Klaus-Michael/Angrick, Andrej (Hgg.), Die Gestapo nach 1945. Karrieren, Konflikte, Konstruktionen (Veröffentlichungen der Forschungsstelle Ludwigsburg der Universität Stuttgart 14), Darmstadt 2009.

Mallmann, Klaus-Michael/Paul, Gerhard, Allwissend, allmächtig, allgegenwärtig? Gestapo, Gesellschaft und Widerstand, in: ZfG 41 (1993), S. 984–999.

Mang, Thomas, Die Unperson. Karl Ebner. Judenreferent der Gestapo Wien. Eine Täterbiographie, Bozen 2013.

Marti, Philipp, Der Fall Reinefarth. Eine biografische Studie zum öffentlichen und juristischen Umgang mit der NS-Vergangenheit (Beiträge zur Zeit- und Regionalgeschichte 1), Neumünster/Hamburg 2014.

Martin, Michael, Revolution in der Provinz. Die Auswirkungen der Französischen Revolution in Landau und in der Südpfalz bis 1795 (Stiftung zur Förderung der pfälzischen Geschichtsforschung B/3), Neustadt an der Weinstraße 2001.

Martin, Michael (Bearb.), Quellen zur Geschichte Dirmsteins und der Familie Lerch von Dirmstein (Stiftung zur Förderung der pfälzischen Geschichtsforschung A/4), Neustadt an der Weinstraße 2004.

Martin, Michael (Hg.), Dirmstein. Adel, Bauern und Bürger (Stiftung zur Förderung der pfälzischen Geschichtsforschung B/6), Neustadt an der Weinstraße 2005.

Martin, Michael, Die „braune Revolution" in der Stadt: Stadtrat, Verwaltung, Polizei, Archiv, in: Stadt Landau in der Pfalz (Hg.), Landau und der Nationalsozialismus (Schriftenreihe zur Geschichte der Stadt Landau in der Pfalz 10), Ubstadt-Weiher u.a. 2013, S. 73–99.

Matz, Klaus Jürgen, Länderneugliederung. Zur Genese einer deutschen Obsession seit dem Ausgang des Alten Reiches (Historische Seminar NF 9), Idstein 1997.

Menk, Gerhard, Landesgeschichte, Archivwesen und Politik. Der hessische Landeshistoriker und Archivar Karl Ernst Demandt (1909–1990) (Schriften des Hessischen Staatsarchivs Marburg 21), Marburg 2009.

Mergel, Thomas, Das Scheitern des deutschen Tory-Konservatismus. Die Umformung der DNVP zu einer rechtsradikalen Partei 1928–1932, in: HZ 276 (2003), S. 323–368.

Meyer, Hans Georg/Roth, Kerstin, „Wühler, Saboteure, Doktrinäre". Das Schutzhaftlager in der Turenne-Kaserne Neustadt an der Haardt, in: Wolfgang Benz/Barbara Distel (Hgg.), Instrumentarium der Macht. Frühe Konzentrationslager 1933–1937 (Geschichte der Konzentrationslager 1933–1945 3), Berlin 2003, S. 221–238.

Meyer zu Uptrup, Wolfram, Kampf gegen die „jüdische Weltverschwörung". Propaganda und Antisemitismus der Nationalsozialisten 1919–1945 (Dokumente – Texte – Materialien 46), Berlin 2003.

Möhler, Rainer, Entnazifizierung in Rheinland-Pfalz und im Saarland unter französischer Besatzung von 1945 bis 1952 (Veröffentlichungen der Kommission des Landtages für die Geschichte des Landes Rheinland-Pfalz 17), Mainz 1992.

Mommsen, Hans, Das NS-Regime und die Auslöschung des Judentums in Europa, Göttingen ²2014.

Momsen, Hilde, Goldgelbes Band im goldenen Weinland 1758–1958. Herausgegeben aus Anlaß des 200-jährigen Jubiläums der Jakob Mack KG Neustadt an der Weinstraße, Darmstadt 1958.

Moraw, Peter/Schieffer, Rudolf (Hgg.), Die deutschsprachige Mediävistik im 20. Jahrhundert (VuF 62), Ostfildern 2005.

Müller, Christoph, Hermann Heller (1891–1933). Vom liberalen zum sozialistischen Rechtsstaat, in: Streitbare Juristen. Eine andere Tradition, Bd. 1, Baden-Baden 1988, S. 268–281.

Müsegades, Benjamin, Rezension zu Karl Richard Weintz/Pirmin Spieß, Kurfürst Ruprecht I. und II. mit dem Heidelberger Hof in Neustadt 1388–1391 (Stiftung zur Förderung der pfälzischen Geschichtsforschung G/1), Neustadt an der Weinstraße 2020, in: ZGO 169 (2021), S. 694–697.

Nachruf auf Gustav Adolf Süß (https://geschichtslehrerverband.de/nachruf-dr-gustav-suess-ist-verstorben/) (4. November 2022).

Nagel, Anne C., Im Schatten des Dritten Reichs. Mittelalterforschung in der Bundesrepublik Deutschland 1945–1970 (Formen der Erinnerung 24), Göttingen 2005.

Nestler, Gerhard (Hg.), Frankenthal unterm Hakenkreuz. Eine pfälzische Stadt in der NS-Zeit, Ludwigshafen 2004.

Nestler, Gerhard, Art. Volkssozialistische Selbsthilfe Rheinpfalz, 1933/34, in: Historisches Lexikon Bayerns (https://www.historisches-lexikon-bayerns.de/Lexikon/Volkssozialistische_Selbsthilfe_Rheinpfalz,_1933/34) (26. September 2022).

Nestler, Gerhard/Ziegler, Hannes (Hgg.), Die Pfalz unterm Hakenkreuz. Eine deutsche Provinz während der nationalsozialistischen Terrorherrschaft, Landau 1993.

Niethammer, Lutz, Entnazifizierung in Bayern. Säuberungen und Rehabilitierung unter amerikanischer Besatzung, Frankfurt 1972.

Nonn, Christoph, Theodor Schieder. Ein bürgerlicher Historiker im 20. Jahrhundert (Schriften des Bundesarchivs 73), Düsseldorf 2013.

Nordblom, Pia/Rummel, Walter/Schuttpelz, Barbara (Hgg.), Josef Bürckel. Nationalsozialistische Herrschaft und Gefolgschaft in der Pfalz (Beiträge zur pfälzischen Geschichte 30), Kaiserslautern ²2020.

Nunweiler, Andrea, Das Bild der deutschen Rechtsvergangenheit und seine Aktualisierung im „Dritten Reich" (Fundamenta Juridica 31), Baden-Baden 1996.

Oberkrome, Willi, Volksgeschichte. Methodische Innovation und völkische Ideologisierung in der deutschen Geschichtswissenschaft 1918–1945 (Kritische Studien zur Geschichtswissenschaft 101), Göttingen 1993.

Oberkrome, Willi, Entwicklungen und Varianten der deutschen Volksgeschichte (1900–1960), in: Manfred Hettling (Hg.), Volksgeschichte im Europa der Zwischenkriegszeit, Göttingen 2003, S. 65–95.

Orth, Walter, Was bleibt? Gedanken eines Vaters aus dem Abiturjahrgang 1931, in: Kurfürst-Ruprecht-Gymnasium Neustadt an der Weinstraße. Entwicklung einer Schule 1578–1978, Neustadt an der Weinstraße 1978, S. 324–326.

Paul, Gerhard, Ganz normale Akademiker. Eine Fallstudie zur regionalen staatspolizeilichen Funktionselite, in: ders./Klaus-Michael Mallmann (Hgg.), Die Gestapo – Mythos und Realität, Darmstadt 1995, S. 236–254.

Paul, Gerhard, Zwischen Selbstmord, Illegalität und neuer Karriere. Ehemalige Gestapo-Bedienstete im Nachkriegsdeutschland, in: ders./Klaus-Michael Mallmann (Hgg.), Die Gestapo – Mythos und Realität, Darmstadt 1995, S. 529–547.

Paul, Gerhard, „Kämpfende Verwaltung". Das Amt IV des Reichssicherheitshauptamtes als Führungsinstanz der Gestapo, in: ders./Klaus-Michael Mallmann (Hgg.), Die Gestapo im Zweiten Weltkrieg. ‚Heimatfront' und besetztes Europa, Darmstadt 2000, S. 42–81.

Paul, Gerhard, Von Psychopathen, Technokraten des Terrors und „ganz gewöhnlichen" Deutschen. Die Täter der Shoah im Spiegel der Forschung, in: ders. (Hg.), Die Täter der Shoah. Fanatische Nationalsozialisten oder ganz normale Deutsche? (Dachauer Symposien zur Zeitgeschichte 2), Göttingen 2002, S. 13–90.

Paul, Gerhard, Die Gestapo, in: Deutsche Hochschule der Polizei u.a. (Hgg.), Ordnung und Vernichtung. Die Polizei im NS-Staat. Eine Ausstellung der Deutschen Hochschule der Polizei, Münster, und des Deutschen Historischen Museums, Berlin. 1. April bis 31. Juli 2011, Dresden 2011, S. 55–65.

Paul, Gerhard/Mallmann, Klaus-Michael (Hgg.), Die Gestapo – Mythos und Realität, Darmstadt 1995.

Paul, Gerhard/Mallmann, Klaus-Michael (Hgg.), Die Gestapo im Zweiten Weltkrieg. ‚Heimatfront' und besetztes Europa, Darmstadt 2000.

Paul, Gerhard/Mallmann, Klaus-Michael, Sozialisation, Milieu und Gewalt. Fortschritte und Probleme der neueren Täterforschung, in: dies. (Hgg.), Karrieren der Gewalt. Nationalsozialistische Täterbiographien (Veröffentlichungen der Forschungsstelle Ludwigsburg der Universität Stuttgart 2), Darmstadt ²2005, S. 1–32.

Paul, Roland, Landgerichtspräsident a. D. Dr. Willi Alwens 85 Jahre, in: Pfälzer Heimat 29 (1978), S. 33.

Petry, Ludwig, Forschungs- und Tätigkeitsbericht über Geschichtliche Landeskunde, in: Forschungsbericht Geschichte (Forschungsbericht der Johannes Gutenberg-Universität Mainz 2), Mainz 1974, S. 56–87.

Petry jun., Ludwig, Ludwig Petry. Verzeichnis seines Schrifttums, in: Festschrift Ludwig Petry, Teil 1 (Geschichtliche Landeskunde 5,1), Wiesbaden 1968, S. 294–315.

Pfister, Raimund, Bertold Maurenbrecher (1868–1943), in: Werner Suerbaum (Hg.), Festgabe für Ernst Vogt zu seinem 60. Geburtstag am 6. November 1990 (Eikasmos 4), o. O. 1993, S. 263–268.

Pörnbacher, Johann, Stadtpfarrer Dr. Emil Muhler in der Auseinandersetzung mit dem Nationalsozialismus, in: Beiträge zur altbayerischen Kirchengeschichte 41 (1994), S. 113–147.

Pohl, Dieter, Nationalsozialistische Verbrechen 1939–1945 (Gebhardt Handbuch der deutschen Geschichte. Zehnte, völlig neu bearbeitete Auflage 20), Stutgart 2022.

Puschner, Uwe, Die völkische Bewegung im wilhelminischen Kaiserreich. Sprache – Rasse – Religion, Darmstadt 2001.

Puschner, Uwe, Völkische Bewegung und Jugendbewegung. Eine Problemskizze, in: Gideon Botsch/Josef Haverkamp (Hgg.), Jugendbewegung, Antisemitismus und rechtsradikale Politik. Vom „Freideutschen Jugendtag" bis zur Gegenwart (Europäisch-jüdische Studien. Beiträge 13), Berlin/Boston 2014, S. 9–28.

Puschner, Uwe, Jugendbewegung und völkische Bewegung, in: Grauzone. Das Verhältnis zwischen bündischer Jugend und Nationalsozialismus. Beiträge der Tagung im Germanischen Nationalmuseum, 8. und 9. November 2013, Nürnberg 2017, S. 11–22.

Raasch, Markus, Art. Gerhard Wunder, in: Neustadt und Nationalsozialismus (https://neustadt-und-nationalsozialismus.uni-mainz.de/lexikon/wunder-gerhard) (27. November 2022).

Rathkolb, Oliver, „Bierleiter Gaukel": Josef Bürckel als „Reichskommissar für die Wiedervereinigung Österreichs mit dem Reich", Gauleiter und Reichsleiter von Wien, in: Pia Nordblom/Walter Rummel/Barbara Schuttpelz (Hgg.), Josef Bürckel. Nationalsozialistische Herrschaft und Gefolgschaft in der Pfalz (Beiträge zur pfälzischen Geschichte 30), Kaiserslautern ²2020, S. 191–202.

Reinhardt, Christian, Neustadt an der Weinstraße. Beispiel pfälzischer Städtepolitik 1449–1618. Vortrag anlässlich der Gedenkfeier für Karl Richard Weintz am 11. September 2010, Neustadt an der Weinstraße 2010.

Rettinger, Elmar, Verzeichnis der Schriften sowie der von Alois Gerlich betreuten Dissertationen und Habilitationen, in: Winfried Dotzauer u.a. (Hgg.), Landesgeschichte und Reichsgeschichte. Festschrift für Alois Gerlich zum 70. Geburtstag (Geschichtliche Landeskunde 42), Stuttgart 1995, S. 445–452.

Ries, Annegret, Bücher und Häuser. Der Vorstand der in Neustadt ansässigen Stiftung zur Förderung der pfälzischen Geschichtsforschung hat vielfältige Aufgaben, in: Die Rheinpfalz. Mittelhaardter Rundschau, 1. Juli 2016.

Rietzler, Rudolf, „Kampf in der Nordmark". Das Aufkommen des Nationalsozialismus in Schleswig-Holstein (1919–1928) (Studien zur Wirtschafts- und Sozialgeschichte Schleswig-Holsteins 4), Neumünster 1982.

Rödel, Volker, Die Behörde des Reichsstatthalters in der Westmark, in: JWDLG 10 (1984), S. 287–318.

Rödel, Volker, Zerstreut und auch verloren – Wege und Irrwege rheinpfälzischer Archivalien, in: Karl Heinz Debus (Hg.), Das Landesarchiv Speyer. Festschrift zur Übergabe des Neubaues (Veröffentlichungen der Landesarchivverwaltung Rheinland-Pfalz 40), Koblenz 1987, S. 123–128.

Rödel, Volker, Die Anfänge des Landesarchivs Speyer, in: AZ 78 (1993), S. 191–278.

Rödel, Volker, Das Haus Bayern-Pfalz und Neustadt im 14. Jahrhundert (mit einem Exkurs zu den Ehen mit dem Haus Sizilien-Aragón), in: Pirmin Spieß/Jörg Peltzer/Bernd Schneidmüller (Hgg.), Neustadt und die Pfalzgrafschaft im Mittelalter (Stiftung zur Förderung der pfälzischen Geschichtsforschung B/22), Neustadt an der Weinstraße 2021, S. 95–140.

Rosenkranz, Herbert, Verfolgung und Selbstbehauptung. Die Juden in Österreich 1938–1945, Wien 1978.

Roth, Karl Heinz, Facetten des Terrors. Der Geheimdienst der Deutschen Arbeitsfront und die Zerstörung der Arbeiterbewegung 1933 bis 1938, Bremen 2000.

Rückert, Joachim, Der Rechtsbegriff der Deutschen Rechtsgeschichte in der NS-Zeit: der Sieg des „Lebens" und des konkreten Ordnungsdenkens, seine Vorgeschichte und Nachwirkungen, in: ders./Dietmar Willoweit (Hgg.), Die Deutsche Rechtsgeschichte in der NS-Zeit. Ihre Vorgeschichte und ihre Nachwirkungen (Beiträge zur Rechtsgeschichte des 20. Jahrhunderts 12), Tübingen 1995, S. 177–240.

Rürup, Reinhard (Hg.), Topographie des Terrors. Gestapo, SS und Reichssicherheitshauptamt auf dem „Prinz-Albrecht-Gelände". Eine Dokumentation, Berlin ⁸1991.

Rummel, Walter, Nationalsozialismus im Alltag. Einsichten, Probleme und Quellen im Kontext der Pfalz, in: Gerhard Nestler/Roland Paul/Hannes Ziegler (Hgg.), Braune Jahre in der Pfalz. Neue Beiträge zur Geschichte einer deutschen Region in der NS-Zeit (Beiträge zur pfälzischen Geschichte 29), Kaiserslautern 2016, S. 9–61.

Rummel, Walter, Josef Bürckel – Überzeugungstäter und Demagoge, in: Pia Nordblom/Walter Rummel/Barbara Schuttpelz (Hgg.), Josef Bürckel. Nationalsozialistische Herrschaft und Gefolgschaft in der Pfalz (Beiträge zur pfälzischen Geschichte 30), Kaiserslautern ²2020, S. 13–28.

Rund, Rainer/Spieß, Pirmin, Vorwort, in: Martin Armgart (Bearb.), Reuerinnen- und Dominikanerinnen-Kloster Sankt Maria Magdalena überm Hasenpfuhl vor Speyer, Bd. 1 (Stiftung zur Förderung der pfälzischen Geschichtsforschung A/1,1), Neustadt an der Weinstraße 1995, S. VIIf.

Safrian, Hans, Eichmann und seine Gehilfen, Frankfurt 1995.

Saur, Klaus G./Hollender, Martin (Hgg.), Selbstbehauptung – Anpassung – Gleichschaltung – Verstrickung. Die preußische Staatsbibliothek und das deutsche Bibliothekswesen 1933–1945. Beiträge des Kolloquiums am 30. Januar 2013 in der Staatsbibliothek zu Berlin aus Anlass des 80. Jahrestags der nationalsozialistischen Machtübernahme (Zeitschrift für Bibliothekswesen und Bibliographie. Sonderbd. 113), Frankfurt 2014.

Schaab, Meinrad, Landesgeschichte in Heidelberg, in: Jürgen Miethke (Hg.), Geschichte in Heidelberg. 100 Jahre Historisches Seminar. 50 Jahre Institut für Fränkisch-Pfälzische Geschichte und Landeskunde, Berlin u.a. 1992, S. 175–200.

Schäfer, Carolin, Emil Lind: „Vorkämpfer für freies Christentum" – eine Biographie, in: Klaus Bümlein/Armin Schlechter (Hgg.), Emil Lind und Albert Schweitzer. Ein pfälzischer Pfarrer und „Schweitzer-Freund" zwischen „Ehrfurcht vor dem Leben" und „Nationalkirche" (Protestantische Reihe 4/Veröffentlichungen des Vereins für Pfälzische Kirchengeschichte 35), Speyer 2019, S. 1–58.

Schenk, Heidrun, Die Keramik der früh- und hochmittelalterlichen Siedlung Speyer „Im Vogelgesang" (Stiftung zur Förderung der pfälzischen Geschichtsforschung C/1), Neustadt an der Weinstraße 1998.

Schenk, Walter, Kloster Limburg an der Haardt. Untersuchungen zu Überlieferung und Geschichte (Stiftung zur Förderung der pfälzischen Geschichtsforschung B/2), Neustadt an der Weinstraße 2002.

Schepua, Michael, „Sozialismus der Tat" für das „Bollwerk im Westen": Entwicklung und Besonderheiten des Nationalsozialismus in der Pfalz, in: JWDLG 25 (1999), S. 551–601.

Schepua, Michael, Nationalsozialismus in der pfälzischen Provinz. Herrschaftspraxis und Alltagsleben in den Gemeinden des heutigen Landkreises Ludwigshafen 1933–1945, Mannheim 2000.

Schlechter, Armin (Hg.), Kämpfer für Freiheit und Demokratie. Johann Georg August Wirth (Stiftung zur Förderung der pfälzischen Geschichtsforschung B/12), Neustadt an der Weinstraße 2010.

Schlechter, Armin, Die Pfälzische Gesellschaft zur Förderung der Wissenschaften von ihrer Gründung bis zum Jahr 1955, in: Angelo Van Gorp/Ulrich A. Wien (Hgg.), Weisheit und Wissenstransfer. Beiträge zur Bildungsgeschichte der Pfalz (Forschungen zur Pfälzischen Landesgeschichte 1), Ubstadt-Weiher/Heidelberg/Speyer 2018, S. 235–265.

Schluchter, Wolfgang, Hermann Heller. Ein wissenschaftliches und politisches Portrait, in: Christoph Müller/Ilse Staff (Hgg.), Staatslehre in der Weimarer Republik. Hermann Heller zu ehren (Suhrkamp Taschenbuch Wissenschaft 547), Frankfurt 1985, S. 24–42.

Schmidt, Franz (Bearb.), Die Sonderberichte der pfälzischen Kantonsärzte von 1861 (Stiftung zur Förderung der pfälzischen Geschichtsforschung A/5), Neustadt an der Weinstraße 2006.

Schneider, Barbara, Erich Maschke. Im Beziehungsgeflecht von Politik und Geschichtswissenschaft (Schriftenreihe der Historischen Kommission bei der Bayerischen Akademie der Wissenschaften 90), Göttingen 2016.

Schönwalder, Karen, Historiker und Politik. Geschichtswissenschaft im Nationalsozialismus, Frankfurt u.a. 1992.

Schöttler, Peter (Hg.), Geschichtsschreibung als Legitimationswissenschaft 1918–1945, Frankfurt 1997.

Schreiber, Carsten, Elite im Verborgenen. Ideologie und regionale Herrschaftspraxis des Sicherheitsdienstes der SS und seines Netzwerks am Beispiel Sachsen (Studien zur Zeitgeschichte 77), München 2008.

Schroeder, Klaus Peter, Überlegungen zur Gründung von Neustadt an der Weinstraße, in: Neustadt an der Weinstraße. Beiträge zur Geschichte einer pfälzischen Stadt, Neustadt an der Weinstraße 1975, S. 77–89.

Schroeder, Klaus Peter (Bearb.), Pirmin Spieß. Werkverzeichnis, Stiftungsalmanach (Stiftung zur Förderung der pfälzischen Geschichtsforschung G/3), Neustadt an der Weinstraße 2020.

Schulte, Jan Erik/Wildt, Michael (Hgg.), Die SS nach 1945. Entschuldungsnarrative, populäre Mythen, europäische Erinnerungsdiskurse (Berichte und Studien 76), Göttingen 2018.

Schulz, Wolfgang (Bearb.), Der Codex Berwartstein des Klosters Weißenburg im Elsaß (1319) 1343–1489 (Stiftung zur Förderung der pfälzischen Geschichtsforschung A/8), Neustadt an der Weinstraße 2008.

Schulze, Hagen, Freikorps und Republik 1918–1920 (Militärgeschichtliche Studien 8), Boppard am Rhein 1969.

Schulze, Winfried, Ego-Dokumente. Annäherungen an den Menschen in der Geschichte? Vorüberlegungen für die Tagung „Ego-Dokumente", in: ders. (Hg.), Ego-Dokumente. Annäherungen an den Menschen in der Geschichte (Selbstzeugnisse der Neuzeit 2), Berlin 1996, S. 11–30.

Schulze, Winfried/Oexle, Otto Gerhard (Hgg.), Deutsche Historiker im Nationalsozialismus, Frankfurt 1999.

Schumacher, Martin, Ausgebürgert unter dem Hakenkreuz. Rassisch und politisch verfolgte Rechtsanwälte. Biographische Dokumentationen einer Spurensuche zur deutschen Emigration nach 1933, Münster 2021.

Schuschnigg, Kurt, Im Kampf gegen Hitler. Die Überwindung der Anschlussidee, Wien/München/Zürich 1969.

Schuster, Martin, Die SA in der nationalsozialistischen „Machtergreifung" in Berlin und Brandenburg 1926–1934, Diss. Technische Universität Berlin 2005 (https://d-nb.info/974966436/34) (22. September 2022).

Schwan, Jutta, Studien zur Baugeschichte von Schloss Carlsberg. „Bericht den dermaligen Zustand des sämtlichen Carlsberger Bauwesens betreffend" (Stiftung zur Förderung der pfälzischen Geschichtsforschung B/9), Neustadt an der Weinstraße 2010.

Sendtner, Kurt, Rupprecht von Wittelsbach. Kronprinz von Bayern, München 1954.

Siemens, Daniel, Horst Wessel. Tod und Verklärung eines Nationalsozialisten, München 2009.

Siemens, Daniel, Stormtroopers. A New History of Hitler's Brownshirts, New Haven/London 2017.

Sládek, Oldřich, Zločinná role gestapa. Nacistická bezpečnostní policie v českých zemích 1938–1945 [Die verbrecherische Rolle der Gestapo. Die NS-Sicherheitspolizei in den tschechischen Ländern 1938–1945], Prag 1986.

Sládek, Oldřich, Standrecht und Standgericht. Die Gestapo in Böhmen und Mähren: in: Gerhard Paul/Klaus-Michael Mallmann (Hgg.), Die Gestapo im Zweiten Weltkrieg. ‚Heimatfront' und besetztes Europa, Darmstadt 2000, S. 317–339.

Spiegel, Joachim, Urkundenwesen, Kanzlei und Regierungssystem des Pfalzgrafen bei Rhein und Herzogs von Bayern Ruprecht I. (1309–1390), 2 Teilbde. (Stiftung zur Förderung der pfälzischen Geschichtsforschung B/1), Neustadt an der Weinstraße 1996–1997.

Spieß, Karl-Heinz, Alois Gerlich (1925–2010), in: Heinz Duchhardt (Hg.), Mainzer Historiker (Beiträge zur Geschichte der Universität Mainz NF 16), Göttingen 2020, S. 107–123.

Spieß, Pirmin, Verfassungsentwicklung der Stadt Neustadt an der Weinstraße von den Anfängen bis zur französischen Revolution (Veröffentlichungen zur Geschichte von Stadt und Kreis Neustadt an der Weinstraße 6), Speyer 1970.

Spieß, Pirmin, Bezirksgruppe Neustadt. Bericht August 1968–April 1971, in: Pfälzer Heimat 22 (1971), S. 86f.

Spieß, Pirmin, Bezirksgruppe Neustadt. Bericht Mai 1971 bis April 1972, in: Pfälzer Heimat 23 (1973), S. 84.

Spieß, Pirmin, Bezirksgruppe Neustadt. Bericht Juli 1974–März 1978, in: Pfälzer Heimat 29 (1978), S. 112–114.

Spieß, Pirmin, Bezirksgruppe Neustadt. Bericht April 1978–April 1981, in: Pfälzer Heimat 33 (1982), S. 132f.

Spieß, Pirmin, Geleitwort, in: Wolfgang Schulz (Bearb.), Der Codex Berwartstein des Klosters Weißenburg im Elsaß (1319) 1343–1489 (Stiftung zur Förderung der pfälzischen Geschichtsforschung A/8), Neustadt an der Weinstraße 2008, S. IX.

Spieß, Pirmin, Als Schüler dem Kaiser die Hand geschüttelt. Rechtsanwalt Karl Richard Weintz 100 Jahre, in: Die Rheinpfalz. Mittelhaardter Rundschau, 12. September 2008.

Spieß, Pirmin, Karl Richard Weintz zum Gedächtnis, in: Pfälzer Heimat 61 (2010), S. 80.

Spieß, Pirmin, Nachruf Karl Richard Weintz, in: Christian Reinhardt, Neustadt an der Weinstraße. Beispiel pfälzischer Städtepolitik 1449-1618. Vortrag anlässlich der Gedenkfeier für Karl Richard Weintz am 11. September 2010, Neustadt an der Weinstraße 2010, S. 7-10.

Spieß, Pirmin, Willi Alwens, das Scharnier der Freundschaft. Roland Paul – Karl Richard Weintz, in: Pfälzer Heimat 68/2, 2017, S. 51-59.

Spieß, Pirmin/Weintz, Karl Richard (Hgg.), Der bayerische Hochverratsprozeß 1850/51 in Zweibrücken nach französischem Recht gegen 333 Revolutionäre in der Pfalz im Frühjahr 1849. Nachdruck der wichtigsten Dokumente, überwiegend in Privatbesitz (Stiftung zur Förderung der pfälzischen Geschichtsforschung D/1), Neustadt an der Weinstraße 2006.

Spieß, Pirmin/Weintz, Karl Richard (Hgg.), Die drei französischen Zivilgesetzbücher von 1804-1807. Nachdruck (Stiftung zur Förderung der pfälzischen Geschichtsforschung D/3), Neustadt an der Weinstraße 2007.

„Spieß weiß Bescheid". Karl Richard Weintz hat Stiftung zur Förderung der pfälzischen Geschichtsforschung als Erbin eingesetzt – Haus der Geschichte geplant, in: Die Rheinpfalz. Mittelhaardter Rundschau, 10. September 2010.

Staatsanzeiger Rheinland-Pfalz, 14. Januar 1980.

Stein, Günther, Mitgliederversammlung vom 10. April 1970 in Neustadt, in: Pfälzer Heimat 21 (1970), S. 68-70.

Steinweis, Alan E., Weimar Culture and the Rise of National Socialism: The Kampfbund für deutsche Kultur, in: Central European History 24 (1991), S. 402-423.

Straub, Jakob, Die bauliche Entwicklung Landaus (Schriftenreihe der Bezirksgruppe Neustadt im Historischen Verein der Pfalz 9), Speyer 1981.

Stüber, Gabriele, Das Erbe der Volksgemeinschaft im Zeichen von Nachkriegsnot und Wiederaufbau, in: Markus Raasch (Hg.), Volksgemeinschaft in der Gauhauptstadt. Neustadt an der Weinstraße und der Nationalsozialismus, Münster 2020, S. 741-761.

Stutz, Ulrich, Konrad Beyerle, in: ZSRG GA 54 (1934), S. XXV-XLIV.

Süß, Gustav Adolf, Geschichte des oberrheinischen Kreises und der Kreisassoziationen in der Zeit des spanischen Erbfolgekrieges (1697-1714), Diss. Mainz 1952.

Süß, Gustav Adolf, Geschichte des oberrheinischen Kreises und der Kreisassoziationen in der Zeit des spanischen Erbfolgekrieges (1697-1714), in: ZGO 103 (1955), S. 317-425; 104 (1956), S. 145-224.

Tavernier, Karl, Geschichte des Gymnasiums zu Neustadt an der Haardt 1880-1930. Festschrift zur Feier des 50jährigen Bestehens der Anstalt, o. O. 1930.

Thalmann, Heinrich, Die Pfalz im Ersten Weltkrieg. Der ehemalige bayerische Regierungskreis bis zur Besetzung Anfang Dezember 1918 (Beiträge zur pfälzischen Geschichte 2), Kaiserslautern 1990.

Thießen, Malte, Immunisierte Gesellschaft. Impfen in Deutschland im 19. und 20. Jahrhundert (Kritische Studien zur Geschichtswissenschaft 225), Göttingen 2017.

Thumann, Hans Heinz, Die Pfalz. Das Herz der Westmark (Grenzkampf-Schriften 5), Berlin 1934.

Treziak, Ulrike, Deutsche Jugendbewegung am Ende der Weimarer Republik. Zum Verhältnis von Bündischer Jugend und Nationalsozialismus (Quellen und Beiträge zur Geschichte der Jugendbewegung 28), Frankfurt 1986.

Tuchel, Johannes, Organisationsgeschichte der „frühen" Konzentrationslager, in: Wolfgang Benz/Barbara Distel (Hgg.), Instrumentarium der Macht. Frühe Konzentrationslager 1933-1937 (Geschichte der Konzentrationslager 1933-1945 3), Berlin 2003, S. 9-26.

Ullrich, Christina, „Ich fühl' mich nicht als Mörder". Die Integration von NS-Tätern in die Nachkriegsgesellschaft (Veröffentlichungen der Forschungsstelle Ludwigsburg der Universität Stuttgart 18), Darmstadt 2011.

Ulrich, Stefan, Die Burg Neuleiningen (Stiftung zur Förderung der pfälzischen Geschichtsforschung B/7), Neustadt an der Weinstraße 2005.

Unger, Thorsten, Klingenmünster und die Kurpfalz im 15. und 16. Jahrhundert (Stiftung zur Förderung der pfälzischen Geschichtsforschung B/10), Neustadt an der Weinstraße 2009.

Unverhau, Dagmar, Das „NS-Archiv" des Ministeriums für Staatssicherheit. Stationen einer Entwicklung (Archiv zur DDR-Staatssicherheit 1), Münster 1998.

Vodosek, Peter (Hg.), Bibliotheken während des Nationalsozialismus, 2 Bde. (Wolfenbütteler Schriften zur Geschichte des Buchwesens 16), Wiesbaden 1989–1992.

Wagner, Werner, Zur Person: Die Macher der Chronik, in: Die Rheinpfalz online, 19. Juni 2018 (https://www.rheinpfalz.de/startseite_artikel,-zur-person-die-macher-der-chronik-_arid,1196702.html) (23. November 2022).

Warmbrunn, Paul, Spätblüte von Archivwesen und Rechtsgelehrsamkeit in einem historisch bedeutsamen Kleinterritorium. Das Wirken von Johann Heinrich und Georg August Bachmann in Pfalz-Zweibrücken in der Endphase des Ancien Régime und in der Übergangszeit, in: Volker Rödel (Hg.), Umbruch und Aufbruch. Das Archivwesen nach 1800 in Süddeutschland und im Rheinland. Tagung zum 200-jährigen Bestehen des Generallandesarchivs Karlsruhe am 18./19. September 2003 in Karlsruhe (Werkhefte der Staatlichen Archivverwaltung Baden-Württemberg A/20), Stuttgart 2005, S. 77–99.

Warmbrunn, Paul, ... *war dieses Wiedersehen nach über 10 Jahren traurig und niederschmetternd*. Zur Kriegsauslagerung der Archivalien des Landesarchivs Speyer im Zweiten Weltkrieg, in: MHVP 103 (2005), S. 399–423.

Webster, Ronald D., Dr. Georg Biundo: German Pastor, Ardent Nationalist, Sometime Antisemite, in: Kirchliche Zeitgeschichte 13 (2000), S. 92–111.

Wegner, Tobias, „Volkstumskampf" ohne Ende? Sudetendeutsche Organisationen, 1945–1955 (Die Deutschen und das östliche Europa 2), Frankfurt u.a. 2008.

Weinke, Annette, Eine Gesellschaft ermittelt gegen sich selbst. Die Geschichte der Zentralen Stelle Ludwigsburg 1958–2008 (Veröffentlichungen der Forschungsstelle Ludwigsburg der Universität Stuttgart 13), Darmstadt ²2009.

Weinke, Annette, Amnestie für Schreibtischtäter. Das verhinderte Verfahren gegen die Bediensteten des Reichssicherheitshauptamtes, in: Klaus-Michael Mallmann/Andrej Angrick (Hgg.), Die Gestapo nach 1945. Karrieren, Konflikte, Konstruktionen (Veröffentlichungen der Forschungsstelle Ludwigsburg der Universität Stuttgart 14), Darmstadt 2009, S. 200–220.

Weintz, Karl Richard, Burg Spangenberg, in: Stadt- und Dorf-Anzeiger. Beilage zum Pfälzischen Kurier, 13. Januar, 24. Januar, 17. Februar 1928.

Weintz, Karl Richard, 700 Jahre Neustadt an der Haardt. Ein Beitrag zur pfälzischen Stadtrechtsgeschichte, in: Das Hambacher Schloß 1932, Nr. 38.

Weintz, Karl Richard, Seit wann wählt Neustadt seinen Bürgermeister? Neue Urkunden zur Verfassungsgeschichte der Stadt Neustadt an der Haardt im 14. Jahrhundert, in: Das Hambacher Schloß 1932, Nr. 39.

Weintz, Karl Richard, Urkunden zur Geschichte der Landschreiberei Neustadt a. d. Hdt., in: Das Hambacher Schloß 1932, Nr. 41, 42.

Weintz, Karl Richard, Die Ansicht eines früheren Staatsrechtslehrers war: „daß der Jud dem Staat gefährlich seye". Ein kleiner Beitrag zur Geschichte des Antisemitismus in der Pfalz, in: Die Kunkelstube. Beilage zum Pirmasenser Beobachter, 25. März 1933.

Weintz, Karl Richard, Karte Pfälzische Stadtrechtsfamilien um 1400, in: Wilhelm Winkler (Hg.), Pfälzischer Geschichtsatlas, Neustadt 1935, Karte 23, Textbeilage S. 12f.

Weintz, Karl Richard, Im Dunkel der Geschichte. Die Frankenburg, in: Die Rheinpfalz. Landauer Ausgabe, 15. Februar 1973.

Weintz, Karl Richard, Zur Entstehung von Neustadt an der Weinstraße, in: Neustadt an der Weinstraße. Beiträge zur Geschichte einer pfälzischen Stadt, Neustadt an der Weinstraße 1975, S. 73–76.

Weintz, Karl Richard/Spieß, Pirmin, Kurfürst Ruprecht I. und II. mit dem Heidelberger Hof in Neustadt 1388–1391 (Stiftung zur Förderung der pfälzischen Geschichtsforschung G/1), Neustadt an der Weinstraße 2020.

Weise, Niels, Eicke. Eine Karriere zwischen Nervenklinik, KZ-System und Waffen-SS, Paderborn 2013.

Weiß, Dieter J., Kronprinz Rupprecht von Bayern (1869–1955). Eine politische Biografie, Regensburg 2007.

Weiß, Dieter J., Art. Harnier-Kreis, in: Historisches Lexikon Bayerns (https://www.historisches-lexikon-bayerns.de/Lexikon/Harnier-Kreis) (10. Oktober 2022).

Weisz, Franz, Die personelle Zusammensetzung der Wiener Gestapo 1938–1945, o. O. 2019.

Weisz, Franz, Das Judensachgebiet/-referat der Gestapoleitstelle Wien. Organisation, Personalstruktur, Arbeitsweise 1938 bis 1945, Bd. 2, o. O. 2021.

Werle, Hans, Das Erbe des salischen Hauses. Untersuchungen zur staufischen Hausmachtspolitik vornehmlich am Mittelrhein, Diss. Mainz 1952.

Werle, Hans, Staufische Hausmachtspolitik im 12. Jahrhundert, in: ZGO 71 (1962), S. 241–370.

Werner, Matthias, Zwischen politischer Begrenzung und methodischer Offenheit. Wege und Stationen deutscher Landesgeschichtsforschung im 20. Jahrhundert, in: Peter Moraw/Rudolf Schieffer (Hgg.), Die deutschsprachige Mediävistik im 20. Jahrhundert (VuF 62), Ostfildern 2005, S. 251–364.

Wildt, Michael, Götzendämmerung. Das Reichssicherheitshauptamt im letzten Kriegsjahr, in: Sozialwissenschaftliche Informationen 24 (1995), S. 101–108.

Wildt, Michael, Generation des Unbedingten. Das Führungskorps des Reichssicherheitshauptamtes, Hamburg 2002.

Wildt, Michael, (Hg.), Nachrichtendienst, politische Elite, Mordeinheit. Der Sicherheitsdienst des Reichsführers SS, Hamburg 2003.

Wilhelm, Friedrich, Die Polizei im NS-Staat. Die Geschichte ihrer Organisation im Überblick, Paderborn u.a. 1997.

Winkler, Wilhelm (Hg.), Pfälzischer Geschichtsatlas, Neustadt 1935.

Wortmann, Michael, Baldur von Schirach. Hitlers Jugendführer, Köln 1982.

Wunder, Gerhard, Arisierung und Restitution, in: Paul Habermehl/Hilde Schmidt-Häbel (Hgg.), Vorbei – Nie ist es vorbei. Beiträge zur Geschichte der Juden in Neustadt. Neustadt an der Weinstraße 2005, S. 303–337.

Wysocki, Josef, Die pfälzische Wirtschaft von den Gründerjahren bis zum Ausbruch des Ersten Weltkriegs, in: Beiträge zur pfälzischen Wirtschaftsgeschichte (Veröffentlichungen der Pfälzischen Gesellschaft zur Förderung der Wissenschaften in Speyer 58), Speyer 1968, S. 213–294.

Zapf, Hans Ulrich, Die wirtschaftliche Entwicklung Neustadts seit dem Ausgang des 19. Jahrhunderts, in: Neustadt an der Weinstraße. Beiträge zur Geschichte einer pfälzischen Stadt, Neustadt an der Weinstraße 1975, S. 523–550.

Ziegler, Gabriele, Neustadt in den Kriegen 1870/71 und 1914–1918 und während der französischen Besatzungszeit. Eine Darstellung anhand Neustadter Tageszeitungen, in: Neustadt an der Weinstraße. Beiträge zur Geschichte einer pfälzischen Stadt, Neustadt an der Weinstraße 1975, S. 417–450.

Ziegler, Hannes, Die Separatismuspolemik in der pfälzischen NS-Presse (1926–1932), in: Wilhelm Kreutz/Karl Scherer (Hgg.), Die Pfalz unter französischer Besatzung (1918/19–1930) (Beiträge zur pfälzischen Geschichte 15), Kaiserslautern 1999, S. 201–228.

Ziehner, Ludwig, Zur Geschichte des kurpfälzischen Wollgewerbes im 17. und 18. Jahrhundert (VSWG Beihefte 31), Stuttgart 1931.

Zimmermann, Gunnar B., Bürgerliche Geschichtswelten im Nationalsozialismus. Der Verein für Hamburgische Geschichte zwischen Beharrung und Selbstmobilisierung (Beiträge zur Geschichte Hamburgs 67), Göttingen 2019.

Ziwes, Franz-Josef, Studien zur Geschichte der Juden im mittleren Rheingebiet während des hohen und späten Mittelalters (Forschungen zur Geschichte der Juden A/1), Hannover 1995.

Personen- und Ortsregister

Aaron, Albert 46
Achamer-Pifrader, Humbert 53f.
Adenauer, Konrad 116
Alker, Werner 22
Allenstein 44, 85
Alter, Willi 112
Alwens, Wilhelm 39f., 98f.
Annweiler 10
Armgart, Martin 109, 111
Aumüller, Felix 35
Auschwitz, Konzentrationslager 54, 66
Bacharach, Alfred 57
Bachmann, Georg August 30f.
Bad Mergentheim 5, 70
Bassermann-Jordan, Friedrich von 81, 95f.
Baumann, Kurt 79, 87f., 91f.
Bechert, Rudolf 41
Berkelmann, Theodor 66
Berlin 21–23, 35, 56, 60–62, 69, 84f., 89, 101–103, 115, 117
    Geheimes Staatspolizeiamt 4, 44f., 47, 51, 56f.
    Universität 1, 19, 21f., 85
Berlin, Otto 56
Bernhard, Helmut 107, 111f.
Best, Werner 7, 29, 40, 44
Beyerle, Konrad 25–27, 33, 41, 108, 116
Bismarck, Otto von 62
Biundo, Georg 81, 91f., 94
Blümelhuber, Franz 58
Bochum, Universität 109
Bögler, Franz 6, 78, 80f., 83f., 87–91, 95
Böhm, Karl Friedrich 74–76, 91, 99, 105
Bourier, Karl 42
Brünn 54f.
Bürckel, Josef 6, 32, 35–39, 53f., 74, 102f.
Christmann, Ernst 79
Coburg 99
Dänemark 21
Darmstadt, Geheime Staatspolizei 4, 45–48, 56
Debus, Karl Heinz 108, 112
Doetz, Ingeborg 114
Doll
    Frieda → Weintz, Frieda
    Heinrich 10f.
    Ludwig Anton 34, 104
    Margaretha 10
    Philipp 10
Eberstein, Friedrich Karl Freiherr von 48

Ebner, Karl 6, 50–55
Edenkoben 10f., 111
Eichmann, Adolf 51f., 100
Eisen, Kassenverwalter des Historischen Museums der Pfalz 82f.
Emrich, Hermann 42f.
Engels, Heinz Josef 112
Feldheim, Otto Samuel 56f.
Fiedler, Richard 21f.
Finnland 21
Frankenburg, Burg 104
Frankenthal 11, 34, 36, 72, 89, 95, 100
Frankreich 20, 70, 73, 77
Fraundorfer, Paul 33f.
Freiburg, Universität 75, 110, 120
Gauer, Emil 38, 43
Generalgouvernement → Polen
Gerlich, Alois 94
Globke, Hans 115f.
Glückert, Heinrich 36
Göding 54
Görtz, Hans-Helmut 111
Graf, Wilhelmine → Lang, Wilhelmine
Habermehl, Paul 113
Harnier, Adolf von 7, 57f., 60
Heidelberg, Universität 94, 108, 110–112
Heller, Hermann 23f.
Henrich, Heinz 68, 74–76
Herthel, Karl Heinrich 10
Heß, Rudolf 43, 49
Heydrich, Reinhard 100f.
Heydt, Milly von der 38
Himmler, Heinrich 69, 85f.
Hitler, Adolf 19, 27–29, 32, 38, 41, 45, 58, 60, 66, 68, 75, 114
Hodonín → Göding
Jacoby, Alfred 56
Jakobs, Hermann 110
Kaiserslautern 12, 88, 94f.
    Technische Universität 110
Keller, Hans 112
Kermann, Joachim 112
Kiel, Universität 1, 18–23, 85
Klingenmünster 110
Koblenz-Landau, Universität 94, 110
Koppe, Wilhelm 101
Korweiler 10
Krause, Johannes 63
Kulmhof, Konzentrationslager 66, 101

Lachen-Speyerdorf (heute Teil von Neustadt an der Weinstraße) 16
Lackenbach 52
Lambrecht 108
Landau 10, 12, 90f., 110, 113
Landshut 34, 89
Lang
    Georg 20, 73
    Wilhelmine 20, 73, 76, 86
Lange, Rudolf 50–54
Lehmann, Johann Georg 16
Lettland 51
Lidice 101
Lind, Emil 20
Linhard, Alfred 56
Litzmannstadt, Ghetto 66
Ludwig III., König von Bayern 12, 14, 115
Ludwigsburg, Zentrale Stelle der Landesjustiz-verwaltungen 48, 62, 65, 100, 102
Ludwigshafen 10–12, 16, 102
Luther, Hans 63
Lutz, Karl 81, 91
Maier, Franz 118f.
Mannheim 32f.
    Universität 108, 110
Martin, Michael 110
Maurenbrecher, Berthold 23f.
Mayer
    Friedrich 10
    Margaretha → Doll, Margaretha
Meyer, Barbara 25
Mitford, Unity 58
Mitteis, Heinrich 41f.
Molenaar, Heinrich 114
Mosbacher, Kurt 57
München 7, 27, 29, 32, 34, 38–43, 49, 53, 70, 84, 98f., 102f., 114, 117
    Geheime Staatspolizei 4, 46–49, 54–60, 89, 93
    Geheimes Hausarchiv 26f.
    Hauptstaatsarchiv 2, 26, 80
    Universität 1f., 6, 16, 18–20, 22–25, 42, 51, 70, 85, 109, 115
Muhler, Emil 60
Mußbach (heute Teil von Neustadt an der Weinstraße) 100
Nancy 70, 86
Neustadt (ab 1936 an der Weinstraße/bis 1936 sowie 1945 bis 1950 an der Haardt) 1–3, 6, 10–18, 22, 24, 26f., 29, 31–33, 36, 38f., 42f., 50, 62, 65–70, 72–119
Norwegen 21
Österreich 49–54, 64
Petry, Ludwig 94

Pfeiffer
    Albert 25–27, 33f., 89
    Franz 96, 100
Pindur, Leopold 33
Polen 63, 66f., 69, 100f., 115
Posen 51, 62, 65–67, 69, 102
Prag 55, 92
Protektorat Böhmen und Mähren → Tschechoslowakei
Rall, Hans 109
Reinefarth, Heinz 66f.
Remling, Franz Xaver 16
Rixinger, Johann 54f.
Rock, Hildegard 52f.
Röhm, Ernst 43, 70
Roller, Otto 112
Romilly-sur-Seine 70
Rothenbücher, Karl 25
Roxheim 81, 91, 94
Ruez, Ludwig Ferdinand 57
Rund, Rainer 112
Rupprecht, Kronprinz von Bayern 58
Ruprecht I., Pfalzgraf bei Rhein 109
Saarbrücken, Universität des Saarlands 110
Sauter, Hermann 87f.
Schädler, Paul 112
Schiedermaier, Oberlandesgerichtsrat in München 25
Schimmel, Regierungsrat bei der Gestapo München 58
Schirach, Baldur von 19f.
Schlechter, Armin 110f.
Schmidt
    Franz 111
    Kurt 100f.
Schneller, Adolf 41
Schreiber, Rudolf 81, 88, 91f., 95
Schroeder, Klaus Peter 105
Schultz, Karl 73, 79, 81, 88f., 100
Schulz, Wolfgang 111
Schuschnigg
    Kurt 53–56
    Vera 53, 56
Schwarz, Elisabeth 106
Schweden 21
Shanghai 56
Siebeldingen 10
Siegelwachs, Max 29
Skopp, Paulus 90
Somann, Otto 65
Sowjetunion 64f., 69, 91, 103
Spangenberg, Burg 14–17
Speyer 6f., 12, 20, 29, 32–35, 38, 71–73, 75f., 78–81, 87f., 90f., 109

Geheime Staatspolizei 29, 33
Staatsarchiv/Landesarchiv 16, 18, 20, 25f., 33f., 78–82, 88f., 92, 95, 104, 106–108, 112, 118
Spiegel, Joachim 109
Spieß, Pirmin 1, 5, 12, 107f., 110, 112f., 115–118
Sprater, Friedrich 6, 34, 73, 77, 79–84, 88–92, 95f., 105
Staab, Franz 110
Stauth
   Anna 67, 74–76
   Wilhelm 67, 74–76
Straßburg 99
Straub, Jakob 113
Süß, Gustav Adolf 90
Theresienstadt, Konzentrationslager 54
Trampler, Rudolf 32, 35, 37
Tschechoslowakei 4, 6, 47, 54f., 58, 64, 69, 89, 100f.
UdSSR → Sowjetunion
Valparaiso 57
Warschau 66
Warthegau → Polen
Werle, Hans 90
Wessel, Horst 19, 21f.
Westerland 67
Weintz
   Frieda 6, 10–12, 22, 24–27, 44, 66f., 70, 73–75, 77f., 80, 83, 86f., 97
   Jakob 6, 10–13, 18, 22, 24–27, 31, 39, 43f., 55, 66f., 70, 72–75, 77f., 80, 83, 85–87, 97
   Johannes 10
   Theobald Karl 10
Wien 54, 69
   Geheime Staatspolizei 4, 6, 47–55, 58f., 69, 86, 89, 103
Wiesbaden 62, 65–67, 102
Wilhelm II., Deutscher Kaiser, König von Preußen 12, 14, 115
Wunder, Gerhard 97, 113–116
Ziehner, Ludwig 33f.
Zweibrücken 30, 72